KB195759

선사시대부터 현대까지

# 수공업의역사

1882년에 그린 호안 플라넬라 이 로드리게스(Joan Planella I Roerigeuss)의 그림으로 19세기에는 기계식 직기가 등장해서 수세기 동안 이어져 내려온 직조 기술에 혁명을 일으켰음을 보여주고 있다. 이것은 끊임없이 변화하는 수공업의 특징을 보여준다.

# 선사시대부터 현대까지
# 수공업의 역사

## 명품은 어떻게 만들어졌는가?

라이너 엘카, 카트린 켈러, 헬무트 슈나이더 지음
임나탈리야 옮김

우물이 있는 집

# 차례

서문 "수공업은 결코 사라지지 않는다." 6

선사 시대

석기 시대 14

유용한 목재 19

귀중한 손도끼 24

주택과 생활용품 29

거대한 석조 구조물 38

바퀴와 수레 44

철기 시대 47

고대 그리스 – 로마 시대

고대 오리엔트와 이집트의 수공업 발전 59

호메로스의 작품에 나타난 수공업 61

고전 그리스의 청동 주조 장인과 화병 화가 66

공방 풍경 71

경쟁, 그리고 서명 74

차별화와 전문화 76

정치와 사회 78

노예제도와 에르가스테리온 82

귀족과 '속물' 85

교육과 학습 88

로마 시대의 혁신 89

새로운 에너지원, 수력 발전 93

폼페이의 공방 97

장인들의 자화상 100

고대 로마 후기 102

중세 시대

길드의 등장 107

길드의 운영 117

길드와 '방해꾼' 121

명예로운 수공예 123

장인과 견습생의 갈등 127

장인과 직인의 갈등 128

전통 수공업에서의 여성 135

경쟁과 차별화 138

장인과 시 정부 142

방랑하는 장인 147

르네상스
새로운 것을 위한 돌파구 154
수공업과 예술 156
수공업과 과학 160
동시성과 비동시성 169
새로운 발명과 디자인 180
금속 공예의 전문화 184
정밀 기계, 그리고 섬유 기술 187

17세기와 18세기
재난과 새로운 시작 194
전쟁, 박해 그리고 새로운 분야 196
상사商社의 출현 204
아름다운 외관 209
고급스러운 패션과 아름다운 사운드 217
길드 안팎에서 벌어지는 일 221
불안정한 존재 225

19세기
산업으로 나아가는 수공업 235

공장의 장인들 240
자유주의와 사회주의 사이에서 247
새로운 추진력, 새로운 기술 250
현대의 장인 257
명품 브랜드 수공업 268
조직화된 독립성 270

20세기
신소재 276
합리화, 신기술 및 새로운 정밀도 280
새로운 수공업 – 새로운 직업 283
21세기 – 회고와 전망 290

미주 296
이미지 출처 302

서문

# "수공업은 결코 사라지지 않는다."
…et artificium numquam moritur

지혜를 담고 있는 충고에는 시대를 초월하는 힘이 있다. 인생의 여정에서 진로를 고민하는 아들에게 신중한 아버지가 건네준 다음의 조언처럼 말이다.

> "나의 아들아. 내 말을 믿어라. 네가 무엇을 배우든지 그건 전부 너 자신을 위한 것이다. […] 배움은 가장 값진 보물이며, 수공업은 결코 사라지지 않는단다!"

로마의 네로 황제 시대의 작가 티투스 페트로니우스(AD 14~66년경)는 그의 피카레스크 소설 『사티리콘The Satyricon』에 등장하는 에키온이라는 인물을 통해 지혜를 설파했다. 에키온은 일상 생활에 필요한 물건을 만드는 장인이었다. 그는 손재주에 이론적인 교육이 더해지면 인간의 삶을 윤택하게 하는 예술성arts을 가진 실용적인 수공예품artificium이 탄생할 것이라 생각했다.[1] 그의 생각이 옳았다는 것은 역사가 증명해 주었다.

우선 본론으로 들어가기에 앞서 우리는 먼저 수공예Handwork와 공예artificium라는 단어를 이해할 필요가 있다. 수공예는 손으로 물건을 만드는 일을 의미하며 공예는 무언가를 창조하는 예술적인 기술을 의미한다. 하지만 두 단어는 나라마다 다른 의미를 지니기도 한다. 먼저 에스토니아, 핀란드, 헝가리 등 동유럽과 북유럽에서는 수공예가 '손으로 물건을 만드는 작업'으로 통용되는 반면에 남유럽의 몇몇 로망스어권에서는 '물건을 만드는 기술이나 능력'을 지칭하기도 한다. 예를 들어, 헝가리어로 수공예는 'kézműipar'

인데, 여기서 'kéz'는 '손'을 의미한다. 에스토니아와 핀란드에서는 'käsi', 스웨덴은 'hantverk', 덴마크는 'håndarbejde'라고 한다. 이와 달리 프랑스어는 'artisanat', 이탈리아어는 'artigianato', 그리고 영어에서는 'Handicraft', 'craftmenship'과 'artisan'이 함께 사용되어 '기술이나 능력'이라는 의미와 '손으로 하는 작업'이라는 두 가지의 의미를 모두 포함하고 있다. 그리스어로는 '테크네$^{Τέχνη}$'라고 하는데, 독일어의 기술을 의미하는 'Technik'이라는 개념이 바로 여기서 유래되었다. 그리스인들은 '테크네'라는 단어를 '수공예'뿐만 아니라, '예술', 심지어 '과학'이라는 의미로도 사용했다. 이탈리아에서 '기술'을 의미하는 'mestiere'는 '기술자$^{artigiano}$'가 '명장$^{maestro}$'으로 성장하기 위해 반드시 단련해야 하는 능력을 뜻하는데 명장은 궁극적으로 기술을 예술의 경지로 승화시킨 사람이라는 의미를 포함하고 있다. 동시에 이탈리아와 독일의 속담에 '명장은 어느날 갑자기 하늘에서 뚝 떨어지지 않는다.'라는 말이 있다. 타고난 천재가 아니라 살을 깎는 노력 끝에 명장이 탄생한다는 뜻이다. 또한 이탈리아와 관련된 프랑스어의 'métier'는 18세기부터 독일어에서 직업과 활동 분야를 총칭하는 용어로 사용되고 있다. 수공업을 뜻하는 'Handwerk'라는 단어는 네덜란드에서도 폭넓게 쓰인다. 그러나 더 일반적인 용어는 'ambacht'이다. 이 용어는 독일어의 'Amt'와 연관되어 있으며, 조합, 길드, 또는 기관이라는 의미인데, 상호협력으로 조직된 수공업자들의 협동조합을 가리킨다. 이처럼 많은 유럽 국가의 언어가 유사성을 지닌다. 물론 예외인 나라들도 있다. 정리해보자면, 여러 유럽 국가에서 통용되는 'artificium'은 수공예, 숙련된 기술 그리고 전문 조직이라는 세 가지의 의미를 지닌다.

초기의 인류 역사를 통해서 알 수 있는 사실이 있다. 그것은 수공업이 개념으로 정립되기 이전부터 존재했다는 것이며, 인간이 삶을 영위하기 위해 필요한 다른 모든 활동에 필요조건을 제공했다는 점이다. 수공업의 역사는 인류가 유럽에 최초로 발을 딛기 이전부터 시작되었고, 모든 문화와 문명은 수공업과 깊이 연결되어 있다. 생물학자, 인류학자, 신경학자들은 인간의 손과 뇌가 서로 완벽하게 조화를 이룬다고 생각했고, 심지어 손

기술이 뇌 기능을 능가한다는 결론에 이르렀다. 지식을 체득한 인간의 손기술이 오래전부터 인간을 인간답게 만들어 왔던 것이다.[2]

일반적으로 인류의 기원은 아프리카에 있다고 본다. '손재주가 있는 인간'을 뜻하는 '호모 하빌리스'는 인류 역사상 처음으로 아프리카에 정착했고 나무를 오르내리는데 손을 사용했다. 이는 유인원과의 혈통이 비슷하다는 것을 보여주지만, 인류의 뇌는 유인원의 뇌보다 컸다. 호모 하빌리스는 주로 힘센 포유류를 사냥했는데, 다른 육식 동물과 달리 뼈에서 살을 발라내기 위해 날카로운 돌 조각을 사용했다.[3]

정확히 언제부터 인간이 도구를 만들고 사용했는지를 알아내는 것은 현재까지도 고인류학의 가장 어려운 과제이다. 유인원 역시 도구를 다루는 능력을 가지고 있는 것으로

고고학자들은 탄자니아 북부의 올두바이 협곡에서 호미닌 화석과 수많은 석기 도구를 발견했다.

보이기 때문이다.[4] 1931년 메리와 루이 리키는 지금의 탄자니아 올두바이 협곡에서 도구로 사용된 듯한 특별한 돌을 발견했는데, 고고학자와 인류학자들은 이를 '올도완 문화'라고 부른다.[5] 호모 하빌리스는 250만 년 전에 살았다고 알려져 있지만, 에티오피아 마을인 디키카에서 발견된 뼈의 흔적을 보면 아마 339만 년 전까지 올라가야 할지도 모른다.[6]

고고학자 크리스토퍼 헨실우드는 남아프리카 블롬보스 동굴에서 다른 유물과 함께 황토색 안료로 그린 선들이 남아 있는 암석 파편을 발견했다. 약 77,000년 전 유물로 추정되는 이 돌에는 추상적인 패턴이 그려져 있었다. 이외에도 황토색 문양이 그려진 달팽이 껍질은 75,000년 전 것으로 예상된다. 이런 발견은 수백만 년 전으로 거슬러 올라가지는 않지만, 진보적이고, 예술적이며, 사려 깊은 수공업의 흔적을 통해 그들이 현대인들과 마찬가지로 지적인 행동을 했다는 사실을 보여주고 있다.[7]

인류 생활의 진보, 즉 구석기 시대에서 신석기 시대로의 발전이 이루어지려면 적절한 도구들이 필요했다. 세상을 효과적으로 정복할수록, 더 넓은 대지에 정착할수록 더 좋고 더 효과적인 도구를 개발해야 했다. 사냥용, 방어용, 정복용 무기는 물론 일상 생활에 필요한 도구를 만드는 일이 가장 시급한 문제였다. 농기구, 그릇, 운송 수단, 의복 등은 그러한 무기를 제작하는 과정에서 함께 개발되었다. 제품들을 만들고 서비스를 제공해야 하는 현대인들에게도 손으로 사용하는 도구들은 여전히 중요하다. 예를 들어서 당시 인류에게는 가장 중요한 도구는 화살촉을 다듬거나 식재료를 자르는 돌칼이었다. 이는 금속 칼로 발전했고, 오늘날 현대인의 필수품이 되었다. 물론, 인간 이외의 동물들도 도구를 사용하며 기술을 후대에 전수하기도 한다. 하지만 도구를 사용할 줄 아는 능력이 모든 생물의 공통점이라고 해도, 인류가 이뤄낸 문화적 성취는 다른 동물들에 비해 월등히 뛰어나다. 목수의 망치에서부터 치과의사가 사용하는 전기 드릴에 이르기까지 인간의 도구는 완벽함과 새로움을 추구하며 훨씬 더 폭넓게 확장되어 왔다.

이러한 도구의 발전은 인류사의 굉장한 진보로 이어진다. 지식을 갖춘 수공업은 생계를 보장해 주고 사회 생활의 물질적 조건을 창조하고 변화시키며, 그 변화는 기술의 혁신으로 이어져 정치와 경제 분야에 커다란 영향을 미친다. 장인 정신이 철저히 지켜져 왔다는 것은 유럽의 공통적인 현상 중 하나이다. 그것은 유럽을 끊임없이 새로운 것을 만들어 내는 거대한 작업장처럼 보이게 만들었다.

인간이 물질 다루는 방법에 숙달되는 문제와 관련하여 선사 시대와 역사 시대 초창기는 본질적으로 중요한 발걸음을 떼는 기간이었다. 고대의 기술 발전은 지중해 공간을 - 물론 이 공간은 북쪽만이 아니라 특히나 동쪽으로도 확장되어 있다 - 주요 무대로 이루어졌으며 이는 중세 시대를 거치면서 더욱 높은 수준으로 발전했다. 또한 중세에는 사람들이 서로 교류하는 공간을 중심으로 관계의 변화와 재편이 이루어졌는데, 그 과정에서 부르주아 계급이 형성되었다. 이 시기에는 '협력적 요소'가 강하게 부각되었고 그 결과 지역적 특성이 두드러지게 나타나기 시작했다.

근대 초기에는 두 가지 주요한 변화를 관찰할 수 있다. 먼저 르네상스의 문화는 오랜 기간 지속되어 온 고대 그리스와 로마 문화의 복원을 통해 피어난 유럽 고유의 문화이다. 특히 장인들에 의해 디자인되고 만들어진 새로운 예술 형식은 유럽 전역에서 비슷한 형태로 나타났다. 하지만 국가마다 서로 다른 고유한 문화적 특수성을 발견할 수 있다.

17~18세기는 흔히 '수공업의 가을'이라 일컬어지는데 근대 유럽의 시작을 알리는 시기였다. 이 시기에 수공업은 산업화를 위한 필요조건들을 만들어냈고, 산업화 역시 수공업을 파괴하기보다는 오히려 재조정하는 방향으로 나아갔다. 산업화의 등장으로 수공

카를 프리드리히 싱켈(1781~1841)이 1825년에 그린 《그리스의 전성기 들여다보기》는 유럽 문화의 수공업 초창기에 대한 회고라 할 수 있다.

업이 사라질 것이라는 비관적인 예측과 달리 오히려 이 시기를 통해 "수공업은 결코 사라지지 않는다."는 말이 사실로 입증되었다.

광범위한 역사적 검토나 발견을 통해 살펴보아도 유럽 전역을 하나로 관통하는 수공업에 대한 정의는 존재하지 않는다. 그러나 우리는 이 시점에서 '수공업'을 다음과 같은 방식으로 설명할 수 있다.

첫째, 수공업 능력은 인간이 지닌 필수적이고 기본적인 능력이다. 손을 사용하는 활동은 수공업의 기원이며, 모든 장인 정신의 기초가 된다. 앞서 말했듯이 수공업은 우리가 아는 개념보다 그 연원이 훨씬 오래되었다. 둘째, 수공업은 도구를 발명하고 인간이 사용하기 편하도록 개선한다. 반면, 인간이 기계의 속도와 리듬을 따라야 하는 대규모 공장에서는 장인 정신이 사라지고 단순 반복 노동이 우선시된다. 셋째, 장인 정신은 기술을 중심으로 교육되고 전수된다. 이 과정에서 장인은 고유한 자격을 얻고 그가 만든 물건은 품질을 보장받는다. 넷째, 수공업은 제품 및 고객 맞춤형 서비스가 가능한 작업이다. 고객과 제작자의 관계도 이에 큰 영향을 받는다. 다섯째, 수공업은 하나의 지역 사회나 사회 공동체에서의 일과 경제 생활을 의미한다. 이는 시대와 지역에 따라 다르지만, 역사적으로 유럽인의 의식 안에 분명히 살아있다. 마지막으로, 여섯째, 직업의 쇠퇴와 출현은 수공업의 보편적인 현상이다. 수공업은 고정된 것이 아니라 끊임없이 변화하고 있다.

유럽의 수공업 역사를 포괄적으로 쓴 책은 많지만, 수공업의 역사를 체계적으로 쓴 책은 찾기가 힘들다. 이 책에 참여한 모든 전문가들 역시 이 사실을 잘 알고 있다. 따라서 수공업이라는 작은 분야의 역사를 다양한 통찰력으로 간단하게 서술한 이 책은 독자에게 수공업에 대한 흥미와 관심을 선사하려 하는 데 더 많은 의도를 가지고 있다.

라이너 엘카Rainer S. Elkar

# 선사 시대

## 주먹도끼에서 천문 기구까지

석기 시대는 선사 시대를 이해하는 데 중요한 배경이 된다. 석기 시대는 아프리카에서 약 300만 년 전, 그리고 유럽에서는 약 150만 년 전에 등장했다. 뒤이은 청동기 시대는 유럽에서 약 4,200년 전에야 시작되었다. 그리고 기원전 9세기부터 철의 중요성이 점점 커졌다. 석기 시대와 청동기 시대 사이에 수렵과 채집에서 벗어나 정착 생활을 통해 농사를 짓기 시작하는 과도기가 포함되어 있다. 우리는 이 시기를 금석 병용 시대라고 부른다. 원재료를 능숙하게 다루는 것은 수공업 활동의 특징이며, 이 시기의 수공업적 활동에는 점토를 가공하는 것이 주요한 특징으로 작용한다. 그래서 신석기 시대부터는 대표하는 '토기'가 무엇인지에 따라 그 시기의 명칭이 명명되었다. 이러한 문화적 모습들은 특히 금석 병용 시대라고 부르는 과도기에 나타났다.

초기 인류가 살아온 곳이라면 어디에서든 수공업의 흔적을 발견할 수 있다. 호모 에렉투스는 아프리카에서 약 200만 년 전에 처음 출현한 이후 유럽으로 건너가 약 25만 년 전에 사라졌다.

25cm 높이의 이 남성 조각상은 〈낫을 든 신〉이라 불린다. 신석기 시대(기원전 4천~3천 년경)에 제작되어 헝가리 티자(Tisza) 문화를 반영한다.

# 석기 시대

　돌로 만든 석기는 인류의 가장 오래된 도구이다. 약 260만 년 전, 아프리카에서 발견된 석기는 한쪽 면이 날카롭게 깨져 있어 물건을 두드리고, 자르고, 긁어내는 데 사용되었으리라 추측된다. 주먹도끼는 다른 석기와 마찬가지로 유럽에 남아 있는 아프리카의 유산이다. 주먹도끼의 재료로는 부싯돌로 사용되는 규석 등을 사용했는데, 강하게 내리치면 양날을 가진 뾰족한 타원형을 만들 수 있기 때문이다. 한쪽은 둥글게, 반대쪽은 뾰족하게 날을 세운 주먹도끼는 유럽에서 인류가 최초로 만들어 낸 가장 유용한 도구이자 '아슐리안Acheuléen' 구석기 문화의 선도적인 유물이다. '아슐리안'은 프랑스어 이름이지만, 180만 년 전쯤에 널리 퍼진 아프리카 유산의 일부이다. 과학자들은 석재 가공이 언어 형성과 관련된 인간 뇌의 특정 영역을 활성화한다는 놀라운 연구 결과를 발표했다. 이는 석기 제작과 언어 발달이 함께 이루어졌을지도 모른다는 사실을 시사한다.[1]

　이탈리아 풀리아주의 카바 피로Cava Pirro에서는 약 140만 년 전에 만들어진 주먹도끼가 발견되었다. 이는 오늘날 유럽에서 발견된 가장 오래된 주먹도끼로 알려져 있다. 또한 스페인 동굴 그랑 돌리나Gran Dolina에서는 호모 에렉투스의 두개골 잔해와 100여 개의 석기 유물이 발견되었는데, 이 역시 100만 년에는 미치지 못하지만 족히 80만 년은 넘는 것들로 추정된다. 치체스터 인근 복스그로브Boxgrove에서 발견된 50만 년이나 된 호미니드인Hominid의 거주지에서는 석기 유물 이외에도 동물 뼈를 이용해서 만든 다양한 도구들이 남아 있었다. 특히 이곳에서 발견된 뼈로 만든

20cm 길이의 이 주먹도끼는 아미앵 지역의 생 아슐
(St. Acheul)에서 발견된 30만 년 전의 유물이다.

도구들은 현재까지 유럽에서 발견된 것들 중 가장 오래된 것이다.[2]

이처럼 운 좋게 발견된 유물들을 통해 선사 시대로 거슬러 올라가는 오랜 시간여행이 가능해졌다. 이런 우연은 1969년 하르츠산맥과 튀링겐 숲 사이의 낮은 산 북쪽 가장자리에서도 일어났다. 디트리히 마니아Dietrich Mania는 튀링겐 지방의 빌징슬레벤Bilzingsleben 근처에서 독일에서 가장 오래되었을 것으로 추정되는 인류의 흔적을 발견했다. 체계적인 발굴 과정을 거쳐 약 1,500㎡에 달하는 구석기 시대의 거주지가 연못 주변의 널찍하고 평편한 지역에서 발견된 것이다. 조그만 개울이 흘러드는 연못에 딸린 범람원에서 살았던 호모 에렉투스에 속한 원시인들은 이곳을 거점으로 주변을 살펴볼 수 있었고, 숲속에서 물을 마시기 위해 이동하는 동물을 매복하여 기다리기도 했다. 빌징슬레벤에서는 인간의 뼈 조각들과 함께 주목할 만큼 다양한 유물들과 유적이 동시에 발견되었다. 이 유적이 발견되면서 우리는 구석기 시대의 가장 초기인 37만 년 전의 고대 구석기 시대로 거슬러 올라갈 수 있게 되었다.

이곳에서는 암석 잔해, 수석(부싯돌), 석영, 규암, 규질 판석, 석회암 등이 원재료의 특성에 따라 자르거나, 찌르거나, 뚫거나, 긁는 도구들로 만들어졌다. 이 중에는 모서리와 뒷면이 가공된 도구들도 있었지만, 그렇지 않은 도구들도 있었다. 붉은 사슴뿔, 그리고 코뿔소와 코끼리의 뼈로 만들어진 단검, 도끼 및 절단 도구도 발견되었다. 우리는 이 유물들을 통해 구석기 시대 '장인'들의 도구 제작 방식을 유추할 수 있게 되었다. 또한 오래 전 인류가 원재료의 특성을 어느 정도의 수준에서 이해하고 있었는지, 그리고 가공기술은 얼마나 숙련되었는지도 추측할 수 있게 되었다.

최근 디트리히 마니아와 우르술라 마니아는 이 유적과 유적지에 대한 또 다른 해석을 내놓았다. 수공업 활동을 하고 주거지를 건설한 사람들이 바로 이곳에서 살았을 것이라는 주장이다.[3] 이들은 당시 사람들이 주거용 건물, '작업 구역', 그리고 공공장소 등으로 공간을 구분했으며, '오늘날 부시맨과 호주 원주민들의 오두막'과 같은 집을 지었는데, 그 집은 '풀이나 나무껍질로 덮여 있는 단순한 구조'였을 것이라 추측했다. 또한 바람이 불어오는 쪽을 향해 열린 주거용 오두막의 입구, 또는 오두막 옆쪽에서 불을 피웠을 것이라고 했는데, 이에 대해 유적지에서 발견된 까맣게 타버린 나무와 검게 그을린 돌에서 그 흔적을 찾을 수 있다고 했다. 뿐만 아니라, 이들은 이곳을 초기 인류의 '주방'이었을 것이라고 추측했다. 표면에 윤기가 나는 돌이나 높은 열로 인해 균열이 생긴 돌들을 관찰한 이들은 이것을 뜨거운 돌을 사용해서 요리를 하는 현대의 문화와 비교할 수 있다는 주장을 펼쳤다.

모루는 인류 역사에서 가장 오래된 기본 도구 중 하나이다. 그것은 당시 주거지 입구뿐만 아니라, 유적지 전체에 두루 퍼져 있었는데 특히 공방 구역에서 다수의 모루가 발견

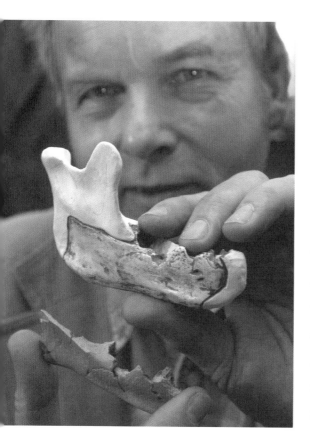

되었다. 빌징슬레벤에서 발견된 모루는 강철 모루가 아니라 뼈와 돌로 만들어진 것이었다. 예를 들어, 코끼리의 정강이뼈나 밀도가 매우 높고 단단한 규암과 같은 재료로 제작된 것이었다. 발견된 모루에는 사용 흔적이 남아 있었고 코끼리의 상완골 잔해도 있었다. 또 다른 모루에서는 절단된 관절 아래에 주먹도끼로 찍은 것으로 보이는 구멍이 있었으며, 잘게 부서진 뼈의 파편도 다수 찾을 수 있었다. 이는 구석기 시대부터 오늘날까지 이어져 온 작업 방식의 흔적이다. 오늘날 정육점에서는 나무 도마에 묻은

디트리히 마니아는 2000년에 빌징슬레벤에서 37만 년 된 인간의 턱 관절 유골을 발견했다.

2009년부터 빌징슬레벤 발굴 현장은 전시장으로 운영되고 있다. 이 전시장은 발굴 작업으로 인해 노출된 당시의 지표면 일부 위에 투명한 지붕을 덮어서 볼 수 있게 하였다.

고기와 뼈 등의 찌꺼기를 솔로 닦고 건조하는 등 나무 도마를 항상 청결하게 유지하기 위해 주의를 기울이며, 1년에 한 번 정도는 표면을 평평하게 갈아내는데 잘게 부서진 뼈의 파편은 이와 동일한 작업 방식에서 만들어진 것으로 보인다. 무게가 50kg, 직경이 85cm에 이르는 대형 석회암 블록 역시 모루로 사용되었을 것으로 추정되는데, 부분적으로 둥글게 만들어진 겉면에 흠집이 없고 광택이 나는 모습이 두드러진다.

또한 빌징슬레벤에서는 나무 부스러기와 나무막대 조각들도 발견되었다. 그중 일부는 코끼리 정강이뼈로 만든 모루에서 작업한 것으로 보인다. 동물의 가죽과 나무껍질은 체리 등 각종 열매와 씨앗, 잎이나 새싹, 그리고 뿌리 등을 채집할 때 바구니로 사용되었을 것이고 이렇게 채집된 식물들은 주로 염료와 약재로 사용되었을 것이다.

마니아를 비롯한 몇몇 과학자들은 초기 인류가 빌징슬레벤을 오랫동안 영구적인 주거지로 삼았으며 이미 이 시기에 주거용 오두막을 지었을 것이라고 주장했지만, 얼마 지나지 않아 이 주장에 대한 이의가 제기되었다.[4] 라인란트의 괴너스도르프Gönnersdorf에서 후기 구석기 시대인 기원전 15,500~13,000년경의 주거지에 관한 명확한 증거물이 나왔기 때문이다.[5]

그러나 빌징슬레벤에서 발굴된 '공예품'들을 살펴보면, 이곳 사람들이 다양한 물건을 제작하고 사용했음을 알 수 있다. 당시에도 오늘날과 같은 전문 직업이 있었다고 말할 수는 없지만, 이들의 활동은 지금까지 이어져 석공, 도축업자, 바구니 제작공, 포장업자, 염색공, 목수 등 현대인의 직업으로 발전되었다. 빌징슬레벤에서는 점토와 금속을 이용한 유물이 발견되지는 않았지만, 수공업에 대한 폭넓은 이해와 더불어 명백한 장인의 기술이 존재했음을 보여주었다. 이는 창조적인 인간 '호모 파베르'의 존재를 분명하게 증명하는 것이다.

구석기 시대에 석재로 제작된 물건들은 견고해서 오랜 세월이 흐른 후에도 그 흔적을 발견하는 것이 어렵지 않지만, 목재, 가죽, 직물, 점토 같은 재료는 쉽게 마모된다. 이를 감안했을 때 빌징슬레벤에서 발견된 유물들은 매우 놀라운 바가 있다.

이후에 유럽의 네안데르탈인은 석기 제작에 있어 진정한 '완벽주의자'였음이 밝혀졌다. 그들은 약 20만 년 전 빌징슬레벤 사람들보다 훨씬 뒤에 유럽 대륙에 정착했다. 그들은 유럽 대륙으로 이주하기 전에 중동 지역에서 살았는데 3만 년 전에 멸종했다. 네안데르탈인은 이미 여러 가지 다양한 도구를 생산하는 데 성공했다. 그들은 두꺼운 규석 덩어리를 얇게 쪼갠 다음, 그 쪼갠 조각들을 이용해서 작고 끝이 날카로운 도구를 만들었다. 19세기에 파리 근교의 르발루아페레Levallois-Perret 유적지에서 이렇게 만들어진 도구들이 최초로 발견되었기 때문에 '르발루아 기법Levallois technique'이라는 이름이 붙여졌다.[6] 네안데르탈인과 마찬가지로 호모 사피엔스 역시 그들의 숙련된 기술을 통해 인류의 문화사를 풍요롭게 했다.[7] 유럽에서 그 존재가 확인되는 시기는 기원전 43,000년에서 14,000년 사이이다. 그들은 이미 오래전부터 유럽에 정착해서 살고 있던 네안데르탈인과 한동안 공존했다. 소위 크로마뇽인이라 불리는 인류가 네안데르탈인과 경쟁한 최초의 현생 인류 (호모 사피엔스)인지, 그들이 네안데르탈인을 밀어냈는지, 아니면 네안데르탈인들이 경쟁 과정에서 패배해서 멸종했는지에 대해서는 더 많은 연구가 필요하다.


## 유용한 목재

헬름슈테트 인근 쇠닝겐Schöningen의 노천 갈탄 광산에서는 1994~1998년 동안 하트 무트 티메의 주도로 또 다른 발굴이 진행되었다. 이 유적지는 무엇보다 거의 비슷한 연대 의 구석기 시대로 거슬러 올라간다는 점 때문에 빌징슬레벤을 연상시켰고 발견의 다양성 보다는 발견 자체의 중요성이 두드러진다는 측면에서도 상당히 유사했다.

이곳에서 발견된 3개의 창spears은 길이가 1.82m, 2.25m, 2.30m였고, 최대 직경이 29.47mm, 30mm, 37mm였다. 기다란 3개의 창은 세계적으로 주목을 받았다. 그중 하 나는 부분적으로 약간의 손상이 있었지만, 나머지는 놀라울 정도로 잘 보존되어 있었다.

이후 발굴이 진행됨에 따라 총 8개의 창이 추가로 발견되었고, 이에 더해 야생마, 소, 붉은 사슴, 매머드 등 최소 4종의 대형 포유류 유골 화석이 함께 발견되었다. 이로써 발 견된 창이 사냥 무기로 사용되었다는 것에도 의심의 여지가 없었다. 따라서 연구자들은 이 유적지를 구석기 시대에 일종의 '사냥 캠프'로 사용되었던 곳이라는 결론을 내렸다. 그리고 그 연대를 대략 40만 년~27만 년 전이라고 추정했다.[8]

발견된 창은 완벽하게 디자인 되어 있었다. 주로 가문비나무로 만들었고, 어떤 경우 에는 소나무를 사용했는데, 소나무의 경우에는 가장 단단한 관솔 부분으로 만들었다. 나 무의 종류 및 성질에 따라 가공을 달리 했다는 사실은 재료에 대한 높은 수준의 지식과 숙련도를 입증한다. 침엽수에는 나무의 성장을 돕는 헛물관이 바깥쪽에서 나무의 안쪽 까지 고루 분포하고 있으며, 특히 나무의 성장이 빠르게 이루어져 나무의 결이 상당히 부드럽다. 석기 시대 사람들은 이런 나무의 특징들을 이미 파악하고 있었다. 그들이 나무의 가장 단단한 부분을 선택했기 때문에 오늘날의 머리핀만큼이나 얇은 창촉도 쉽게 부러지지 않았다. 창의 미세한 홈은 돌칼과 스크레이퍼를 사용하여 표면을 조심스럽게 긁어내고 매끄럽게 다듬었다는 사실을 보여준다. 이렇게 만들어진 창Javelins은 사냥감을 찌르는 용도보다는 사냥감을 향해 던지기 위한 용도로 사용되었다. 이는 오늘날의 스포츠인 창던지기에 사용되는 경기용 창과 같이 무게 중심이 축의 앞쪽 3분의 1지점에 있다는 사실을 통해서 쉽게 알 수 있다.

다른 최고의 사냥용 무기 역시 나무로 만들어진 '투창'이었다. 이 창의 길이는 약 78cm에 직경이 30mm에 달했다. 이 투창이 어떻게 사용되었는지에 대해서는 오늘날 호주 원주민들이 부메랑을 던지는 모습을 떠올려 보면 된다. 손으로 던진 이 창은 날아가는 동안 자체 축을 중심으로 회전하면서 대상을 향해 정확하게 날아간다. 유적지에서 발견된 오리 등 조류의 뼈 화석은 이들의 사냥법을 증명해 주는 유물이다.

구석기 시대의 기원을 언제로 잡든 이 무기들은 지금까지 발견된 세계에서 가장 오래된 사냥용 무기이다. 사냥꾼들 간의 의사소통과 적절한 사회 구조를 갖추지 않고서는 강력하고 공격적인 매머드 같은 대형 포유류에 맞서는 것은 물론 빠르게 도망치는 사냥감을 잡는 것은 불가능하기 때문에 이를 통해 우리는 초기 인류의 뛰어난 사냥 솜씨와 함께 그들의 문화를 알 수 있다.

하지만 쇠닝겐에서 발견된 유물은 훨씬 더 광범위하다. 도살의 흔적이 분명한 말뼈 화석으로 미루어 보아 아마도 이들은 말고기를 즐겨 먹었을 것이다. 그리고 말뼈 화석 가운데에서 까맣게 탄 나무 막대기가 발견되었다. 이것은 불을 피우는 용도나 불을 피운 후에 장작을 뒤적거리는 용도로 사용되었을 수도 있고 바비큐를 하는 등의 여러 가지 다른 용도로 사용되었을 수도 있다. 어쨌든 쇠닝겐에 불을 사용한 흔적이 남아 있다는 것은 놀라운 사실이다. 이 흔적은 유럽에서 발견된 불을 사용했던 유적 중에서 가장 오래된 것 중 하나이며 빌징슬레벤에서 발견된 것보다 오래된 유적이라는 사실을 입증하는 것이기 때문이다.

이를 통해 우리는 그 시대 최고의 장인들이 최고의 솜씨로 사냥용 무기를 제작하고, 역할을 분담해서 함께 사냥하고, 돌칼로 사냥감을 자르고 요리했던 초기 '수렵 사회'를 살아가는 인류의 모습을 확인할 수 있었다. 당시 이들은 목수, 공구 제작자, 도축업자 및 요리사 역할을 수행했다. 그러나 이들의 활동이 오늘날의 직업과 완벽하게 동일하다고 할 수는 없다. 왜냐하면 당시에도 저마다 각각의 분야에서 특출한 능력을 발휘했지만, 구석기 시대의 '호모 파베르'는 오늘날의 인류에 비해 모든 일을 다할 줄 아는 만능 재주꾼이어야 했기 때문이다.

팔래옹(Paläon, 현재 명칭은 '쇠닝엔의 창 연구 – 체험 센터' – 역주) 개관식 당시 발굴단장 하르트무트 티메와 니더작센주 주지사 슈테판 바일(Stephan Weil)이 쇠닝엔의 창을 살펴보고 있다.

# 40,000년 동안의 예술

세계에서 가장 오래된 벽화는 약 40,000년 전 스페인 북부 동굴 엘 카스티요에 그려진 것이다. 이후 라스코 동굴(기원전 17,000년~15,000년)과 알타미라 동굴(기원전 16,000~14,000)에서는 인간과 동물의 형상을 그린 벽화가 발견되었다. 이는 인류 초기 예술의 걸작으로 꼽힌다. 당시 인류는 황토, 목탄, 철, 망간 산화물, 식물즙과 동물의 피, 우유와 지방 등에서 추출한 염료를 이용해 손가락이나 동물의 털과 깃털 등으로 벽화를 그렸다. 가장 먼저 염료가 벽에 잘 붙을 수 있도록 표면을 어느 정도 매끄럽게 만들어서 윤곽을 그린 다음에 색을 칠하거나 돌칼을 이용해 새겼다. 라스코의 화가들은 동굴 천장에 벽화를 그리기 위해 구조물과 밧줄도 사용했을 것이다. 가장 초기의 조각품은 슈베비셰 알프(Schwäbische Alb) 동굴에서 발견된 상아와 뼈를 재료로 만든 조각상들이다. 발견된 조각상들의 크기는 9cm를 넘지 않으며 사냥감인 메머드나 들소, 말과 같은 동물들뿐만 아니라, 인간의 '사냥 라이벌'인 곰이나 동굴 사자 같은 맹수들이 묘사되어 있다. 엉덩이와 가슴이 강조되어 표현된 '비너스상'과 사람의 몸에 사자 얼굴을 한 '사자 인간'은 예술적인 의미와 함께 종교적인 의미도 지녔을 것으로 추정된다. 이로 미루어 보면, 적어도 35,000년 전에 동굴 벽화를 그리기 시작했던 호모 사피엔스는 상아와 뼈, 그리고 흙을 사용해서 추상적인 것까지도 구

울름 근처의 호렌슈타인 - 슈타델 동굴에서 출토된 '사자 인간'은 매머드 상아를 돌칼로 조각해서 만들었다. 조각상의 길이는 29.6cm이다.

체적인 예술작품으로 만들었다는 것을 알 수 있다.

　호모 사피엔스 중에서 특별한 기술을 가진 '전문가'들은 악기도 발명했다. 가장 최초의 증거는 알브 – 도나우(Alb – Donau) 지역에서 발견되었다. 매머드, 백조, 그리고 독수리의 뼈로 만든 피리였는데, 제작 시기는 적어도 35,000년 전으로 추정되었다. 이 피리 중 하나는 홀레 펠스(Hohler Fels) 동굴에서 발견되었다. 매머드의 상아를 깎아서 만든 이 피리는 12조각으로 부러져 있었는데 전문가들이 고고학적 기술을 사용하여 복원했다. 복원된 피리는 2옥타브에 걸친 6개의 음을 낼 수 있었다. 구석기 시대에 최초로 울려 퍼진 피리 소리는 과연 어떤 것이었을까?

라스코 동굴 벽화

# 귀중한 손도끼

구석기 시대 이후 기원전 9,600년경부터는 중석기 시대가 이어졌으며, 기원전 5,400년경부터는 신석기 시대가 시작되었다. 중석기 시대에는 규석을 재료로 하는 잔석기의 제작이 이루어졌는데, 이 시기에 나타나는 높은 수준의 기교는 주목할 만하다. 잔석기는 보통 3cm 정도의 작은 도구들을 사다리꼴이나 삼각형 모양으로 만들었는데 세심한 주의가 필요했다. 이렇게 만들어진 도구들은 주로 창이나 화살, 낫 등과 같은 도구의 날로 사용되었다.

신석기 시대에는 돌을 연마해서 도구를 만들었는데, 이는 가장 큰 혁신 중 하나였다.[9] 그러나 처음에는 여전히 날카롭게 연마되지 않은, 즉 기존의 방식으로 제작된 돌칼을 다른 재료들과 결합해서 하나의 도구로 만들어서 사용했다. 이 과정에는 다양한 작업 방식이 적용되었다. 주로 돌날에 구멍을 뚫은 다음 그 구멍에 나무나 뼈를 넣어서 사용하거나, 돌날을 사슴뿔과 같은 적절한 손잡이에 단단히 묶어서 사용했다. 예를 들어, 갈고리 모양으로 다듬어진 나뭇가지가 있으면 이것을 도끼 자루로 사용하는 식이었다. 이와 같은 방식으로 도끼, 손도끼, 괭이가 만들어졌다.

신석기 시대에 접어들면서 일어난 인류 최초의 혁명적인 변화와 함께 도구의 형태도 바뀌었다. 수렵과 채집 중심의 유목생활을 하던 사람들이 농경과 목축이라는 정착 생활을 하기 시작하면서 식량의 비축이 가능해지자 엄청난 변화가 시작되었다. 이러한 변화는 처음에는 아랍의 건조한 지역 북쪽에 위치한 소위 비옥한 초승달 지역에서 일어났으며, 오늘날의 팔레스타인, 이스라엘, 요르단에서 시작하여 시리아를 거쳐 터키의 아나톨리안 지역과 이라크까지 확장되었다. 1936년 호주의 고고학자 비어 고든 차일드 Vere Gordon Childe는 이러한 발전을 두고 '신석기 혁명'이라고 이름 붙였다. 그러나 이러한 삶의 양식에 대한 변화는 점진적으로 이루어졌기 때문에, 오늘날 우리는 인류 역사상 근본적인 인구 변화를 가져온 과도기인 '신석기 인구통계학적 전환 Neolithic Demographic

Transition'에 대해 더 많은 이야기를 하고 있다.[10] 기원전 5,600년에서 5,400년 사이, 정착 농업과 정주 활동의 주요 특징을 가진 신석기 문화는 헝가리를 출발하여 독일 중서부의 라인 마인Rhine-Main 지역으로 확장되었고 점점 서쪽으로 전파되었다.

기원전 약 5,400년경부터 유럽에서는 돌을 갈아서 만든 도끼와 손도끼가 보다 널리 보급되기 시작했다. 도끼와 손도끼를 생산하는 데에는 크게 두 가지의 방법이 있었다. 애초에 도끼로 사용하기에 적합한 모양의 돌을 찾아내어 재가공하거나, 시간이 걸리더라도 크고 얇은 판석에 홈을 만들어서 적당한 크기로 잘라낸 뒤에 제작하는 것이다. 연마에는 돌과 모래를 이용했다. 당시에는 회전이 가능한 연마석이 없었기 때문에 연마는 주로 세로 방향으로 이루어졌는데 이러한 사실은 일부 유물을 통해 확인할 수 있다.

당시 돌로 만든 도구에 손잡이를 만들기 위해 구멍을 뚫는다는 것은 특별한 도전이었다. 중석기 시대 사람들은 이미 이를 위해 회전하는 '드릴'과 같은 도구를 사용했다. 그것은 오늘날 사냥용 활과 비슷한 형태의 도구였다. 나무의 양쪽 끝에 줄을 매어 활시위처럼 만든 뒤, 송곳처럼 뾰족한 막대를 수직으로 연결해서 사용했는데, 끈을 감은 활을 좌우로 빠르게 움직여서 축이 되는 막대를 회전시키는 방식이었다. 지금까지 이 '드릴'을 발견한 고고학자는 없지만, 단지 구멍뿐만 아니라 원통형과 이중 원추형, 즉 모래시계 모양의 구멍이 있는 유물을 통해 석기 시대 사람들이 의심할 여지없이 기술적으로 능숙한 해결책을 찾아냈다는 것을 알 수 있다.[11]

신석기 시대에 사용되었을 법한 돌을 뚫는 도구의 모형

영국의 캔터베리 근처에서는 아름다운 옥도끼Jade axe가 발견되었는데, 물방울 모양으로 길이가 약 21㎝이고 최대 너비는 약 8㎝였으며 잘 연마되어 매끄러운 표면을 가지고 있었다. 하지만 이 옥도끼를 두고 두 가지 의문이 제기되었다. 첫 번째 의문은 과연 이 도구는 어디에서 왔을까? 하는 것이었다. 영국에는 옥이 발견되지 않았기 때문에 한동안 이를 정확하게 설명할 수 있는 증거를 찾을 수 없었다. 이는 중앙아메리카나 극동 지역에서 수입된 것도 아니었다.

프랑스의 고고학자 부부 피에르Pierre와 안느-마리 페트르캥Anne-Marie Pétrequin은 이 의문을 해결하기 위해 나섰고, 마침내 2003년 코티안 알프스에서 도끼의 재료인 경옥을 발견했다. 또한 두 사람은 이탈리아 피에몬테의 몬테비소산 해발 고도 2,000m가 넘는 지역에서 암석 채석장을 발견했을 뿐만 아니라, 심지어 캔터베리에서 발견된 옥도끼의 재료로 사용된 것으로 보이는 바위까지도 발견했다. 더불어 작센의 비더라우Wiederau에서도 캔터베리에서 발견된 옥도끼와 비슷한 유물이 발굴되었다는 사실을 밝혀내 당시에 도끼를 만드는 '장인'들이 광범위한 지역에 걸쳐 유통망을 구축하고 있었음을 확인했다.[12]

경옥은 현대식 강철 망치와 절단기로도 쉽게 분쇄되지 않을 만큼 단단한 물질이다. 여기서 두 번째 질문이 제기된다. 약 7,000년 전의 사람들이 경옥을 어떻게 자신들이 필요로 하는 모양으로 가공했을까? 수천 년 동안 시도되고 검증된 유일한 방법은 열을 가하는 것이지만, 경옥을 가열해 재가공에 적합한 석판으로 만드는 데에만 꼬박 하루가 걸렸다. 이는 캔터베리 옥도끼의 기원을 조사하고 검증하는 과정에서 밝혀진 숯 잔여물

잘 연마된 옥도끼는 대영 박물관에 전시되어 있다.

과 옥을 채취한 것으로 보이는 바위를 가지고 진행한 화학적 조사를 통해서도 검증할 수 있었다. 이 외에도 두 프랑스 고고학자는 몬테 베이구아Monte Beigua의 리구리아 아펜니노 산맥 해발 1,000미터 지점에서 또 다른 원료 공급원을 발견했다. 기원전 5,000년경부터 북부 이탈리아에서는 경옥과 함께 석류석과 녹휘석으로 구성된 에클로자이트Eklogit의 생산이 이루어졌는데, 이후 기원전 3,000년경까지 생산을 지속했다.

이러한 고품질의 소재들이 광범위한 지역으로 확산될 수 있었던 이유는 수요는 많았지만 흔하게 구할 수 없었다는 점 때문이었다. 이 암석이 수출된 것으로 확인된 지역은 현재의 스위스, 프랑스, 벨기에, 네덜란드는 물론 독일 서부와 북부를 넘어 발트해 연안의 덴마크까지도 포함되어 있다. 또한 잉글랜드와 스코틀랜드, 그리고 아일랜드에서도 이 암석과 관련된 다수의 유물이 발견되었다. 암석이 확산된 지역의 동쪽 경계는 튀링겐과 작센이었고 서쪽 경계는 피레네산맥이었다. 아마도 운송하기가 힘겨웠기 때문일 것이다. 스위스 그라우뷘덴Graubünden에서 나온 화산석으로 만든 유물이 말뚝 주거 유적(호상가옥)이 있는 보덴 호수Bodensee에서도 발견되었는데, 이 정도만 하더라도 당시로서는 엄청난 거리였을 것이다.[13]

암석을 부수고 가공하는 일에는 반드시 숙련된 전문가들이 필요했을 것이다. 중세 시대에는 채석공과 석공의 구별이 있었지만, 신석기 시대에도 그러한 기술적 차별화가 있었는지는 알 수 없다.

또 다른 수수께끼가 여전히 남아 있다. 캔터베리에서 나온 옥도끼는 다른 도끼와 마찬가지로 날카로운 날을 가지고 있지만, 자루를 끼울 수 있는 구멍이 없기 때문에 도구로 사용할 수 없었을 것이다. 그렇다면 이 도끼는 어떤 용도로 사용되었을까? 이 질문에 답하기 위해 피에르 페트르캥은 현대 문명에 밀려 자신들의 고유한 문화를 잃어가고 있는 뉴기니 원주민들을 연구했다. 뉴기니 원주민들은 최근까지도 채석에서부터 석기의 제작과 활용에 이르는 모든 과정을 완벽하게 구현하고 있었다. 두 고고학자는 그들에게서 다른 방법으로는 얻는 것이 불가능한 도구 제작에 대한 지식을 얻을 수 있었다.[14] 몬테비소와

프랑스의 연구진은 몬테비소에서 신석기 시대의 채석장을 발견했다.

같이 뉴기니의 채석장은 접근하기 어렵고 비밀스러웠으며, 심지어 일부 장소는 신성하게 여겨지기도 했다. 무엇보다 원주민 석기 제작 기술자들은 지금까지도 채석을 하기 전에 행하고 있는 '손도끼의 어머니'에게 자비를 구하는 의식을 중요하게 생각하고 있었다.[15]

신석기 시대에도 장인의 솜씨로 정교하고 세련되게 다듬어진 옥이나 돌조각은 매우 귀중한 물건이었다. 그러나 이 물건의 의미는 여전히 미스터리로 남아 있다. 원자재인 경옥이 알프스 산맥의 북쪽에 널리 분포되어 있는 것으로 보아 상징적 의미나 종교적 의미를 지닌 것일 수도 있다. 어쩌면 실용적 의미에서 가치가 높은 물건이었을 수도 있을 것이다.[16] 작센의 중부 지역에서 발견된 도끼 머리는 상당히 작아서 몸에 지니고 다니면서 사용하기에 적합한 형태였다. 청동 도끼도 같은 용도였다. 하지만 경옥으로 만든 도끼나 칼은 사용의 흔적이 거의 없는 것으로 보아 귀금속처럼 사용되었을 것으로 보인다. 따라서 경옥 도끼의 경우, 실제로 사용하는 도구가 아니었다면 종교적인 의미의 물건이거나 지위의 상징, 또는 화폐와 같은 용도로 사용되었을 가능성이 다분하다. 하지만 이에 대해서는 여전히 풀리지 않는 의문으로 남아 있다.

오늘날에도 도끼는 건축을 하는 목수들이 톱만큼이나 자주 사용하는 아주 중요한 도구이다. 동시에 도끼는 권력이나 힘을 상징하는 도구로도 사용된다. 레겐스부르크 Regensburg의 주교였던 성 볼프강St. Wolfgang을 상징하는 것으로 도끼가 등장하며, 오늘날 노르웨이의 국가문장을 장식하는 성 올라프St. Olav도 사자가 장식된 도끼를 들고 있다.


## 주택과 생활용품

유럽의 건축 문화는 기원전 6,000년경부터 발전해 온 수공업 기술과 불가분의 관계에 있다. 집이 없는 농경 문화는 생각할 수 없기 때문이다. 고고학자들은 신석기 시대의 흔적인 기둥 구멍posthole으로 주거지인 '롱하우스'의 크기를 측정했다. 시간이 흘러 설령

기둥 구멍이 채워진다고 해도 구멍 자체는 오래도록 보존된다는 것이 고고학계의 정설이다. 이 시대에 지어진 최대 길이 50m, 최대 폭 10m에 이르는 엄청난 '롱하우스'는 크기 자체로도 놀라운 일이다. 경사진 지붕 아래에 일자형 천장을 배치할 수 있도록 여러 개의 기둥을 세워서 전체 구조를 지탱하는 방식으로 설계된 이 거대한 집을 통해 당시 사람들의 건축에 대한 전문성을 엿볼 수 있다. 목조 구조물의 벽면은 초벽Wattle and daub, 즉 나뭇가지나 수숫대로 짠 격자형 틀을 세우고 그 위에 흙, 점토, 모래, 짚 등을 섞어서 만든 회반죽을 발랐다. 이 구조물은 집일 수도 있고 마을일 수도 있겠지만, 이와 무관하게 기능적으로는 주거 외에도 여러 가지 용도로 활용되었을 것이다.

인간의 일상생활에 대한 흔적들을 보여주는 대표적인 유물로는 토기가 있다. 수렵 사회에서는 토기의 필요성이 크지 않았지만, 농경과 목축 중심의 생활 방식이 자리 잡은 신석기 시대에는 생산물을 저장하기 위해 많은 토기가 필요했다. 점토를 사용해 모양을 만들고 불에 굽는 것이 새로운 발명은 아니었다. 이미 25,000~29,000년 전에 점토와 같은 재료로 만들어진 '돌니 베스토니체의 비너스' 같은 유물이 있었기 때문이다.

하지만 이 시기에는 실질적으로 사용하기 위한 그릇이 만들어졌다. 처음에는 손가락 굵기의 점토를 한 층씩 겹겹이 쌓아 올리는 방식인 코일링 성형 기법을 이용해 토기를 만들었다. 오늘날의 도자기 제작에도 사용되는 기술인데, 신중하게 작업하지 않으면 원하는 결과물을 얻을 수 없기 때문에 주의가 필요하다. 인더스 계곡, 메소포타미아 및 중동 지역에서는 코일링 성형 기법이 기원전 3,500년부터 지속적으로 사용되었던 것으로 추정된다. 물레 성형 기법은 유럽에서 다소 후기의 문화에 국한되어 나타났다.

문화권에 따라 그릇의 모양이나 그 위에 부착된 장식이 다양하게 나타나는데, 선형(띠무늬) 토기 문화는 섬세한 장식, 곡선과 각진 선, 나선형과 물결 무늬, 꽃무늬 등의 요소를 특징으로 하는 문화이다. 이 문화의 시초는 발칸 지역의 스타르체보 쾨뢰스Starčevo-Körös 문화에서 찾을 수 있다. 가장 오래된 그릇은 단색이었지만, 나중에 발견된 것은 흰색과 빨간색이 칠해져 있었다. '쾨뢰스'는 헝가리 대평원의 강으로, 그 강둑과 티서Tisza강 유역에서 발견된 유적들은 보이보디나Vojvodina, 세르비아의 스타르체보 유적들과 흡사했다. 신석기 시대에 선형 토기 문화만큼 광범위한 지역에서 발견된 문화는 없었다. 우크라이나, 루마니아, 헝가리와 프랑스는 물론 폴란드, 독일, 오스트리아, 슬로바키아, 체코, 발칸 반도 등에서도 그 흔적을 찾을 수 있는데, 이들 지역에서 발견된 토기에서 확인되는 띠무늬를 통해 이곳의 유적이 선형 토기 문화의 유산임을 알 수 있다.[17]

기원전 5,000년~3,000년 사이에 유럽 북부에서는 푼넬비커 문화Funnelbeaker culture가 발전했다. 이 문화는 현재의 네덜란드와 북부 독일의 평야에서 스칸디나비아에 이르는 지역에 분포하고 있었으며, 무엇보다 전체적으로 둥그스름하며 목 부분이 몸체보다 좁고 양쪽 손잡이가 예술적으로 장식된 암포라amphora 토기가 제작되었다는 특징이 있었다. 알프스 북쪽에서 발견된 가장 아름다운 토기로 알려진 '스카르프살링 항아리Skarpsalling Vessel'는 덴마크 북부에 있는 고인돌 형태의 통로 무덤 중 하나에서 부장품으로 발견되었다. 아주 오래된 이 무덤은 내부가 길고 나무와 점토로 만든 돌무덤이었다. 이러한 유형의 돌무덤 건축 형식은 나중에 주거용 건축물을 지을 때, 중요한 참고가 되었다. 푼넬비커 문화를 거치면서 건축과 매장의 관습은 중요한 변화를 겪었다.

빗살무늬 토기는 기원전 2,800년에서 2,200년 사이에 동유럽에서 유래했고, 이후 중부 유럽으로 널리 퍼졌을 것으로 추정된다. 도공들은 토기에다 특유의 빗살무늬를 각인 기법으로 장식했다. 기원전 2,600년경부터 기원

니더외스터라이히(Niederösterreich)에서 발견된 도장 무늬 토기는 기원전 2,000년경 벨비커 문화에서 유래되었다.

전 1,800년경까지 계속된 벨비커 문화BellBeaker culture는 동으로는 헝가리에서 서쪽 이베리아반도까지, 그리고 북쪽으로는 현재의 아일랜드와 영국에 이르는 지역에서 가장 발전된 토기 문화를 형성했다. 이 시기의 사람들은 소규모 집단을 이루고 살았으며 한 지역에 정착하지 않고 자주 이동했던 것으로 보인다.

돌, 뼈, 점토와 같은 내구성 있는 재료들은 특별한 환경에서 보존된 나무나 금속과 함께 인류의 생활 문화를 이해하는 데 많은 정보를 제공한다. 반면 당시의 의복에 대해서는 알기 어렵다. 우리는 초기 인류의 의복에 가죽과 모피가 포함되어 있었다는 사실을 알고 있다. 하지만 이를 실제로 확인하는 일은 거의 불가능하다. 중세, 또는 근대 초기라 해도 평범한 사람들이 입었던 일상복이 남아있는 경우는 거의 없기 때문이다.

그렇지만 체코의 모라비아 Moravia 지방에서 섬유 조각이 하나 발견되었는데, 약 30,000년 전의 것으로 추정되었다. 즉, 우리는 이 섬유 조각들을 통해 동굴 벽화 시대까지 거슬러 올라가 의복 문화를 연구할 수 있게 되었다. 기원전 6,000년경 신석기 시대에는 양과 염소를 기르고 아마와 대마를 재배하면서 의

'아이스맨(Iceman)'으로 불리는 "외치"의 모습.

복 제작에 필요한 원료를 얻을 수 있었다. 직조 기술이 발전한 것도 이 시기였다. 흙으로 만든 방추차가 발견되었는데 이것은 간단한 형태의 수직형 베틀이 존재했음을 의미한다.

2011년 독일, 오스트리아, 프랑스, 이탈리아, 슬로베니아를 포함한 '알프스 주변의 선사 시대 말뚝 주거지(호상 가옥)' 111곳이 스위스의 요청에 따라 유네스코 세계문화유산에 등재되었는데, 이 중 56곳이 스위스에 위치해 있다. 유럽에서 선사 시대와 초기 역사 유적지는 주로 고산 지대에서 발견되었지만, 그 지역 외에도 라트비아와 리투아니아, 그리고 스코틀랜드에서도 이와 같은 유적지가 추가로 발굴되었다. 기원전 4,200년에서 850년 정도까지 거슬러 올라가는 이 유적들은 주로 농경과 목축의 생산 방식을 가지고 있었으며, 이곳에서도 수공업에 의한 생산이 이루어졌으리라 추측된다.[18]

대부분의 주거지는 호숫가 근처의 비옥한 땅 위에 지어졌다. 오늘날 다수의 주택이 물속에 잠겨있는 채로 발견되었지만, 이는 당시 '건축가'들이 의도한 바는 아니었을 것이다. 오히려 그들은 생활 공간을 건설하면서 계절에 따라 수시로 변하는 수위에 영향을 받지 않도록 세심한 주의를 기울였을 것이다.

호른슈타트 - 회른레Hornstaad - Hörnle는 회리Höri반도의 보덴 호수 주변에 위치한 가장 오래된 말뚝 주거지 중 하나였다. 호수 주변에 마을이 들어선 시기가 기원전 3915년 전후일 것이라는 사실을 밝혀냈지만, 안타깝게도 마을은 치명적인 화재로 인해 소실되고 말았다. 고고학자들은 이 화재 현장에서 중요한 단서 몇 가지를 얻을 수 있었다. 호상 가옥에 대한 조사를 통해 집터의 크기를 가늠할 수 있는 힌트를 얻었고, 토기 조각들, 그리고 건축재료로 사용된 나무와 진흙, 갈대와 풀의 발굴을 통해 선형 토기 문화의 특징을 확인할 수 있었다.다행히 타지 않고 남은 가옥들을 통해 당시의 사람들이 화재 이후에 곧바로 마을을 재건하기 시작했고, 심지어 화재로 폐허가 된 가옥들을 마을 재건 계획에 포함시켰다는 사실도 확인할 수 있었다. 이를 통해 우리는 중세 시대를 풍미했던 장인들이 가진 두 가지 기술이 이 시기에 이미 출현했다는 것을 알 수 있다. 이미 언급한 내용에서 알 수 있는 것처럼 목공과 미장 기술이 바로 그것이다. 또한 집의 뒤편에는 독립적

## 잘 차려입은 사람

기원전 3,300년에서 3,100년 사이 티롤 알프스(Tiroler Alpen)의 시밀라운(Similaun)빙하 근처에서 발견된 남자는 '외치(Ötzi)'라고 명명되었다. 키는 1.54m에 불과했으며, 사망 당시의 나이는 약 45살이었다. 그의 옷은 직물이 아닌 모피와 가죽으로 만들어져 있었고 늑대 모피로 만든 모자를 쓰고 있었다. 외투는 흰 양과 검은 양의 털가죽을 길게 잘라 짜깁기한 것이었다. 송아지 가죽으로 만든 허리띠가 매어져 있었고, 무릎까지 올라오는 가죽 정강이 보호대와 가죽 레그워머는 흘러내리지 않도록 가죽으로 만든 고리에 고정되어 있었다. 소가죽 신발은 기본적으로 발을 보호하는 기능을 했을 것이다. 건초로 만든 신발의 안감과 털이 안쪽을 향하도록 만든 곰 가죽 신발 밑창은 보온 기능을 했을 것이다. 그리고 나무의 속껍질로 만든 신발 끈은 신발을 결속하는 기능을, 깔창 아래에 덧댄 가죽 줄은 요즘 신발의 아웃솔에 있는 돌기처럼 미끄럼 방지 역할을 했을 것이다. 아마도 오늘날이라면 모피 재봉사, 무두장이, 제화공, 가죽끈과 가방 제작자처럼 제각각의 역할을 가진 사람들이 한데 모여야 가능한 일이었을 것이다.

덴마크의 엑트베드(Egtved)의 참나무 관에서 발견된 소녀는 외치가 살았던 시기보다 1900년쯤 후에 살았던 상류층으로 보이는데, 외치와는 완전히 다른 모습이었다. 나이는 16~18세로 추정되며 키가 외치보다 6cm 정도 더 컸고, 그녀가 입고 있는 옷은 모두 직물로 만들어진 것이었다. 이 소녀는 소매가 반쯤 달린 짧은 튜닉을 걸치고 무릎까지 내려오는 랩 스커트를 입고 있었는데, 오늘날에 유행해도 어색하지 않을 정도로 세련되어 보였다. 허리에 두른 모직 벨트에는 원반 모양의 청동 장식이 있었다. 한 쌍의 청동 팔찌와 귀걸이 한 쪽, 그리고 동물의 뿔로 만든 빗 등의 장신구는 그녀를 더욱 특별하게 만들어 주었다. 이러한 의류와 장신구의 생산은 수세기 후에는 방적공, 재단사, 청동 주물공, 빗 제작 장인에 의해 이루어졌을 것이다.

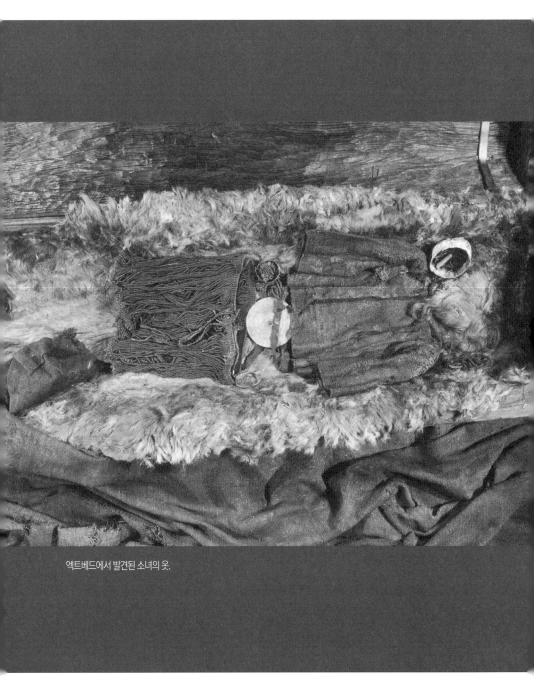

엑트베드에서 발견된 소녀의 옷.

방문객들은 보덴 호수 주변에서 복원된 신석기시대의 호상 가옥을 볼 수 있다.

인 작업 공간이 있었는데, 그곳에서 밭을 가는 괭이, 화살촉, 돌도끼와 낚시 도구 등이 함께 발견되었다.

　기원전 3370년경 보덴 호수의 남쪽 스위스 아르본Arbon 근처의 정착촌에서도 화재가 발생했다. 기원전 3381년~3376년 사이에 이루어진 인류의 정착 생활은 1991년 스위스 티롤 알프스산맥의 빙하 속에서 미라로 발견된 '외치'의 생존 시기와 거의 일치한다. 우리는 외츠탈 알프스Ötztaler Alpen의 빙하 지대에서 발굴된 정착 활동의 흔적을 통해 당시 그곳에 살았던 사람들의 직업적 전문화를 짐작할 수 있는데, 이는 수공업의 발전이라는 측면에서 엄청난 의의를 지닌 한 걸음을 내디뎠음을 의미한다.[19]

　목공 작업은 일단 숲에서 적합한 목재를 선택하는 것부터 시작되는데, 이 선별 작업은 18세기까지만 해도 대부분의 지역에서 대목수가 담당하는 대표적인 일이었다. 대목수라는 직업은 오늘날까지도 이어지고 있다. 문제는 수공업의 발전으로 인해 숲이 개발되면서부터 장기적으로는 교목림이 줄어드는 결과를 초래했다는 것이다. 그곳에는 오랜 세월이 지나도 지워지지 않는 흔적이 남았다. 현실적으로 교목림이 사라진 자리에 남은 맹아림을 관리해야만 했기 때문이다.

호른슈타트의 목조 가옥은 고고학적으로 쉽게 복원할 수 있었다. 보통 습지나 호수 위에 있는 가옥들은 기본적으로 수면 아래의 바닥에 말뚝을 박은 후 그 위에다 가옥을 건설하는 기둥 구조로 되어 있다. 가옥을 건설하는 과정에서 길쭉한 통나무 말뚝은 지붕 꼭대기의 용마룻대를 지탱하는 용도로도 사용되었다. 상단의 마룻대를 중심으로 나무를 V자형으로 배치해 지지대 역할을 하는 서까래를 만들었다. 이런 식으로 목재를 접합하는 기술은 수세기 동안에 걸쳐 지속적으로 발전해 왔으며, 목공과 소목은 오늘날의 건축에서도 가장 기본이 되는 기술이다. 완성된 건축물의 지붕에는 대부분 갈대나 풀로 제작된 덮개를 씌웠지만, 간혹 나무껍질이나 널판을 제작해 지붕을 덮기도 했다. 기원전 3376년에 만들어진 호상 가옥 유적을 복원하면서 이 건축물에 '아르본 하우스'라는 이름을 붙였는데, '아르본'은 유적이 발견된 장소의 지명이다. 그리고 아르본 하우스의 널판으로 만든 지붕 역시 스위스의 고고학자들과 운터울딩엔Unteruhldingen 수상가옥 박물관의 전문가들에 의해 재현되었다.

특히 보덴 호수 주변에서는 훌륭하게 디자인 된 잔석기가 발굴되었는데, 회리 반도의 주거지에서는 기원전 약 4,000년경에 만들어진 부러진 돌날 여러 개가 발견되었다. 처음에는 이 돌날의 사용과 관련된 부분이 베일에 싸여 있었지만, 고고학자들은 '재현'과 '실제 적용'이라는 관점에서 문제에 접근했다. 그 결과 작은 돌날은 석회 구슬을 만드는 데 사용된 특수 도구라는 사실이 밝혀졌다. 크기가 작고 그만큼 쉽게 마모되었기 때문에 상당한 양의 돌날이 발견된 것이다.[20] 따라서 당시에 '보석 세공사'는 존재하지 않았을지 모르지만, 최소한 '장신구 세공사'는 존재했던 것이다.

또한 규석으로 제작된 날과 칼도 발견되었는데, 이 도구들 역시 전혀 예상할 수 없는 용도로 사용되었다. 신석기 시대의 유럽인들은 이 도구들을 사용하여 이미 두개골 절개 수술을 시행하고 있었다. 발굴된 유골에는 치유의 흔적이 있었는데, 이로 미루어 당시에 규석 칼을 이용한 '수술'이 상당히 성공적이었다는 것을 알 수 있다.[21] 여기에서 '수술'이 란 '기술'을 의미한다. 따라서 '수술'의 선구자들은 이미 신석기 시대부터 활동을 시작했던 것이다. 근대에 이르기까지도 이 기술을 활용했던 사람들은 '외과 기술자' 또는 '이발사'였으며, 이들은 오늘날의 '의사'와는 상당히 다른 개념이다.

수세기 동안 모습을 달리하는 특정한 종류의 집과 마당이 나중에 알프스 지역에 존재했던 것처럼 말뚝 위에 지어진 집들이 영구적인 정착지였다고 생각해서는 안 된다. 현재의 바이에른과 이탈리아 북부 지역에서는 기원전 4000년경에 처음으로 호상 가옥이 등장했다. 이 지역의 호상 가옥은 기원전 2400년경까지 사용되고 유지되었다. 북부 알프스 지역에서 호상 가옥이 등장한 것은 기원전 1150년경이었고, 이러한 방식의 건축이 기원전 850년까지도 지속되었는데, 특히 지중해 지역에서는 선사 시대를 넘어 역사 시대로 간주되는 시점까지 존재하기도 했다. 정착지가 물속으로 사라졌다 다시 떠오르는 것은 기후 요인이 크게 작용했다. 호상 가옥과 같은 목조 건물에 대한 건축 기술에 대해서 우리는 수천 년 된 '장인 정신'의 상당 부분을 문서화 해서 축적하고 있다.


# 거대한 석조 구조물

석조 건축은 전혀 다른 의문을 제기한다. 예를 들어, 신석기 시대에는 석조 건축이 주택 건설과 관련이 없었지만 역사 시대에선 주택 건설과 관련이 있었다. 가장 잘 알려진 것은 '거석'이라고 불리는 거대하고 투박하게 가공된 바윗덩어리이다. 대표적인 것으로는 흔히 '선돌'이라고 불리는 직립형 돌기둥이나 묘석, 고인돌, 그리고 '회랑 무덤Allée couverte' 또는 '석관' 및 '거석 묘' 등이 있다. 프랑스의 카르나크Carnac에서처럼 일렬로 세워져 있는 거석도 있고, 스톤헨지에서처럼 원형으로 배열된 거석도 있다. 가장 오래된 거석은 기원전 4500년경에 브르타뉴에 세워진 것으로 추정되며, 기원전 800년경에 사르데냐에 세워진 거석이 가장 마지막에 세워진 것으로 알려져 있다. 이처럼 거대한 석조 구조물의 유적은 유럽 전역에 퍼져 있으며 스칸디나비아, 중부 유럽과 서유럽, 특히 프랑스, 스페인, 포르투갈, 아일랜드, 영국 제도와 서지중해 제도에서 찾아볼 수 있다.

거대한 석조 건축물 중에서도 특히 인상적인 것은 덮개돌을 아래 받침돌이나 자연석이 받치고 있는 고인돌과 회랑 무덤이다. 하지만 이러한 맥락에서 또 다른 유형의 석조 건축 방식을 이야기할 수 있다. 메쌓기와 둥근 천장은 아주 작은 돌로 지어졌다. 이런 방식의 석조 건축이 가능하기 위해서는 적절한 돌을 찾아 가공하는 기술뿐만 아니라, 구조물이 무너지지 않도록 돌을 쌓는 기술이 필수적이다. 당시의 기술은 오늘날까지 이어져 여전히 사용되고 있다. 기원전 4500년경에 지어진 브르타뉴 북서부의 바르네네즈 Barnenez 고분은 아주 인상적이다. 이 고분은 특수하게 가공된 돌로 건축되었는데, 길이는 약 72m, 폭은 25m, 높이는 8m로 원래는 윗부분이 완전히 막혀 있었다. 여기에 사용된 돌들은 모두 특수하게 가공되어 있었다.

먼저, 아치형 천장은 돌을 수평으로 겹겹이 쌓은 다음, 지붕의 무게를 견딜 수 있도록 건설되었다. 매우 거대하고 가파른 형태의 아치형 천장은 20세기까지도 아일랜드의 시골 지역에서 그 위용을 자랑했다. 하지만 안타깝게도 이러한 전문 석공의 기술이 이제는 사라질 위기에 처해 있다.[22] 고대, 중세, 현대의 아치 건축 기술은 이전의 기술과는 상당한 차이가 있기 때문이다. 바르네네즈 고분의 천장은 방사형으로 배치되어 장력을 받는 돌들이 아치 모양 덕분에 서로를 지지할 수 있도록 상당히 안정적으로 설계되어 있다. 이렇게 둥근 천장을 만들기 위해서 처음에는 목재 구조물을 이용해 지지하지만 천장이 완성된 후에는 목재 구조물을 제거했다.

석조 건축의 역사를 살펴볼 때, 특별히 주목할 곳이 몰타섬과 고조Gozo섬이다. 이곳에는 유럽에서 가장 오래된 사원이 있는데, 공간의 배치와 디자인뿐만 아니라 부장품, 석

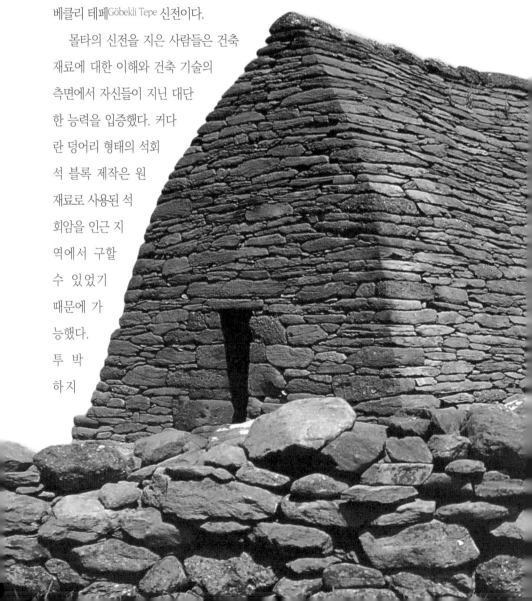

상, 장식용 제단 등에서 아주 비범한 기술을 발견할 수 있다. 공간을 기능적으로 구획한 부분은 이집트의 건축과 관련이 있어 보이지만, 시기적으로 분명히 이집트를 앞서 있다. 가장 오래된 두 개의 사원인 몰타 공화국 내 고조섬의 즈간티아Ggantija와 본 섬인 몰타섬의 므나이드라Mnajdra 사원이 건설된 시기는 기원전 3800년경으로 거슬러 올라가며, 일부의 유적에서는 기원전 2500년경까지 사용했던 흔적이 남아 있었다. 현재까지 세계에서 가장 오래된 사원은 기원전 9600년경에 지어진    터키 남동부 아나톨리아에 있는 괴베클리 테페Göbekli Tepe 신전이다.

몰타의 신전을 지은 사람들은 건축 재료에 대한 이해와 건축 기술의 측면에서 자신들이 지닌 대단한 능력을 입증했다. 커다란 덩어리 형태의 석회석 블록 제작은 원재료로 사용된 석회암을 인근 지역에서 구할 수 있었기 때문에 가능했다. 투박하지만 단단한 석회석으로 신전 입구의 기둥을 만든 것은 역학적인 이유 때문일 것이다. 반면 건물 내부는 비교적 무른 석회석을 사용했는데, 이는 성상의 조각과 신전의 내부 장식을 용이하게 하기 위해서였다. 몰타섬의 므나이드라 신전 건축물들은 기원전 2500년경까지 계속해서 새로운 공간을 추가하면서 확장되었다. 몰타섬의 하가르 킴, 타하그라트, 타르지엔 사원은 기원전 3600년과 3250년 사이에 건설된 일종의 사원 복합체이다. 몰타섬의 사원 건축은 거의 1000년에 걸쳐 진행되었는데, 그 덕분에 다양한 종류의 조각과 장식들이 발견되었다. 그중에서도 타르지엔은 사원 문화의 절정을 보여준다. 이곳에서 발견된 유물 중에서 아주 인상적인 것은 염소와 돼지의 조각, 그리고 안타깝게도 치마 끝자락과 굵은 다리 부분만 남아있는 거대한 인물상인 '마그나 마테르(위대한 어머니)'가 부조로 새겨져 있는 모습이다.[23] 이를 통해 의식의 제물로 동물이 상용되었다는 것, 그리고 여성 숭배와 다산 숭배 등의 세계관을 엿볼 수 있다. 몰타 정부에서는 므나이드라 사원을 동전에 새겨 인류 역사의 초창기에 등장했던 건축가들의 자랑스러운 업적을 기리고 있다.

몰타의 거석 신전은 여러 면에서 스톤헨지Stonehenge[24]와 비교될 수 있다. 스톤헨지는 종교적인 이유에서 하늘을 향해 열린 구조를 취하고 있는데, 이는 내어쌓기 기법을 이용해 만든 아치 축조물인 몰타의 신전과는 전혀 다른 모습이다. 잉글랜드 남부 솔즈베리 인근에 위치한 스톤헨지는 몰타의 유적만큼이나 독특하다. 스톤헨지는 기원전 3100년경부터 세 단계에 걸쳐서 건설되었

이 기도원은 8세기 말 아일랜드에 세워졌다. 배를 뒤집어 놓은 모양의 건축물로 전형적인 메쌓기 건축기법이 사용되었다.

다. 첫 번째 단계에는 원형의 도랑을 파고 흙으로 된 둑을 쌓아 경계를 만들었을 것이다. 이는 몰타의 오래된 유적과는 전혀 다른 구조물이었다. 이 구조물의 건설에는 사슴뿔로 만든 갈고리와 소의 견갑골 또는 나무로 만든 삽 같은 도구가 사용되었다. 두 번째 단계에는 기원전 3000년 초에 만든 원형의 내부에 구조물을 설치하기 위해 구멍을 파고 나무 기둥을 설치했을 것으로 추정된다. 그리고 현재와 같은 2개의 원형으로 늘어선 돌기둥 구성을 갖추게 된 건 기원전 2440년에서 2100년 사이에 시행된 세번째 단계를 거친 후의 일이다.

원형으로 늘어선 바깥쪽 돌기둥은 지름이 약 30m이며, 30km 떨어진 사암 채석장에서 가져온 바위로 건설되었다. 이 돌기둥은 높이 4m, 너비 2m, 두께는 1m로 그 표면은 수작업을 통해 매끈하게 다듬어져 있다. 예전에는 적갈색이었지만, 이끼가 자라면서 지금은 회색빛이 도는 초록색으로 변했다. 안쪽 돌기둥은 웨일즈 남서부에서 가져온 높이 2m, 너비 1m, 두께 75cm의 거대한 청회색 사암이 60개 있었던 것으로 추정되지만, 지금은 6개만 남아있다. 안쪽에는 5개의 트리리톤Trilithon(삼석탑)이 세워져 있는데, 크기는 바깥쪽 원에 있는 거대 돌기둥과 비슷하다. 바깥쪽 원과 안쪽 원에 있는 트리리톤의 받침돌 몇 개만이 상단의 돌과 연결되어 있지만, 전체적인 인상은 더없이 훌륭하다. 스톤헨지의 전체 석조 구조물에는 정확하게 설계된 건축 기술이 반영되어 있다. 받침돌의 크기가 약간씩 다르기 때문에 각기 다른 깊이로 땅에 세워져 일정한 높이를 유지할 수 있게 만들었으며, 상단의 돌들이 서로 닿는 곳은 빈틈없이 맞물려져 있다. 받침돌에는 돌출부가 있고 상단의 돌에는 받침돌과 일치하는 적절한 홈이 있어서 서로 정교하게 연결되어 있다. 이는 목공 기술이 석조 건축 기술에 적용된 것으로 보인다.

어떻게 거대한 바윗덩어리를 스톤헨지까지 운반하고 세울 수 있었는지에 대한 질문은 실험 고고학에 많은 도전 과제를 제공했다. 장거리 수송은 아마도 원형 나무 봉을 이용해서 이루어졌고, 거대한 돌을 일으켜 세울 때는 지렛대와 각목을 사용하였으며, 상단의 돌은 통나무를 쌓아서 만든 받침대를 한층 한층 높여가는 방식으로 들어 올렸을 것이다.[25]

스톤헨지 유적지는 지금으로부터 4100년 전에 완성되었으며, 1986년 유네스코 세계문화유산으로 등재되었다.

스톤헨지는 바퀴나 마차가 발명된 시대보다 훨씬 이전에 건설되었기 때문에 작업을 하는 동안 기술적 한계를 극복하기 위한 여러 가지 혁신적인 방법들이 고안되었을 것이다.


## 바퀴와 수레

바퀴와 수레는 인류사에서 아주 중요한 발명품이다. 유럽에서 가장 오래된 바퀴 자국은 기원전 4,000년 중반 푼넬비커 문화의 유적이 있는 슐레스비히-홀슈타인Schleswig-Holstein의 플린트벡Flintbek 근처 고분에서 발견되었다.[26] 직경 40~80㎝의 원반 모양의 바퀴 일부가 페데르 호수와 취리히 호수의 호상 가옥 근처에서도 발견되었다. 이를 통해 당시 수레와 마차 제작의 기술 수준을 엿볼 수 있다. 기원전 2900년경에 만들어진 이 바퀴들은 유럽에서 가장 오래된 바퀴 유물 중 하나이다.

청동기 시대부터 만들어진 원반 모

1902년 트룬홀름(Trundholm) 인근의 한 농부가 약 60㎝ 길이의 태양 전차를 발견했다.

양의 바퀴는 그 특성상 철기 시대에 널리 사용된 바큇살이 있는 바퀴에 비해 운송에 취약했지만, 그로 인해 인류는 위대한 진보를 위한 동력을 확보할 수 있었다. 초기에는 바퀴와 차축을 단단히 고정시키는 방식으로 연결했지만, 이후 바퀴 중앙에 축을 연결하는 방식으로 개선되면서 점차 바퀴가 차축을 중심으로 회전할 수 있게 되었다. 이것으로 바큇살이 있는 바퀴는 휴대용 손도끼만큼이나 장점이 많다는 것이 입증되었다.

마침내 역사 시대에 들어와서는 수레와 손수레, 마차를 제작하는 분야의 전문화가 이루어졌다. 이 발전의 끝에는 현대의 자동차 제작 시스템 즉, 자동차 산업의 대량 생산 시스템이 있다. 결과적으로 이러한 대량 생산 시스템의 탄생에는 '수레 목수'(바퀴 목수, 달구지 목수라고도 불렸다.)라고 불렸던 장인들의 역할이 결정적이었다고 할 수도 있다.[27]

바퀴는 신석기 시대의 가장 중요한 발명품인 동시에 인류 역사를 청동기 시대라는 새로운 시대로 이끌었던 결정적인 요소이다. 유럽의 청동기 시대의 중요한 예술품인 '태양 전차'는 이 시기 바퀴의 중요성을 보여준다. 이 유물은 덴마크 트룬홀름 근처에서 발견되었고,[28] 기원전 1,400년경에 제작되었으며, 모두 세 개                     의 청동 부품으로 이루어져 있다. 정교하게 조각된 입체적인                     말 모양의 조

각, 여섯 개의 바퀴가 달린 차대, 그리고 한쪽 면에 금박을 덧대어 만든 태양을 상징하는
화려한 황금 원반이 차대에 부착되어 있다. 말과 황금 원반에 있는 구멍은 말과 원반을
이어주는 무언가가 있었을 것이라고 생각하게 만든다. 이렇게 밝혀진 사실들을 통해, 신
성한 말이 마차를 동쪽에서 서쪽으로 끌고 가면서 원반의 밝은 면이 세상을 비추면 낮이
되고, 마차를 다시 서쪽에서 동쪽으로 끌고 돌아오면서 원반의 어두운 면이 세상을 향하
면 밤이 된다는 그들의 종교적인 믿음을 나타낸다는 해석은 설득력을 얻을 수 있다. 그렇
기 때문에 실제로 '태양 전차'라는 명칭은 부적절하다. 전차의 차체는 천체의 움직임과
전혀 관련이 없고, 종교의식에서 60cm 정도의 구조물을 이동시키기 위한 실용적인 수단
이었을 수도 있기 때문이다. 그렇지만 바퀴와 네 개의 바큇살이 너무 가늘게 설계되어 있

어서 이런 유형의 마차를 실제 운송 수단으로 사용했다면 파손 위험이 높았을 것이다. 마차가 이미 일상생활에서 사용되고 있었다는 사실을 고려하면, 태양 전차는 오히려 실제의 모습을 똑같이 구현하려는 목적보다는 마차의 가장 핵심적인 부분을 사실적으로 표현하면서 미적인 비율을 가장 중요하게 고려한 수공예품이었을 것이다.

# 철기 시대

청동은 합금이다. 대부분 90%의 구리와 10%의 주석의 비율로 혼합되어 있다. 청동은 순수 구리보다 상당히 단단한 물질이다. 이러한 공정은 신석기 시대 후반에 이미 알려져 있었으며, 이때부터 손도끼나 도끼 같은 도구들을 돌 대신 청동으로 만들기 시작했다. 창, 단검, 칼과 같은 사냥 및 전투용 무기뿐만 아니라, 흙으로 제작되었던 토기도 이제는 청동으로 만들었다. 심지어 장신구까지도 청동으로 정교하게 제작했다. 특히 중부 유럽, 즉 오늘날의 체코, 폴란드, 중부 독일 지역에서는 청동과 관련해 '우네치체 문화Unetice culture'가 각별한 의미를 가지고 있다.[29] 이 문화는 기원전 2300년~1500년 사이에 존재했으며, 체코 도시 우네치체의 이름에서 따왔다.

놀랍게도, 우네치체 문화권의 많은 청동 유물은 광산 지역이 아닌 곳에서 발견되었고, 몇몇 유적은 광산과 상당히 멀리 떨어진 곳에서 발견되기도 했다. 이로써 원료가 있는 곳에서 많은 물건들이 생산된 다음, 먼 곳까지 운송되었을 것이라는 예상이 가능해진다. 석기 시대에도 장거리 운송과 교역은 드물지 않았지만, 무엇보다 바퀴 달린 운송 수단의 등장으로 교역은 더욱 활발해졌을 것이다. 하지만 이러한 교역에 대한 고고학적 증거는 아직 충분하지 않다.

대신, 광석이 채굴된 지역에서 이를 필요로 하는 지역으로 운반되었다는 사실만큼은 입증할 수 있다. 채굴지에서 멀리 떨어진 곳에서 반지, 낫, 도끼, 막대 모양의 구리 조각

등 완제품 혹은 반제품이 발견되었는데,[30] 이는 채굴 작업과 가공 작업이 분명하게 분리되어 진행됐음을 증명한다.

그래서 야금 및 수공 분야의 숙련된 기량(예를 들어, 사람들의 눈길을 사로잡는 유려한 곡선의 청동 단지와 청동 잔을 비롯하여 바느질에 사용하는 정교한 대바늘을 제작하는 기술)을 가진 사람들은 자신이 만든 물건들을 필요로 하는 사람들이 거주하는 촌락에 자신의 기량을 증명할 필요가 있었다. 물건을 만드는 사람이 '떠돌이 장인'인지 '상주하는 전문가'인지는 중요한 문제가 아니었다. 보덴 호수의 호상 가옥에서도 청동 조각들이 발견되었다. 그곳에서 실험 고고학자들은 그 시대 사람들이 청동 가공 기술을 얼마나 빨리 익힐 수 있었는지를 보여주었다.

지금까지 발견된 청동기 시대의 유물 중에서 아주 특별하다고 평가받는 것은 네브라 하늘 원반Nebra Sky Disk이다.[31] 네브라 하늘 원반은 독일 작센안할트주의 시골 마을 네브라에서 발견되었다. 천체 관측과 관련된 문양들이 새겨져 있는데, 천문 현상을 구체적 실체로 묘사한 유물로는 전 세계에서 가장 오래된 것이다. 이 원반의 무게는 약 2.3kg이며, 지름은 32cm, 두께는 가운데가 4.5mm, 테두리 쪽이 1.7mm이다. 표면에 금으로 상감 되어 있는 부분을 제외하면 주석 함량이 2.5%에 불과한 비교적 부드러운 청동으로 제작되어 있었다. 과학적 분석을 통해 원반의 몸체를 이루는 청동의 주요 원료는 잘츠부르크의 미터베르크Mitterberg 구리 광산에서 채굴되었으며, 주석과 금은 영국의 콘월 반도에서 가져왔다는 사실과 함께 원반의 제작 연대가 기원전 1600년경이라는 것까지도 추정해낼 수 있었다. 원반과 함께 묻혀 있던 금으로 장식된 청동검 두 자루의 매장 연대 역시 일치했는데, 이는 당시에 미터베르크에서 채굴이 진행되고 있었다는 것을 보여준다.

네브라 하늘 원반은 태양력과 태음력을 연결하는 독창적인 방식으로 설계되었다. 이것은 2013년 6월에 유네스코 세계기록유산에 등재되었다. 원반을 천문학적으로 '해석'해 보면, 이 천문 기구가 결코 '수입품'이 아니라는 사실을 알 수 있다. 묘사된 달과 별, 그리고 별자리의 위치는 원반이 발굴된 장소 부근에서만 관찰할 수 있는 것이었기 때문

## 황금의 빛

인류의 기술은 구리에서 청동, 그리고 철을 다루는 것으로 발전해 왔는데, 여러 가지 원료 중에서도 황금은 일찍부터 특별한 위치를 차지했다. 모든 발전단계에서, 그리고 유럽 및 비유럽권의 많은 문화권에서 기술을 가진 사람은 항상 귀한 대접을 받았다.

돌을 가공하는 기술이 완숙한 수준에 도달했던 신석기 시대부터 구리를 이용하기 시작했는데, 당시에 두각을 나타낸 곳은 남동부 유럽이었다. 우선 세르비아의 플로츠니크(Pločnik) 인근에서 발견된 구리로 만든 공구가 대표적이다. 이 유물은 기원전 약 5500년에서 5000년 사이에 제작된 것으로 밝혀져 지금까지 발견된 구리 공구 가운데 가장 오래된 것으로 인정받고 있다. 기원전 5400년에서 4500년 사이에 구리를 채굴하고 가공했던 대표적인 문화는 오늘날의 세르비아와 보스니아, 헝가리, 루마니아에 존재했던 '빈차(Vinča) 문화'다.

크레타에서는 기원전 약 3000년경에 청동기 시대가 시작되었고, 중부 유럽은 약 800년 정도 늦게 시작되었다. 크레타섬에 있는 카토 자크로스(Kato Zakros)의 미노안 궁전 (Minoian Palace)에는 현재까지 인류가 발견한 가장 오래된 금속 제련 시설이 있다.

불가리아의 바르나 네크로폴리스(Varna necropolis)에서 발견된 수많은 황금 유물은 기원전 4600년 ~4200년 사이에 제작되었는데, 세계에서 가장 오래된 금세공품이다. 2011년에는 독일 니더작센주의 게젤 지역에서 황금 창고가 발견되어 선풍적인 관심과 놀라움을 불러일으켰다. 이때 청동 바늘과 함께 출토된 금세공품으로는 반지와 다양한 형태로 감겨 있는 나선형 고리와 용수철 형태의 장신구, 그리고 태양을 상징하는 문양으로 장식된 황금 브로치 등 모두 117점이었고, 총중량이 1.8kg에 달했다. 이 금세공품들은 모두 3300년 전쯤에 만들어진 청동기 시대의 물건이었다. 또한 함께 발견된 반제품들은 실제로 사용이 가능한 상태인지 아닌지와는 상관없이 금속 자체를 매우 가치 있게 여긴 당시의 상황을 말해주는 기록물과도 같다.

마지막으로 기원전 1700년 소아시아, 즉 아나톨리아반도의 히타이트족이 본격적으로 철을 생산하기 시작했다. 유럽에서는 철이 기원전 850년에서 450년 사이에 로마제국을 통해 널리 보급되었으며, 결과적으로 알프스산맥 북쪽의 '할슈타트 문화'를 형성했다. 철 야금술로 선사 시대는 끝나고 역사 시대가 시작된다.

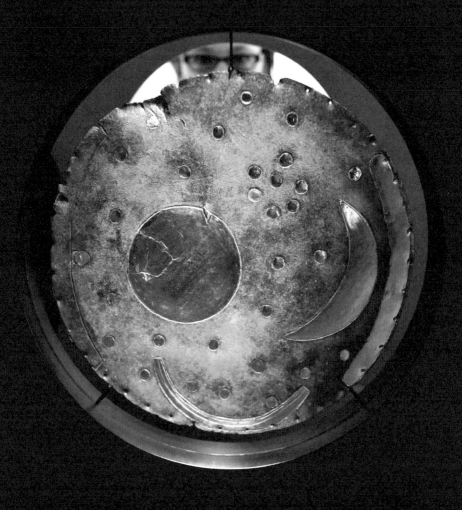

독일의 도시 할레(Halle)에 있는 주립 선사박물관에 소장되어 있는 네브라 하늘 원반(사진은 복제품이다.)은 경탄을
자아내는 유물이다.

이다.

　또한 네브라 하늘 원반은 금속 가공 기술 측면에서도 중요한 가치를 지닌다. 이 원반은 청동 조각을 냉간단조鍛造한 다음 담금질을 통해 강도는 높이고 변형가능성은 감소시키는 방식으로 만들어졌기 때문이다. 이것을 만든 금속 장인은 기본적으로는 그와 같은 제작 공정에 익숙한 사람이었지만, 단조 과정에서 약간의 실수가 있었다. 원반 가장자리에 남아있는 파손 흔적은 도굴꾼이 낸 흠집이 아니라 장인의 실수에 의해 남겨진 것이기 때문이다. 이 실수를 제외하면, 하늘 원반을 제작한 사람은 매우 노련하고 실력 있는 장인이었다. 그는 모든 금박을 상감 기법으로 부착했는데, 이 기법은 단조작업을 끝낸 청동 원반 위에 천체를 그리는 모든 단계에 일관되게 적용되었다. 예컨대 첫 단계로 보름달과 초승달, 별무리(그 중에는 플레이아데스성단Pleiades cluster도 있다.)를 상감할 때에도, 그리고 두 번째 단계로 원반의 가장자리에 지평선과 수평선을 상감할 때도, 마지막 세 번째 단계로 배Solar barques를 한 척 상감할 때에도 마찬가지였다. 금박을 상감하기 위해서는 청동 원반을 다시 한번 달궈야 했다. 이 원반을 냉각시킨 후, 금박이 들어갈 자리를 파내고 그 자리에 금박을 정확하게 채운 다음 그 가장자리의 경계는 작은 끌과 망치를 사용해서 높이를 맞추었다.[32] 아울러 청동 표면의 색깔이 어두운 것은 황금색과의 대비를 강조하기 위해 소변을 이용한 특별한 처리 과정을 거쳤기 때문일 것으로 추측된다. 오늘날 원반 표면은 녹색을 띠고 있지만, 원래는 짙은 갈색에 가까웠다.

　네브라 하늘 원반의 관찰을 통해 얻을 수 있는 수공업의 역사에 대한 일반적인 결론은 놀랍다. 정도의 차이는 있겠지만, 기본적으로 수공업은 자신이 맡은 일을 수행하는 인간의 능력에 관한 것이다. 이 천체 기구를 만든 제작자처럼 천문학과 야금술 분야의 지식을 많이 쌓은 전문가조차도 모든 면에서 완벽하지는 않았다. 그렇지만 중요한 것은 최종적으로 생산한 물건이 수요자의 요구에 맞게 설계되었다는 사실이고, 그 요구를 형상화한 것이 바로 네브라 하늘 원반이라는 데에는 의심의 여지가 없다. 뿐만 아니라, 이 원반은 수요자가 필요로 하는 것이 변화함에 따라 거기에 맞게 조정되었다는 사실이다. 오늘날로 치면 이런 물건은 '고객의 입맛에 맞게 개조된 제품'이라고 말할 수 있을 것이다. 현대의 수공업은 올바른 재료를 선택하고 수리하고 조정하고 재구성하는 일이다. 네브라의 하늘 원반은 이미 이 모든 작업에 대한 최소한의 단초를 제공하고 있음을 알 수 있다.

주먹도끼에서 하늘 원반에 이르는 수공업의 역사에 대한 '기록'을 통해 우리는 훨씬 더 보편적인 결론을 이끌어 낼 수도 있다. 오늘날에도 여전히 필요한 것을 만들기 위한 모든 조건을 발견하고 창조하고 설계할 수 있었던 것은 '이름 없는 사람들'의 헌신이 있었기 때문이라는 결론이 그것이다. 게다가 그들은 자신이 하는 일과 자신이 만든 도구들을 다른 분야에서도 유용하게 쓰일 만큼 정교하게 갈고 닦았다. 그들이 사용했던 수단은 소박했지만, 그들은 그 수단을 최적의 방식으로 활용할 줄 알았다. 그들이 자원이나 도구에 대해 가지고 있었던 폭넓은 사고를 고려한다면 현대인은 겸손해질 수밖에 없다.

# 고대 그리스-로마 시대

## 장인, 공구, 공방

고대 그리스와 로마 시대의 근간이 되는 산업은 농업이었다. 인구의 대다수가 농업에 종사하면서 식량(특히 곡물, 올리브 오일, 포도주, 과일과 채소 등)을 생산하는 전통적인 농업 사회였다. 농업 외에도 다양한 용도로 운영되는 목축이 있었다. 먼저 고대 사회에서 가장 중요한 동물로 여겼던 소는 농업에 필요한 노동을 제공하기 위해 사육되었고, 양은 직물 생산의 주요 원료인 양모를 얻기 위해 사육되었다. 반면, 말은 기병대에 투입되었으며, 동시에 전차 경주에 참가하는 일이나 단순히 타고 다니는 용도로 키워도 될 정도의 재력이 있는 귀족들에게는 명성을 높여주는 수단이 되었다. 사람들에게 고기를 공급하는 것이 사육의 목적인 가축은 돼지밖에 없었다. 돼지 이외에 식용으로 도살되었던 가축은 주로 양, 그중에서도 특히 새끼 양이었다.

로마 시대 무덤에 새겨진 대장장이의 작업장 부조. (아퀼레이아, 서기 1세기).

고대 농업의 특징은 자급자족을 위해 농사를 짓는 농민 가족이 존재했다는 것이다. 농촌 가정에선 성별에 따른 업무 분담이 있었으며, 여성들은 주로 집안일을 담당하였다. 여성들의 주요 업무는 음식을 만드는 일이었지만, 양모를 가공하고 실을 뽑고 옷감을 짜는 일까지 도맡았다. 더불어 곡물을 갈아서 가루로 만드는 일도 여성들에게 맡겨진 전형적인 작업이었다. 소규모 농가 외에도 대규모 영지를 소유한 귀족과 사회 상류층이 있었다. 기술적 측면에서는 소규모 농가나 대규모 영지의 생산 방식에 차이가 없었지만, 대규모 영지는 드넓은 땅을 관리해야 했기 때문에 더 많은 노동력이 필요했다. 이를 위해 대규모 영지에는 노예가 고용되었는데, 이는 소규모 농업 경제와 대규모 영지 경제를 구분하는 중요한 특징이었다. 대규모 영지에서는 도시의 시장과 원거리 지역에 판매가 가능한 작물을 주로 재배했지만, 영지에서 고정적으로 살아가는 노동자와 노예의 수도 많았기 때문에 자체 소비의 비율도 과소평가할 수는 없었다.

이와 같은 고대 농업 사회에서 수공업이 어떤 역할을 했는지, 그리고 수공업이 경제적, 사회적, 문화적, 정치적으로 어떤 중요성을 가졌는지에 대한 의문이 제기된다. 그리스와 로마 시대에 수공업이 발전한 데에는 다양한 요인이 작용했다. 오랫동안 농촌 가정에서는 일상생활에 필요한 물건의 상당수를 자체적으로 제작했지만, 일부는 전문적인 기술을 가진 장인의 도움이 필요했다. 철을 제련하기 위해서는 망치, 모루, 집게와 같은 특별한 공구가 필요했지만, 대부분의 농가에는 철 제품이나 도구를 제작하기 위한 전문적 지식이나 기술, 공구가 없었다. 그러므로 금속 제품에 대한 고대 사회의 요구를 충족시키기 위해서는 대장장이의 존재가 필수적이었다. 이는 도자기를 생산할 때도 마찬가지이다. 민족지학적 연구에 따르면, 간단한 토기는 농가에서 물레 없이 원시적인 소성 과정을 통해서 제작할 수 있겠지만, 고품질의 토기는 도자기를 전문으로 다루는 장인의 지식과 손재주, 그리고 토기 제작에 적합한 흙을 고르는 안목이 필수적이었다는 것이다.

오늘날까지 다양한 분야에서 발전을 거듭하고 있는 수공업은 같은 시기에 같은 방식으로 발전한 것이 아니다. 경제 발전의 단계에 맞추어서 서로 다른 종류의 수공업이 특화

폼페이는 서기 79년 베수비오 화산 폭발로 멸망했다. 이곳에서 발굴된 유적은 당시의 로마 문화, 그리고 장인 정신에 대한 흥미로운 사실을 알려준다. 이 사진은 포룸(forum)과 베수비오 산을 배경으로 촬영했다.

되고 전문화되었는데, 그중 일부는 가정에서 담당하던 일을 뒤늦게 겨우 넘겨받아서 오늘에 이르게 되었다.

수공업의 발전을 이끈 중요한 조건 중 하나는 도시 중심가의 형성과 도시의 성장이었다. 도시의 인구 증가로 인해 더이상 일상용품을 직접 만들 수 없게 되었다. 로마 제국에서 도시에서의 삶을 서기 1세기 후반 '프루사의 디온Dion of Prusa'이 아주 생생하게 기록하고 있다. 디온은 가난한 사람들이 "의복과 생활용품, 음식뿐만 아니라 일상생활에 필요한 연료에 이르기까지 모든 것을 구매해야 했다."고 서술했다. 도시에서 살아가는 많은 사람들이 가난했음에도 불구하고, 이들로 인해 장인들의 생산품에 대한 수요가 증가했던 것이다. 반면에 도시에서의 여러 활동을 통해서, 또는 토지를 많이 소유하고 있어서 소득이 높은 부유층들은 좋은 품질의 제품을 구입해서 사용하거나 예술 작품을 주문하여 주변 환경을 아름답게 꾸미고 자신들의 사회적 지위를 과시하는 물건을 소유하려는 경향이 강해졌다. 이와 같은 부유층의 소비 활동도 도시에서 수공업이 번영하는 데 크게 기여했다.

마지막으로 공공 건설 활동 역시 간과되어서는 안 된다. 고대 그리스와 로마의 건축 분야에서 일했던 장인들은 기념비적인 신전과 정치적 중심지가 될 건축물의 설계를 끊임없이 수주함으로써 도시의 부흥을 꾀했다. 그 외에도 군사 분야에 대해서도 언급할 필요가 있는데, 갑옷과 무기를 생산하는 데에도 많은 장인들이 필요했기 때문이다. 군 복무를 수행해야 하는 시민, 그리고 고대 군대에서는 모든 장비를 이들의 기술에 의존하고 있었다. 선박을 제작할 때에도 수많은 장인들이 참여했다. 이들은 선체뿐만 아니라 리넨 돛이나 닻도 만들었다.

도시는 고대 그리스와 로마 문명의 정치적, 경제적, 문화적 중심으로서 중요한 역할을 했다. 현대 고고학자들은 폐허로 변한 고대 도시를 탐험하면서 매걸음마다 고대 수공업의 흔적을 만난다. 예를 들어, 폼페이 같은 도시는 수공업의 결정체이다. 공공건물은 물론 개인 주택들까지도 장인들에 의해 건설되었다. 건물의 벽은 그림으로 장식되었으며, 정원은 예술적으로 꾸며져 있었다. 무엇보다도 폼페이의 다양한 작업장들은 고대 수공업에 대한 지식을 얻는 일과 관련해서 더욱 중요하다. 특히 모직 가공과 제빵 작업장은 그에 대한 귀중한 정보를 제공하고, 직물 생산과 빵 공급에 대한 당시 사람들의 통찰력을 보여준다.

고대 건축물과 공방, 그리고 문학 텍스트 외에도 그리스의 꽃병 그림이나 로마 무덤의 비문 등은 고대의 수공업 생산품들의 비밀을 밝히는 주요 원천이다. 이를 통해 우리는 수공업 장인들이 자신의 활동에 대해 어떻게 생각했는지를 분석할 수 있다.

고대의 수공업 기술을 확인할 수 있는 아주 매력적인 증거물로는 귀금속으로 만든 보석, 청동으로 만든 조각상과 동상, 술잔들, 다양한 그림이 그려져 있는 그리스 도자기 그릇, 부조로 장식된 로마 시대의 '테라 시길라타terra sigillata(붉은 광택의 그릇)', 로마 시대의 은제 식기와 정교하게 디자인 된 유리 그릇 등 예술성을 갖춘 고품질의 유물들이 있다. 그러나 종종 쉽게 자주 발견되어 크게 관심을 끌지 못하는 물건들을 통해서 작업장의 수준을 가늠하기도 한다. 여기에는 간단한 토기와 대형 저장 용기, 포도주와 올리브 오일을 운반하는 데 사용된 암포라, 그리고 흙으로 만든 오일 램프 등이 포함된다.

고대의 유물들은 대부분 장인 정신의 산물이며, 따라서 고대 문명에 대한 우리의 생각은 장인들, 그리고 수업공에 종사했던 사람들의 업적에 바탕을 두고 있다.


## 고대 오리엔트와 이집트의 수공업 발전

고대 그리스(기원전 8~6세기)와 고전 시대 그리스(기원전 5~4세기)에서 성취했던 수공업의 기술 발전은 내부적인 요인에 의한 것이 아니었다. 실제로는 그 반대였다. 그들은 이집트와 고대 근동 지방의 기술적 성과를 수용했고, 이를 기반으로 빛나는 업적을 남겼다. 정복 활동을 통해 팽창하던 시기(기원전 8~6세기)의 고대 그리스인들은 지중해 연안, 시칠리아, 이탈리아 남부, 북아프리카 및 흑해 지역에 도시를 세웠을 뿐만 아니라, 이집트 및 오리엔트와도 밀접한 관계를 맺고 있었다. 특히, 그리스 상인들은 레반트에 거주하며 이집트와 상업적으로 활발히 교류했으며, 무엇보다 파라오의 군대에서 용병으로 활동했던 그리스인들을 통해 이집트 문화를 빠르게 흡수할 수 있었다. 피라미드, 기념비적인 신전, 군주들의 거대한 조각상과 같은 유물을 남겼던 고대 이집트의 문화는 그리스를 거쳐 이후로도 오랜 세월 동안 후대에 깊은 인상을 남겼다.

이집트인들이 무엇인가를 만들면서 가장 중요하게 여겼던 재료는 돌과 나무였다. 파라오 시대에 세워진 거대한 석조 건물들과 파라오의 무덤에서 발견된 수많은 조각상은 이집트인들이 화강암을 포함한 석재 가공에 뛰어난 능력이 있었다는 사실을 증명하고 있다. 그들은 이미 기원전 3000년경부터 도자기 제작에 물레를 사용했다. 가마에서 도자기를 구웠는데, 가마의 형태는 토기를 올려놓은 창살 받침대 아래쪽에서 불을 지피는 방식이었다. 의류는 직조된 리넨으로 만들었다. 반면, 금속을 정련하는 야금술은 소아시아보다 늦게 발전했다. 구리는 이미 기원전 3000년경에도 가공할 수 있었지만, 청동은 주괴 형태로 수입되었으며, 철은 1세기 중반에 이르러서야 도구 제작에 사용되기 시작했다. 제6 왕조 시대(기원전 3000년 후반)에 제작된 청동 조각상은 예외적인 작품이었다. 그들이

기원전 15세기에 만들어진 목수의 모습이 그려진 벽화. 이 벽화는 압드 알 쿠르나에 있는 레크미레(Rekhmere)의 무덤에서 발견되었다.

조각품을 제작할 때 선호하는 재료는 여전히 돌과 나무였다.

　　메소포타미아에도 수준 높은 수공업 제품을 생산하는 전문화된 기술이 존재했다. 옷감을 짜는 여성들을 포함해 장인들은 주로 궁궐과 사원에 고용되어 일했다. 그때까지는 독립적인 작업장에서 일하고 자신의 제품을 시장에 판매할 수 있는 자유인 신분의 장인들은 존재하지 않았다.

　　미케네 문명(기원전 1600~1200년경)의 그리스는 금세공, 청동 제품이나 도자기 제작 분야에서 탁월한 업적을 남겼다. 그러나 기원전 12세기에 미케네 궁전이 파괴되면서 수공업과 관련된 기술도 함께 쇠퇴했다. 이후 몇 세기 동안 그리스에서는 더이상 이전과 같은 품질의 수공업 제품이 생산되지 못했다.

# 호메로스의 작품에 나타난 수공업

호메로스의 두 위대한 서사시 『일리아드』와 『오디세이』는 중요한 문학작품일 뿐만 아니라, 나아가 역사학자에게는 고고학적 증거와 함께 기원전 8세기의 그리스에 가까이 다가갈 수 있는 통로를 열어준다. 호메로스의 작품이 없었다면, 우리는 그 '세계'에 대한 정보를 접할 수 없었을 것이다. 그러나 이런 이유만으로 고대 그리스의 수공업을 서술할 때 호메로스만 붙잡고 씨름하는 게 바로 정당화되는 건 아니다.

이와 관련하여 결정적인 것은 플라톤이 호메로스에 대해 책에 썼던 것처럼 그리스에는 "헬라스를 빚어냈으니, 인간 만사를 정돈하고 장려할 때는 호메로스를 집어 들어야 한다. 이는 이 시인에게서 가르침을 얻기 위함이요, 자신의 삶 전체를 그의 가르침에 따라 조정하고 완성하기 위함이다."라는 생각이 존재한다는 사실이다.[1] 호메로스의 시를 통해 전해진 세계관은 사회적 가치와 사회 규범이 형성되는 데 상당한 영향을 끼쳤으며, 따라서 그리스인들에게 법률과도 같은 구속력을 지니고 있었다.

수공업적 노동과 기술은 두 서사시에서 중요한 역할을 한다. 이것은 특히 『오디세이』의 결정적인 장면에서 더욱 두드러지게 묘사된다. 신들이 오디세우스에게 이타카로의 귀환을 허락했을 때, 오디세우스는 몇 년 동안 머물렀던 요정 칼립소의 섬에서 떠나기 위해서 배를 만들어야 했다. 『오디세이』에는 오디세우스가 배를 제작하기 위해 나무를 벌채하는 것부터 선체를 형성하는 들보를 결합하고 장비를 제작하는 것까지의 모든 과정이 빠짐없이 설명되어 있다. 여기에는 올리브 나무 손잡이가 달린 청동 도끼와 오디세우스가 들보를 가공하는 데 사용했던 다양한 날붙이들도 설명되어 있다. 각각의 개별 작업 과정이 정확하게 묘사되어 있는 것은 물론이고 오디세우스라는 영웅을 부정적인 묘사 없이 '장인'으로 표현했다는 사실도 주목할 만하다. 『오디세이』의 후반부에는 오디세우스와 20년 만에 재회하는 페넬로페가 오디세우스를 남편이라고 확신하게 되는 장면이 나오는데, 가장 중요한 단서는 오디세우스가 목수로서 일을 했을 때의 기억이었다. 페넬로페는 그들 부부가 함께 사용했던 침실의 침대가 어떻게 만들어졌는지를 확인했다. 침대에는 페넬로페 자신과 오디세우스 두 사람만 알고 있는 비밀이 숨겨져 있었기 때문이다. 이를 통해 그녀는 오디세우스의 존재를 확신할 수 있게 되었다.

또한 서사시의 줄거리를 결정짓는 『일리아드』에서도 장인의 기술에 초점을 맞춘 중요한 장면이 나온다. 『일리아드』의 18번째 노래 칸토는 트로이 전쟁에서 가장 용감한 그리스의 영웅 중 한 명인 아킬레우스가 새로운 갑옷을 얻는 과정을 다루고 있다. 아킬레우스는 친구 파트로클로스에게 자신의 갑옷을 선물로 주었는데, 헥토르와의 전투에서 패배한 파트로클로스는 죽음을 맞았고, 죽은 후에는 무기와 갑옷까지 빼앗겨버렸다. 무기와 갑옷을 잃은 아킬레우스는 더이상 전투에 참여할 수 없었고, 친구의 복수도 할 수 없었다. 이런 상황에서 아킬레우스의 어머니 테티스 여신은 대장간의 신 헤파이스토스를 찾아가 아들을 위한 무기와 갑옷을 만들어 달라고 부탁한다. 헤파이스토스는 테티스를 맞이하기 전에 작업으로 더러워진 손과 얼굴을 먼저 씻어야 했다. 이 장면에서는 비록 신들의 세계에서 벌어지는 일이지만, 대장장이의 작업이 아주 자세하게 묘사되어 있다.

이 에피소드에서 보여주는 것처럼 용맹스러운 전사가 성공적인 전투를 치르기 위해서는 장인의 도움이 필수적이었다. 『일리아드』에 등장하는 대장장이의 공구로는 모루, 망치, 집게, 그리고 금속을 녹이기 위해 불을 붙일 때 바람을 일으키는 풀무 등이 있다.

이 에피소드와 유사한 맥락에서 그리스 문학에서는 처음으로 다이달로스의 이름이 언급되었다는 것은 의미심장하다. 그는 나중에 최초로 '걸어다니는' 조각상을 만들었다고 알려진 전설적인 장인이다. 또한 그는 크레타섬의 크노소스 미궁Labyrinth, 迷宮을 건설하고, 하늘을 날 수 있는 날개를 만들어 아들 이카로스와 크레타섬을 탈출한 후에 시칠리아로 건너가 많은 업적을 남겼다고 알려져 있다. 호메로스는 다이달로스가 미노스의 딸 아리아드네를 위해 손잡고 춤을 추는 소년 소녀들이 있는 무도회장을 만들었다고 서술하고 있다.

그리스인에게 트로이는 난공불락의 도시였다. 인간은 신이 쌓은 성벽을 넘을 수 없었

그리스 미코노스에서 발견된 암포라의 목 부분에 새겨진 트로이의 목마와 그리스의 전사들(기원전 650년경).

기 때문이다. 트로이를 둘러싸고 있는 프리아모스의 성벽은 포세이돈과 아폴론이 쌓았다. 그래서 그리스인들은 목마에 몰래 숨어 들어가는 전략을 통해서 트로이를 정복하는데 성공했다. 트로이 목마를 만든 영웅 에페이오스는 짧게 언급되며, 『일리아드』에서는 에페이오스에게 도움을 주는 신으로 아테나가 등장한다.

이와 관련해서 수공업 장인의 영향력을 음유시인 데모도코스는 파이아케스섬에서 자신의 노래를 통해 묘사하고 있다. 이 노래의 주인공은 헤파이스토스이다. 헤파이스토스는 그의 아내 아프로디테가 전쟁의 신 아레스와 사랑에 빠졌을 때, 간통한 이들을 잡기 위해 사슬을 만든다. 여기에 소환된 신들은 그의 기술을 보고 '느린 자가 빠른 자를 잡는다.'는 말을 남긴다. 이처럼 장인의 기술은 약한 자에게 힘을 부여해 약한 자가 강한 자를 이길 수 있게 돕는다. 키클롭스 폴리페모스의 눈을 멀게 한 이야기도 유사한 내용이다. 폴리페모스의 육체적 힘에 맞서야 하는 상황에서 오디세우스는 올리브 나무를 날카롭게 깎고 이를 불에 달구어서 거인의 눈을 공격했다. 자신이 가진 기술력과 독창성으로 스스로를 구했던 것이다.

여신들과 영웅의 아내들은 수공업을 경시하지 않았다. 대부분의 서사시에는 직물을 정교하게 짜는 방법이 묘사되어 있으며, 호메로스는 그들이 만든 의복들을 구체적으로 묘사하고 있다. 아테나는 헤라가 제우스를 유혹하려 할 때 입는 로브처럼 자기 손으로 직접 지은 화려한 의복을 입는다. 요정 칼립소는 베틀에 앉아서 일하고, 페넬로페는 오디세우스의 아버지 라에르테스의 수의를 만든다. 라에르테스의 수의가 완성될 때까지 재혼할 수 없다고 말하면서 낮에는 수의를 짜고 밤에는 풀기를 반복했다. 페넬로페가 구혼자들에게 이 일을 끝마치면 그들 중 한 명을 남편으로 선택하겠다고 약속했기 때문에 이런 식으로 구혼자들을 속였던 것이다.

이처럼 서사시에 등장하는 수공업이나 수공업적 기술은 모두 신들로부터 선사 받은 능력이며, 이를 통해 장인의 기술과 작업은 정당화된다. 호메로스는 아테나와 헤파이스토스가 특정한 '기술'을 가르쳤다고 여러 차례 언급한다. 페넬로페는 아테나에게 직조 기술을 배웠는데, 다른 곳에서는 아테나가 조선 기술을 가진 목수들의 스승으로 나온다.

마지막으로, 호메로스의 『오디세이』에는 헤파이스토스와 아테나로부터 다재다능한 장인 기술을 전수받은 세공 장인 라에르케스가 등장한다. 당시 장인들의 대부분은 귀족 가문에 종속되어 있었는데 라에르케스도 마찬가지였

기원전 5세기 에트루리아의 히드리아(물병)에 키클롭스의 눈을 멀게 하는 오디세우스와 그의 동료들이 그려져 있다.

을 것이다. 필로스의 전설적인 통치자인 네스토르는 제물로 바칠 암소의 뿔을 금박으로 장식하는 작업을 라에르케스에게 맡겼다. 반면, 목수들은 궁전 건설에 참여하거나 다른 고객들을 위해 일했던 것으로 묘사되어 있다. 오디세우스 집의 문지방, 문설주, 문짝 등은 모두 이들 목수의 작품이었다. 『오디세이』의 한 에피소드에서 목수는 '데미오르고이 demioergoi (공공의 이익을 위해 일하는 사람)'로 집으로 초대를 받은 예언가, 의사, 가수와 함께 등장한다.

특히, 호메로스의 관심과 감탄을 자아낸 것은 페니키아 장인들이 만든 수공업 제품이었다. 호메로스의 글에는 정교한 귀금속으로 만들어진 예술품들의 기원과 역사가 자세히 설명되어 있다. 예를 들어, 『일리아드』에서 호메로스는 파리스가 시돈에서 트로이로 가져온 베일 외에도, 시돈 사람들이 만들고 페니키아인들이 렘노스로 가져온 은으로 만든 대형 크라테르krater(포도주와 물을 섞는 항아리)에 대해서 칭찬을 아끼지 않았다. 이 크라테르는 파트로클로스를 추모하는 장례 경기에서 경기 우승자에게 수여하는 트로피로도 사용되었다. 또 『오디세이』에서 메넬라오스가 스파르타를 찾아온 오디세우스의 아들 텔레마코스에게 선물로 주었던 다른 크라테르에 대해서는 메넬라오스가 시돈에서 선물로 받았던 헤파이스토스의 작품이라고 묘사하기도 했다. 호메로스는 이 항아리의 가치와 아름다움을 강조하며 수공업 제품에 대한 특별한 감상을 덧붙였다. 특히 헬레나와 안드로마케가 트로이에서 짠 직물의 패턴이나 인물로 장식된 직물을 자세히 묘사한 것은 높은 미적 기준을 충족시키는 수공업 제품에 대한 존중의 표현으로 해석할 수 있다.[2]

초기 고대 그리스 문학(기원전 7~6세기)에서는 호메로스의 관점을 뛰어넘는 아이디어가 제시된다. 일반적으로 거슬러 올라가면 문명의 출현은 인류에게 수공업 기술을 전수했던 신들의 작업에서 비롯된 것으로 여겨지는데, 이런 견해는 헤파이스토스를 숭상하는 찬가에서 분명하게 표현된다.

밝은 목소리를 가진 뮤즈여! 솜씨가 빼어난 장인 헤파이스토스를 찬양하라! 올빼미 눈을 가진 회색 눈의 여신 아테나와 함께 아름다운 기술을 온 세상에 가르쳤다. 이전에 그들은 산 속 동굴에서 짐승처럼 살았지만, 이제는 헤파이스토스의 고귀한 기술을 배워 창조적으로 작업하며 일 년 내내 자신의 시간을 가지고 자신의 집에서 조용하고 평화롭게 지내게 되었다.

고대 그리스 시인들의 상상 속에 수공업이 얼마나 중요한 역할을 했는지는 시인 헤시오도스가 제우스 신과 괴물 타이폰의 전투를 비유적으로 묘사하는 부분에서도 드러난다. 헤시오도스는 '불타는 땅'이나 열기로 가득한 협곡을 표현하기 위해 도가니에서 장인의 기술로 녹여낸 주석이나 철의 비유를 사용했다.[3]

호메로스의 서사시와 초기 그리스 문학 작품에 등장하는 수공업 기술이나 제품의 역할을 간과할 수는 없다. 오디세우스처럼 영웅적인 인물이 지니고 있는 수준 높은 장인의 기술을 상세하게 묘사하고 인간에게 수공업 기술을 가르친 헤파이스토스와 아테나 같은 신들은 페니키아 수공업 제품들과 함께 영광스럽게 칭송되고 있다. 무엇보다 문학 작품의 본문에 드러나 있는 그리스인들의 상상력과 태도는 고전 시대(기원전 5세기~4세기)와 헬레니즘 시대(기원전 4세기~1세기)에 이룩했던 수공업 발전에 결정적인 역할을 했다.

## 고전 그리스의 청동 주조 장인과 화병 화가

그리스 수공업, 그중 특히 두 가지 분야의 우수성은 체계적인 발굴, 혹은 우연의 결과로 발견된 상당한 수의 유물들을 통해 충분히 입증되었다. 그 두 가지는 금속을 정련하는 야금술 분야와 품질 좋은 도기를 생산하는 요업 분야다. 고고학자들은 요업 분야에서 도기 모양과 형식의 발전, 기술적 혁신과 보급에 상당한 가치를 두고 있다. 야금술과 요업은 그리스 장인들의 수준 높은 수공업적 능력을 분명하게 보여준다.

철로 만든 물건은 쉽게 부식되기 때문에 특별한 상황에서만 보존되지만, 금이나 은, 청동으로 만든 수공예품은 보존 상태가 좋은 경우가 드물지 않고 심각한 손상이 있더라도 복원이 가능한 상태일 경우가 적지 않다. 주석 함량이 5~10%인 청동은 구리와 주석의 합금으로 순수한 구리보다 용용점이 낮으며, 재료의 특성으로 인해 구리보다 더 가공하기가 쉽다. 기원전 11세기에서 9세기까지는 그리스의 '암흑기'로, 아쉽게도 이 시기에 청동이 금속 공예의 재료로 사용되었다는 것을 알 수 있는 기록이나 고고학적 유물은 거의 없다. 고전 그리스 시대(기원전 8세기~6세기)에는 전쟁 방식의 변화로 인해 청동 제품의 필요성이 증가했다. 특히 중무장한 그리스의 병사들을 밀집된 대형으로 배치한 후에 적을 향해 진격하는 이른바 호플리테스 전술을 펼치기 위해서는 병사들을 보호하기 위한 투구, 흉갑, 다리 보호대로 구성된 갑옷 등의 보호구가 필수적이었다. 오늘날까지 남아있는 그리스의 투구는 주로 올림피아에서 나온 것으로 신에게 바쳐진 무기 중 하나였다. 이 투구를 통해 당시 대장간의 청동 제작기술을 정확하게 분석할 수 있다. 투구는 하나의 금속 조각을 망치로 두드려서 만들었다. 두께가 채 1㎜도 되지 않았지만, 부상으로부터 두개골을 보호하기에는 충분했다. 동시에 청동의 탄성은 투구를 머리 모양에 맞도록 조정할 수 있어서 착용하기에 편리했다.

그리스 청동 대장간에서 제작된 걸작 중 하나는 프랑스 빅스의 켈트족 여성 군주의 무덤에서 발견된 크라테르이다. 기원전 6세기에 제작된 것으로 추정되는 '빅스

기원전 7세기의 코린트 청동 투구.

의 크라테르'는 높이는 1.60m 이상이고 무게는 200kg이 넘으며 용량은 약 1200L이다. 몸체는 열을 가하지 않은 상태의 금속을 망치로 두드려서 형태를 만들어내는 냉간단조 기술을 사용했다. 별도로 제작된 바닥과 손잡이는 납땜 기술과 리벳을 사용하여 부착하였다.

부장품으로 사용된 작은 조각상들은 주조 기술을 이용해 만들었다. 밀랍으로 조각상을 만든 다음 겉면에 점토를 붙이는 방식으로 진행되었다. 열을 가해 밀랍이 녹아내릴 때, 점토 틀이 굳어지면 주입구를 통해 내부에 청동액을 주입하고 청동이 굳기를 기다렸다. 청동이 식으면 점토 틀을 제거하고 마지막으로 주입구와 냉각된 청동을 분리했다. 하지만 이 방식으로는 거대한 조각상을 만들 수 없었다. 청동은 그 특성상 굳는 과정에서 수축이 일어나고 수축으로 인한 변형이 불가피했기 때문이다. 주조 기술로 거대한 조각상을 제작하는 일에는 기술적인 어려움 외에도 주조에 들어가기 위해 필요한 재료를 구하는 일 역시 엄청나게 어려운 일이었을 것이다. 따라서 초기 고대 시대의 청동 조각상은 나무로 만든 조각 위에 청동판을 얹은 다음, 열을 가하지 않은 상태의 금속을 망치로 두드려 일정한 모양으로 만들어내는 냉간단조 방식으로 제작되었는데, 이를 스피렐라타 sphyrelata 방식이라고 부른다.

그리스의 청동 주조 기술자들이 실물 크기, 혹은 실물보다 큰 조각상을 만들기 위해 개발했던 기술은 수공업의 역사에서 보면, 가히 혁명적인 사건이라고 할 수 있다. 바로 '중공 주조 공정'이 그 기술이다. 이 공정은 먼저 점토로 조각상을 만들어서 이 점토 조각상에 밀랍을 입히고, 다시 점토로 밀랍의 외곽을 둘러싼 다음, 점토 조각상이 있는 내부와 점토 외피를 금속 막대로 고정한다. 그리고 밀랍을 녹여서 청동을 주조할 수 있는 얇은 공간의 빈틈cavity을 만들어내는 방식이다. 그러나 이 공정 역시 여러 가지 과정상의 문제들 때문에 이를 실제로 구현하는 것은 기술적으로 매우 어려웠다. 그래서 그리스인들은 점토 조각에서 팔, 다리, 몸통, 머리 등 개별 신체 부위의 주형을 먼저 만들고, 마지막으로 개별 조각을 조립해서 조각상을 완성했다. 그리고 세심한 마무리 과정을 통해 표면

에 주조 솔기가 드러나지 않도
록 처리했다. 이 과정은 매우
복잡했지만, 주조 과정의 여러
가지 위험으로부터 벗어나 작
품이 실패할 가능성을 크게 줄일
수 있었다.

이를 통해 그리스의 청동 주조 기
술자들은 정적인 묘사에서 벗어나 인물
이나 신을 역동적으로 표현한 조각상을 완
성했다. 이 과정에서 그리스 장인들은 새로운
기술 공정뿐만 아니라, 이집트 모델과는 전혀
다른 새로운 형태의 조각품 제작 방식도 개발할
수 있었다.[4]

빅스의 초기 켈트족 여성 군주의 무덤에서 발견된 청동 크라테르.
샤티용쉬르센(Châtillon‐sur‐Seine) 박물관 소장.

또한 기원전 6세기부터는 도자기 생
산 기술도 상당한 진전을 이루었는데,
『일리아드』에서 언급되었듯이 그리스 사람들은 호메로스 시대에 이미 물레를 사용하고
있었다. 기원전 900년~700년경의 사람들은 물레를 이용해서 기하학적 무늬가 그려진
화려한 도기를 만들었다. 물레는 두꺼운 나무로 만든 원반 모양이었다. 세로축에는 가운
데가 비어 있는 돌Spurstein을 놓았는데, 손으로 물레를 돌릴 때 이 돌이 플라이휠의 역할
을 했다. 도공들은 빠르게 회전하는 물레 위에 있는 점토 덩어리의 중앙을 정확하게 파낸
다음 그 점토 덩어리를 들어 올려서 모양을 잡았다. 도자기 제조에서 이루어진 획기적인
혁신은 연소 과정에서 생긴 연기가 빠져나갈 수 있는 가마를 사용함으로써 도공들이 도
자기의 연소 과정을 완벽히 제어할 수 있게 되었다는 부분이다. 또 하나 눈여겨보아야 하
는 부분이 붉은색을 띠는 적화식 아티카풍Attic 도자기의 전제 조건인 가소성이 높은 철

성분이 함유된 점토이다. 이 점토가 높은 온도에서 구워지면 붉은색을 띠게 되기 때문이다.

기원전 6세기에 아티카에서 생산했던 그림이 그려진 도자기는 이전에 지배적이었던 코린토스 도자기를 대체했으며, 이탈리아를 비롯한 그리스 이외의 지역에서도 널리 사용되었다. 토스카나와 캄파니아에서 발견된 그릇은 이탈리아어로 '바시vasi'라고 불렸는데, 오늘날 일반적으로 사용되는 화병의 그림은 거기에서 유래한 것이다. 당시 사람들은 그릇을 굽기 전 마른 상태의 표면에 그림을 그렸다. 기원전 525년경까지는 붉은색 배경에 검은 실루엣의 그림이 대부분이었다. 반면, 기원전 6세기 후반과 5세기 후반의 붉은 화병에는 인물이 붉은색으로 묘사되었고, 배경은 광택이 나는 검은색으로 칠해져 있었다. 화병 도공들은 이 두 가지 스타일을 실험했던 것으로 보이는데, 동일한 모티프를 각각 검은

기원전 6세기 코린트식 피낙스(Pinax, 도판)에 새겨진 물레를 돌리는 도공의 모습.

색 그림과 붉은색 그림으로 묘사한 그릇도 있다. 그러나 당시의 화가들은 검은색 바탕에 붉은색으로 그림을 그리는 방식을 선호했는데, 이는 붉은색 그림이 검은색 그림보다 정밀하고 자유로운 표현이 가능했기 때문이다.

실험을 통해 충분한 정보를 얻기 전까지 아티카 도자기 제작 과정은 오랫동안 알려지지 않았다. 아티카의 화병 도공들은 물감을 사용하기보다 화병을 만들 때 사용했던 점토와 동일한 색깔을 가진 점토 슬러리slurry를 특별히 미세하게 처리한 다음 이를 표면에 칠했다. 그릇을 굽기 시작하면, 첫 번째 연소 단계에서는 산소를 포함한 공기가 가마에 공급되고 점토의 철 성분이 산화되면서 그릇이 붉은색으로 변한다. 두 번째 연소 단계에서는 연소 과정에서 산소 공급이 점점 감소하는 방향으로 진행되는데, 이때 가마 안에서 환원 반응이 일어나면서 그릇이 검게 변한다. 세 번째 연소 단계에서는 다시 공기가 공급되면서 점토가 붉게 착색되고, 점토 슬러리를 칠했던 부분은 이미 밀봉되어 검은색을 유지하게 된다. 성공적으로 잘 구워진 도자기는 전형적인 붉은색과 검은색을 띠게 되는데, 붉은색 그림 아래로 반짝이는 검은색 표면을 볼 수 있다.

화병 화가와 도공은 한 작업장에서 함께 일했지만, 일반적으로 그들은 각자의 분야에 특화되어 있었다. 서명이 보여주듯이, 화병 화가는 여러 명의 도공들과 협력하고 있었다.[5]


## 공방 풍경

문학적인 기록과 화병의 그림을 통해 알 수 있는 것처럼 대장장이들은 철이나 청동으로 제품을 만들 때 혼자 또는 몇 명의 조수와 함께 작업했다. 특징적인 것은 작업에 사용했던 공구들을 정확하게 그려 넣거나 텍스트에 꼼꼼하게 열거하고 있다는 점이다. 한편, 청동 주조와 도자기 생산에서는 복잡한 작업 공정이 개발되었다. 이에 따라 작업장에서는 원료 가공, 재료 성형, 주조, 소성 등을 위해 정교한 설비가 필요했다. 그 결과 대규모

## 사모스섬의 테오도로스

사모스 출신의 테오도로스는 기원전 6세기 후반 아르카이크(Archaic) 시대에 가장 유명한 장인이었다. 역사가 헤로도토스는 총 9권으로 구성된 그의 저서 『역사』에서 테오도로스를 두 번 언급했다. 테오도로스는 크로이소스가 델포이의 아폴로 신전에 바친 은으로 만든 거대한 크라테르를 만들었다고 전해진다. 이 크라테르는 암포라 600개 분량의 크기였다고 하며, 연회에서 포도주를 섞는 데 사용했다. 테오도로스는 사모스의 폭군 폴리크라테스를 위해 인장이 새겨진 황금 반지를 만들기도 했다. 폭군은 이 반지를 바다에 던져 버렸지만, 한 어부가 잡은 물고기의 뱃속에서 발견되어 다시 궁전으로 돌아왔다고 전해진다. 유명한 발라드 『폴리크라테스의 반지』는 프리드리히 실러가 이 일화에서 영감을 받아서 썼다고 알려져 있다.

플라톤은 테오도로스를 다이달로스와 함께 가장 유명한 조각가라고 언급했다. 또한 후대의 여러 문헌에서는 테오도로스의 작품들을 소개했다. 예를 들어, 플리니우스는 저울, 끌, 열쇠를 테오도로스의 발명품으로 언급했다. 테오도로스는 사모스의 헤라 신전에 관한 책을 썼고, 자신이 만든 작품에 자부심을 가졌으며, 자신을 표현한 조각상을 만들어 자신을 특별한 존재로 만들었다. 플리니우스는 그 조각상에 대해 다음과 같이 말했다.

"그 조각상은 너무나 실제와 똑같아서 감탄을 불러일으켰고, 또 너무나 섬세해서 찬사를 받았다. 오른손엔 줄을 쥐고 있으며, 왼손의 세 손가락으로는 작은 4두 마차의 고삐를 잡고 있다. 나중에 이 조각상은 프라이네스테(Praeneste)로 옮겨지면서 '작은 기적'으로 알려졌다. 기록된 바에 의하면 마차를 모는 사람이 타고 있는 이 마차 모형은 테오도로스가 같은 시기에 만든 것으로 파리의 날개만한 크기였다고 한다."[6]

작업장이 만들어졌으며, 광범위한 노동 분업이 이루어졌고, 많은 장인들이 함께 일하게 되었다.

다행히도 작업장의 모습이 그려져 있는 화병과 피나케pinakes(도판)가 보존되어 있는데, 이를 통해 우리는 그 당시의 작업 과정을 가늠할 수 있다. 예를 들면, 베를린 앤티크 컬렉션Antikensammlung Berlin에 전시되어 있는 고대 그리스 로마 유물 중에는 '광석 주조 그릇'이 유명하다. 기원전 480년경에 제작된 이 그릇의 외관에는 공격 자세를 취하고 있는 병사의 조각상을 완성해 가는 모습과 아직 머리 부분을 연결하지 않은 상태의 또 다른 조각상(이 조각상은 머리 부분은 대장장이의 발치에 놓여 있다.)을 손질하고 있는 모습이 묘사되어 있다. 그 외에도 커다란 가마 안에서는 쇠가 달구어지고 있고, 고객(그들이 '고객'이라는 것은 입고 있는 의복을 통해 명확히 알아볼 수 있다.)들은 대장장이들이 병사 조각상의 표면을 연마하는 모습을 지켜보고 있다. 이 그림에는 총 6명의 대장장이들이 작업 중이지만, 이런 청동 주조 공장에서 실제로 더 많은 대장장이들이 일했다는 사실을 보여주는 유물들도 많다.

뮌헨의 앤티크 컬렉션에는 이보다 약간 앞선 시기에 만들어진 휘드리아Hydria(일종의 물항아리) 한 점이 전시되어 있는데, 여기에는 도자기 공방의 모습이 그려져 있다. 이 항아리의 그림에는 물레 작업, 채색과 그림을 그리는 작업, 도자기 굽는 과정을 통제하는 작업 등 도자기 공방에서 행해진 다양한 활동들이 포착되어 있다. 코린토스 인근의 펜테스쿠피아Penteskouphia에서 출토된 피나케에는 도자기 생산에 사용된 가마를 볼 수 있는데, 소성실에는 그릇들이 쌓여 있고 구멍 뚫린 가마 아래로 불이 타오르고 있다. 가마를 덮은 돔에는 배기구가 달려 있는데 이 배기구를 열고 닫으면서 화력을 조절했다. 이처럼 도자기 공방에서는 이미 어느 정도 분업이 이뤄진 상태였으며 작업은 다양한 연령대에 맞춰서 진행되었다. 숙련된 도공이 그릇을 만드는 동안 젊은 조수들은 물레를 돌리거나 가마에 불을 피우기 위해 풀무를 작동시켰다. 피나케 중 하나에는 흰 수염에 마른 몸을 가진 노인이 일하는 모습이 그려져 있다. 이 노인은 천장에서 드리워진 밧줄을 붙잡고 있는 것으로 짐작컨데 발로 점토를 개는 장면인 것 같다.[7]

# 경쟁, 그리고 서명

기원전 480년경에 만들어진 화병의 그림에는 고전 시대 초기의 아테네 장인들이 스스로를 어떻게 생각했는지가 완벽하게 표현되어 있다. 아테나와 승리의 날개를 가진 여신 두 명이 작업 중인 화병 화가들에게 명예의 화환을 전달하기 위해 다가가는 장면이 그려져 있는 이 화병의 그림을 그린 화병 화가는 그의 작품에 대한 보상으로 전쟁이나 올림픽에서 승자에게 주어지는 영광인 명예의 화환을 요구했던 것이다.

아티카 양식의 히드리아 그림에서도 이와 유사한 이미지를 확인할 수 있다. 이 그림은 음악 수업을 듣고 있는 젊은 화병 화가인 에우티미데스를 묘사하고 있다. 이 작품을 통해 '장인'들이 자신의 예술적인 성향을 추구할 정도로 여유가 있었다는 것을 알 수 있다. 이는 수공업이 다른 예술과 융합되고 있었다는 것을 보여준다.

아테네 아크로폴리스에서 발견된 기원전 480년 이전의 봉납물은 도공과 화병 화가들이 번영했음을 보여주며, 다른 한편으로는 그들이 만든 수공예품에 대한 높은 가치를 보여준다. 화병 화가이자 도자기 장인인 유프로니오스의 작품에는 서명과 함께 직업적 명칭인 '케라 메우스kerameus(도예가)'가 명시되어 있다. 무명의 도공들은 자신이 만든 그릇의 부조에 자화상을 그려 넣기도 했다. 시간이 흐른 후에는 봉헌된 부조에 구두 장인의 작업장을 묘사하기도 했다.

헤시오도스의 『노동과 나날』 서문에 나오듯이, 장

아티카 양식의 적화식 접시. 1834년 에트루리아의 불치(Vulci)에서 발견된 이 접시에는 청동 주조 장인들이 일하는 공방의 모습이 그려져 있다 (기원전 480년경 제작, 베를린 앤티크 컬렉션).

기원전 480년경 아티카 양식의 적회식 히드리아에 그려진 그림. 아테나(가운데)와 승리의 여신(오른쪽과 왼쪽)이 화병 화공에게 왕관을 씌워주는 모습을 볼 수 있다.

인들은 서로 철저하게 경쟁 관계에 있었다. 헤시오도스는 이 글에서 불화의 여신(에리스)은 두 개의 얼굴을 가졌다고 말한다. 불화의 여신은 전쟁과 갈등을 초래하지만 다른 한편으로 경쟁심을 유발해서 사람들에게 도움이 된다는 것이다. 헤시오도스는 다음과 같은 예를 든다. "도공은 도공과 경쟁하고, 목수는 목수를, 거지는 거지를, 가인은 가인을 시샘한다." 의미심장하게도 여기서 가장 먼저 등장하는 사람은 도공, 즉 장인이다. 경쟁자를 의식하는 심리와 관련하여 많이 인용되는 유명한 사례는 기원전 6세기 말에 에우티미데스가 암포라에 남긴 다음과 같은 문구이다. "폴리아스의 아들 에우티미데스는 에우프로니오스가 한 번도 그려보지 못한 그림을 그렸다."

　기원전 6세기 초부터 아테네에서는 도공과 화병 화가들이 그릇과 화병에 서명하는 일이 일반화되었다. 서명을 통해 우리는 화병과 그림이 개별 장인의 작품이라는 확실한 단서를 확보할 수 있었다. 이는 도공과 화가의 협력 관계를 분석하는 귀중한 자료가 된다. 또한 장인들은 자신의 작품에 서명함으로써 자부심을 표현했고, 자신의 작업과 작품에 대한 가치를 보증했다.[8]

## 차별화와 전문화

정치가이자 작가인 크세노폰(기원전 430년~354년경)은 교육서인 『키로파에디아 Cyropaedia』에서 직업 전문화의 전제 조건에 대해 다뤘다.

> "[…] 작은 마을에 사는 장인들은 침대, 문, 쟁기, 테이블 등을 만들고 종종 집을 짓기도 하며 자신이 먹고 살 만큼의 충분한 고객을 확보하면 행복하다고 말한다. 그러나 한 사람이 너무 많은 다양한 일을 한꺼번에 하다 보면 모든 일을 올바로 처리하기란 불가능하다. 반면, 여러 품목에 대한 수요가 많은 대도시에서는 각각의 분야에 정통한 장인이 하나의 전문 기술에 주력하는 것이 가능하다. 어떤 장인은 남성용 신발을 만들고, 또 다른 장인은 여성용 신발을 만드는 등 때로는 모든 기술을 익히는 것이 아니라, 각자 뛰어난 분야에 집중하는 것이 훨씬 효율적이다. 바느질하는 일에만 종사하는 사람도 있고, 가죽을 자르는 일에만 종사하는 사람도 있고, 상단 가죽을 잘라내는 일에만 종사하는 사람도 있고, 심지어 어떠한 작업도 하지 않고 그냥 이것들을 모아서 조립하는 일에만 종사하는 사람도 있다. 가장 제한된 일에 종사하는 사람이 그 작업을 가장 뛰어나게 수행한다는 것은 필연적인 결과이다."

플라톤도 이와 유사한 견해를 표명했다. 플라톤은 식량을 생산하는 농부들과 다양한 직업을 가진 장인들 사이의 분업이 도시 전체에는 근본적으로 유리하다고 여겼다. 그는 사람들이 저마다 다른 재능을 가지고 있기 때문에 각 개인이 특정 기술에 집중하는 것이 합리적이라고 생각했다. 플라톤에 따르면, 시민들이 필요로 하는 상품을 더 많이, 더 아름답게, 더 쉽게 생산하는 효과를 거두기 위해서 분업이 반드시 필요하다는 것이다.

고대에 혼자 또는 몇 명의 조수들과 함께 작업했던 장인들은 수공업의 발전에 따라 더욱 전문화되었다. 이러한 수공업의 전문화는 직업의 분화를 촉진시켰다. 하지만 작업장과 '가게'는 아직 분리되지 않았다. 많은 장인들은 작업장을 찾은 소비자에게 자신이 만든 물건을 팔거나 아니면 직접 그 물건들을 시장에 내놓았다.

화병 그림에서 볼 수 있듯이, 대부분의 도공들은 작업장 밖에서 도자기를 판매했다. 그리고 대부분의 장인들은 고객으로부터 직접 주문받은 계약 작업을 수행했을 것으로 짐작된다. 청동 주조 장인들에게는 이런 방식이 일종의 시스템이었을 것이다. 대형 조각상을 제작하는 것처럼 엄청난 비용이 투입되어야 하는 일은 공공 기관이나 민간의 의뢰를 받지 않고는 불가능했을 것이기 때문이다.

## 구두 장인 시몬

페리클레스와 소크라테스 시대인 기원전 5세기 후반 아테네의 작은 공방에서 일했던 시몬은 고대 철학사학자 디오게네스 라르티오스의 기록으로 알려지게 된 구두 장인이다.

디오게네스의 기록에 따르면, 구두 장인 시몬은 자신의 작업실에서 소크라테스가 사람들과 나눈 대화를 33편으로 나누어서 정리했고, 이를 책으로 묶었다고 한다. 이 책은 1931년 미국 고고학자들이 아고라의 외곽에서 발견되었다. 책이 발견된 작은 건물에는 신발을 만들 때 사용하는 고리와 핀, 그리고 '시몬'이라는 이름이 새겨진 컵의 파편도 함께 있었다. 시몬과 그가 정리한 대화의 내용을 통해 공방이 철학자들의 사회적 교류와 대화를 위한 장소였다는 사실을 알 수 있다. 또한 플루타르크의 기록에 의하면 페리클레스 같은 영향력 있는 정치인도 소크라테스를 만나기 위해 시몬의 공방을 찾았다는 사실을 시사한다.[9]

예를 들어, 에트루리아의 도시들에서 아티카 도자기가 광범위하게 확산될 수 있었던 것은 고품질의 도자기들이 수출용 제품으로 제작되었다는 사실과 관련이 있다. 그 과정에서 장인들은 다른 문화권에서 온 구매자들의 취향과 선호를 반영하고자 했을 것이다. 그럼에도 불구하고 훗날 에트루리아의 무덤에서 발견된 아티카 도자기의 그림들은 그리스의 문화나 종교적 전통과 연결되어 있으며, 이는 에트루리아의 문화 발전에도 영향을 미쳤다.[10]

## 정치와 사회

고대, 그리고 그 후에도 정치적, 사회적 환경은 경제 발전에 상당한 영향을 미쳤다. 이는 입법의 대상이었던 아테네의 수공업도 마찬가지였다. 유명한 정치가이자 아테네에서 가장 높은 지위인 집정관Archon을 역임했던 솔론은 기원전 594년에 수공업을 발전시키기 위한 법률을 제정했다고 전해진다. 당시에 플루타르크는 그리스의 다른 지역에서 유입된 사람들로 아테네의 인구가 급격히 증가했고 이들을 먹여 살리는 것은 불가능하다고 보고했다. 이러한 이유로 솔론은 토지를 소유하지 않은 시민들이 수공업 기술을 익히고 배울 수 있도록 했다. 이를 위해 두 가지 조치를 취했는데, 먼저 "아버지로부터 기술을 배울 수 있는 기회를 제공받지 못했다면, 그 아들은 아버지를 부양할 의무가 없다."는 규정을 만들었다. 따라서 농촌에서 태어나 나이 든 부모를 돌봐야 하는 의무를 지니고 있던 아들들이 이제는 도시에서 수공업 기술을 배우는 일에 매진할 수 있게 되었다. 아들을 교육시키지 않은 아버지는 노년에 보살핌을 받지 못할 위험을 감수해야 했기 때문이다.

둘째, 솔론은 최고 평의회인 아레오파고스Areopagus를 통해 도시의 모든 사람들을 감독하고 게으른 시민들을 처벌할 수 있게 했다. 공공 계약은 수공업이 번영하는 중요한 조건 중 하나였다. 특히 아테네에서 진행되었던 광범위한 건설 활동은 다양한 직종에 종사

하는 장인들에게 지속적인
일자리를 제공했다. 수공업 부흥에 긍정적인
영향을 미치는 이러한 정책은 이미 고대 시대
부터 강조되었으며, 이는 페리클레스의 연
설에 대한 플루타르크의 논평에서도 확인할
수 있다. 정치적 반대파들이 아크로폴리스
건설에 대한 비용 문제로 페리클레스를
신랄하게 비판했을 때, 페리클레스는
아크로폴리스 건설이 도시에 미치는
긍정적인 효과에 대해 다음과
같이 말했다. "아크로폴리스
를 건설하면 일자리는 풍부해
질 것이고, 여기에 필요한 다
양한 요구가 수공업
에 활기를 불어넣을 것이며, 이
로써 도시의 모든 사람들이 번
영하게 될 것이다." 플루타르

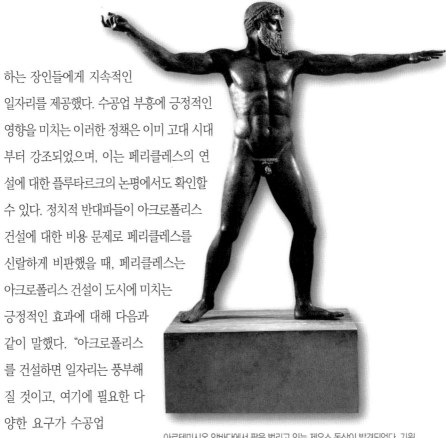

아르테미시온 앞바다에서 팔을 벌리고 있는 제우스 동상이 발견되었다. 기원
전 460년경에 제작된 이 동상은 현재 아테네 국립 박물관에 소장되어 있다.

크는 그의 논평에서 이에 대해 자세한 설명을 덧붙였다.

"실제로 돌, 구리, 상아, 금, 흑단과 편백나무 등 다양한 자재들이 필요했고, 이런 자재
들을 가공하기 위해서는 목수, 조각가, 구리 세공인, 석공, 염색공, 금장공, 상아 공예가, 화
가, 자수공, 조각공 등 여러 분야의 장인들이 필요했다. 해상 운송은 선주, 선원과 항해사들
에게 일자리를 제공했고, 육지 운송은 마차 제작자와 마부, 밧줄을 만드는 직공, 리넨 직조
공, 마구 제작 장인, 도로 건설 기술자, 광부들에게 일자리를 제공했다. 장군이 지휘하는 군

대에서처럼 모든 수공업 분야에서 숙련되지 않은 미숙련 노동자들을 보조 역할로 고용했다. 이처럼 다양한 수공업의 성과는 모든 연령과 모든 계층에서 풍부한 수입을 얻을 수 있도록 해 주었다."

플루타르크는 공공 건설 활동과 관련해서 장인들의 전문성과 차별화를 연결시켰다. 반면, 플라톤은 수공업 발전의 원인을 도시에서 사적인 욕구가 증가하는 현상으로 설명하였다. 하지만 그 욕구는 더이상 살아가는데 필수적인 재화의 수급에 관한 것이 아니었다.

"사실 과거에는 우리가 말했던 많은 생활필수품들, 즉 집, 옷, 신발 등을 구입하는 것으로 충분했다. 하지만 이제 우리는 그림과 다채로운 옷감, 그리고 금이나 상아와 같은 값진 예술품과 공예품을 원한다."

이런 상황에서 도시의 인구는 계속해서 증가했다. 음악가, 시인, 연극 배우들로 인해 사회의 전반적인 생활 수준이 향상되었고, 여성을 위한 보석과 장신구를 만드는 장인들 또한 그와 같은 역할을 했다. 이들과 더불어 플라톤은 제빵사, 요리사, 의사를 언급했다. 플라톤에 따르면, 사치품의 수요 증가는 사회적 차별화와 밀접한 관련이 있다.

솔론의 시대에 토지를 소유하지 않은 사람들은 수공업을 통해 제품을 만들고 판매해서 생계를 유지할 수 있었다. 도시에서는 경작지를 확장하고 농업 생산을 늘릴 수 있는 기회가 제한되었기 때문에 점점 더 많은 시민들이 수공업과 상업에 종사하게 되었다. 소크라테스와 아테네 시민 아리스타르쿠스의 대화를 기록했던 크세노폰에 따르면, 이에 대한 사례로 소크라테스는 작은 영토를 가진 부유한 도시 메가라에 대해 언급했다고 한다. 소크라테스는 메가라 시민들 대부분이 수공업을 통해 생계를 꾸려나가고 있다고 이야기하면서 이전에는 전통적으로 여성들이 가정에서 했던 활동들이 점차 전문적인 장인들에

페리클레스 통치 시절인 기원전 447년부터 438년까지 아크로폴리스에는 아테나를 모시는 파르테논 신전이 지어졌다.

의해 행해지고 있다는 말을 덧붙였다. 특히 기원전 5세기 후반부터는 의류 제조뿐만 아니라, 곡물을 빻거나 빵을 굽는 일 등도 장인들이 대부분 맡게 되었다는 것이다. 기원전 404년 아테네가 펠로폰네소스 전쟁에서 패배한 다음, 수입이 거의 없는 상황에서 몇몇 여성 친척들까지 보살펴야 했던 아리스타르코스와의 대화에서 소크라테스는 밀가루를 만드는 나우키데스, 빵을 굽는 키레보스, 특정 의류를 전문적으로 만드는 데메아스와 메논 등과 같은 장인들이 부유해진 예를 들었다. 소크라테스는 이 장인들의 예를 통해 아리스타르코스 가문의 여성들이 옷을 만든다면 생계를 유지하는 데 도움이 될 것이라고 조언했다.[11]

# 노예제도와 에르가스테리온

크세노폰의 소크라테스와 아리스타르코스의 대화에서 소크라테스는 노예 노동은 자유 노동과 명확하게 구분되며, 그리스 수공업에서 노예제도의 역할에 대해 의문을 제기했다. 소크라테스가 아테네인 케라몬은 그를 위해 일하고 그를 부유하게 만들어준 노예들을 소유하고 있었다고 언급했을 때, 귀족인 아리스타르코스는 자신의 가문에 속한 여성들은 자유인이기 때문에 그들이 장인의 일을 할 수는 없다고 반박한다. 기원전 5세기 후반부터 시작된 수공업 관련 작업은 시간이 흐르면서 점점 노예 노동이라고 인식되었기 때문에 귀족들의 사고방식과 수공업 참여는 양립할 수 없는 것이었다. 노예 제도의 확산은 수공업의 사회적 가치 하락을 초래했을 뿐만 아니라, 이는 직접 수공업에 참여하지 않는 시민들이 정기적인 수입을 기대하며 공방의 주인이 되는 결과를 낳았다. 아울러 아테네에 거주하는 외국인들, 즉 메토이코스metoikos들은 아테네에 정착하여 은행업, 무역, 그리고 특히 수공업 분야에서 활발히 활동했다.

펠로폰네소스 전쟁에서 아테네가 패배하자 권력을 장악한 과두 정치가들은 부유한 메토이코스들을 공격하기 시작했다. 희생자 중에는 페리클레스 통치 시절에 아테네로 건너온 케팔로스의 아들 폴레마르코스와 리시아스 형제도 있었다. 에라토스테네스의 죄를 묻기 위한 연설에서 리시아스는 과두 정치가들의 악랄한 행동과 폴레마르코스의 살해를 고발했다. 리시아스는 그들이 강탈하고 몰수해 갔던 자신과 폴레마르코스의 재산을 나열했는데, 여기에는 상당한 양의 현금뿐만 아니라 여러 가지 귀중품(가구, 여성의 옷)도 포함되어 있었다. 이들 형제는 방패를 만드는 작업장인 '에르가스테리온'도 소유하고 있었다. 중요한 것은 리시아스가 나열한 재산 중에서 에르가스테리온과 관련된 항목은 작업장의 방패 700개와 120명의 노예 두 가지밖에 없었다는 사실이다. 건물이나 생산에 필수적인 도구, 원자재 같은 항목은 기록하지 않았다. 당시 아테네에서 에르가스테리온을 구성하는 주요 인력은 노예였다. 리시아스의 문서에서 하나의 에스가스테리온만 언급되는데, 이는 다양한 소규모 사업장이 아니라 규모가 큰 작업장 하나였을 것으로 추측된다. 이러한 작업장의 작업 조직이나 내부 구조에 대한 구체적인 정보는 제공되지 않지만, 에르가스테리온이 제작소나 공방과 유사한 운영 체제였을 것이라는 가정은 충분히 가능한 일이다. 폴레마르코스와 리시아스 소유의 에르가스테리온이 방대한 노동 분업이나 수준 높은 전문화가 이루어지고 있었다고 하더라도 대부분의 작업은 본질적으로 도구의 사용이나 개개인의 지시과 솜씨 등을 바탕으로 하는 수공업 체제였을 것이다.

아이스키네스로부터 아버지의 유산을 낭비하고 있다는 죄목으로 고발당했던 아테네의 정치인이자 연설가인 티마르코스는 집과 토지 외에도 구두 수선공으로 일하는 노예 9~10명을 소유하고 있었다. 또한 그는 리넨을 만들어서 시장에 판매하는 여성을 고용하고 있었다. 여기에도 에르가스테리온에 대한 이야기가 나온다. 이 작업장의 운영은 감독관인 '헤게몬Hegemon'이 맡고 있었다. 티마르코스는 수공업 기술이나 작업장의 경영에는 거의 관여하지 않았다. 하지만 그는 매일 노예에게서 2오볼Obolen을, 감독관에게서는 3오볼을 받았다. 이를 모두 더하면 총 20오볼을 거두어들였는데, 이는 기술을 가진 장인의 하루 임금인 '1드라크마Drachma'의 3배에 달하는 상당한 금액이었다. 이처럼 노예들이 일하는 작업장인 에르가스테리온을 소유하는 것을 정기적인 수입이라는 측면에서는 중요했지만, 그 자체로는 수공업이나 장인 정신과는 거의 관련이 없었다.

데모스테네스(이름이 같은 유명한 연설가의 아버지)의 재산 상태에 대한 진술에도 같은 말이 나온다. 첫 번째로 언급되는 것은 두 군데의 에르가스테리온이다. 한 곳은 검을 생산하는 작업장이었고 다른 한 곳은 침상을 전문으로 생산하는 가구 공방이었다. 검 제작소에서는 노예 33명이 일하고 있었고, 가구 공방에서는 노예 20명이 일하고 있었다. 검을 단조하는 에르가스테리온의 가치는 노예로부터 나왔다. 그들 대부분은 각각 5미나Minen, (1Minen=100드라크마) 혹은 6미나의 가치가 있다고 평가 하였다.

가구 공방의 가치는 40미나 정도였기 때문에 노예 1명은 200드라크마의 가격에 해당하는 가치를 지니고 있었다. 여기서 두 가지 사실을 주목할 만하다. 첫째, 두 작업장의

기원전 6세기에 만들어진 코린트식 피나케로 가마 앞에서 작업하는 도공의 모습을 그렸다.

수익이 정확하게 명시되어 있다는 점이다. 검 작업장에서는 연간 30미나를 벌었으며, 가구 작업장에서는 12미나를 벌어서 두 작업장의 총 연간 수익은 4200드라크마였다. 이는 일반적인 수공업 장인의 하루 임금이 1드라크마였고 연간 소득이 대략 300드라크마였던 것에 비해 대략 14배에 해당하는 수입이었다. 둘째, 가구 공방이 원래는 돈을 빌려주면서 잡은 담보였고 채무자가 돈을 갚을 수 없게 되면서 데모스테네스의 소유가 되었다는 것이다.

데모스테네스의 사례에서 본 것처럼, 한 사람이 완전히 다른 물건을 생산하는 여러 작업장의 주인이 될 수 있었다. 결과적으로 에르가스테리온은 재산의 일부분이었으며, 장인이 공방의 소유자라는 공식은 더이상 유효하지 않았다.[12]

# 귀족과 '속물'

기원전 5세기에 이미 헤로도토스는 그리스인들이 다른 시민들에 비해 장인들을 존중하지 않는다고 말한 바 있다. 그들은 육체노동을 하지 않아도 되는 사람들만이 고귀하다고 생각했다. 유일한 예외가 코린토인들이었다. 기원전 4세기에 접어들면서 수공업 전반에 대한 거부감은 훨씬 증가했던 것으로 보인다. 아테네에서는 수공업에 종사하는 사람들은 물론 장인들에 대해서도 경멸적인 태도를 취하는 분위기가 생겨났다. 시민이면서 동시에 장인으로 살아갈 수 있다는 사실에 대해 의문을 품었고, 이를 두고 논쟁이 벌어지기도 했다. 자유인 신분의 장인들은 '속물banause'로 취급되며 시민의 자격을 박탈당했다. 이러한 시각은 크세노폰의 글『오이코노미코스Oikonomikos』에서 발견할 수 있다. 크세노폰은 다른 텍스트들과 마찬가지로 이 글에서도 귀족적인 입장을 견지하고 있다.

> '바나우스(속물)'적인 직업을 가진 사람들이 사회적으로 비하되거나 멸시되는 것은 당연하다. 왜냐하면, 육체 노동은 신체를 손상시켜 사람들의 건강을 해치고, 사람들을 일터에서 벗어날 수 없게 만들며, 심지어 어떤 경우에는 불 옆에서 하루 종일 일하도록 강제하기 때문이다. 신체의 손상은 영혼의 약화로 이어지기 마련이다. 또한 바나우스적인 직업을 가진 사람들은 피로로 인해 여가 시간이 부족하기 때문에 친구를 사귀는 것이나 도시를 방어하는 데 참여할 여력이 부족하다. 그래서 그들은 전투나 국가 방위에 참여하는 부분에 제한을 받았다. 사적으로든 공적으로든 이런 종류의 직업은 좋지 않은 것으로 여겨졌다. 일부 도시나 공동체에서는 시민들이 바나우스적인 직업을 갖는 것이 금지되는 경우도 있었다.

아리스토텔레스 역시 정치학 강의에서 유사한 견해를 밝혔다. 과거 일부 도시에서는 노예나 외국인들만 바나우스, 즉 장인과 일용 노동자였다고 지적했다. 그러고는 질서정

연한 도시에서라면 바나우스를 시민으로 생각하지는 않을 것이라는 발언으로 시민의 자격과 기준을 제시했다. 이러한 인식은 바나우스적인 직업에 종사하는 사람들은 덕을 함양하기 위해 노력할 수 있는 기회가 주어지지 않는다는 것을 근거로 한다. 또 다른 대목에서 아리스토텔레스는 육체를 나약하게 만들고 정신을 불안하고 의기소침하게 만드는 활동을 모두 바나우스라고 부른다.

하지만 그런 식의 이미지는 철학 텍스트에서 수공업 노동을 연구하는 일을 가로막는 이유가 되지는 못했다. 플라톤은 프로메테우스 신화에 나오는 실패한 창조에 대한 이야기를 통해 수공업의 필요성을 설명했다. 신화에서 프로메테우스의 형인 에피메테우스는 짐승과 인간을 포함한 모든 생명체들이 저마다의 특성을 갖추도록 능력을 나누어주는 일을 맡았다. 하지만 에피메테우스가 짐승들에게 능력을 모두 나누어주는 바람에 인간에게 부여할 능력이 하나도 남지 않았다. 인간은 여전히 "입을 것도, 신을 것도, 덮을 것도, 들고 싸울 것도 없이" 방치된 것이다. 이러한 결핍 상태에서 인간은 스스로 생존할 수 없었다. 위급한 상황에서 프로메테우스는 인간에게 불을 가져다주었고 헤파이스토스와 아테나의 지혜를 인간에게 부여했다. 이 선물은 인간이 식량을 찾고, 집을 짓고, 옷과 신발, 담요를 만들 수 있게 해 주었지만, 여전히 부족한 것이 있었다. 최종적으로 제우스가 인간에게 수치심과 정의를 나누어주었을 때, 비로소 인간은 도시에서 공존할 수 있었다. 이처럼 신화에서 수공업의 지위는 매우 양면적이다. 인간은 수공업을 통해 생존에 필요한 물질적 조건을 마련할 수 있었다. 하지만 이것만으로는 충분하지 않기 때문에 수치심과 정의의 확립이 반드시 필요하다는 메시지가 담겨 있기도 하다.

플라톤과 아리스토텔레스의 작품에서 발견되는 수공업에 대한 고찰들은 오늘날 수공업에 대한 이론의 출발점으로 간주될 수 있다. 이미 호메로스와 헤로도토스의 저서에서 살펴본 것처럼 수공업의 근본은 공구의 사용이다. 호메로스는 대장장이의 공구인 망치, 모루, 집게를 수공업의 주요 요소로 묘사했고, 헤로도토스는 모루, 망치, 풀무를 수공업의 주요 요소라고 언급했다. 플라톤은 이 도구들을 철학적 탐구의 대상으로 삼았는데,

프라이네스토스(오늘날 이탈리아의 팔레스트리나Palestrina)에서 발굴된 기원전 5세기의 청동궤이다. 프로메테우스는 불을 훔친 죄로 바위산에 사슬로 묶이는 형벌을 받았고, 독수리가 매일 그의 간을 파먹는다. 이 그림은 헤라클레스가 프로메테우스를 사슬에서 풀어주는 모습을 담고 있다.

그는 『크라틸로스Kratylos』에서 공구의 제작과 사용에 대해 논의했다. 이 논의의 핵심은 다음과 같다. 어떤 장인은 목수가 직조기를 만드는 것처럼 공구를 '제작'하는 반면, 또 다른 장인은 직조기로 직물을 짜는 것처럼 공구를 '사용'한다는 것이다. 이러한 과정에서 핵심은 작업 과정의 본질에 맞는 공구 모양을 찾아내고, 공구를 자신이 원하는 대로가 아니라 사물의 본성에 따라 제작해야 한다는 것이다. 이렇게 되면 공구를 완벽하게 제작하는 사람이 장인인가, 아니면 공구를 적절하게 작업에 사용하는 사람이 장인인가 라는 의문이 제기된다.

아리스토텔레스의 작품에서도 수공업의 제작 공정이 중요한 부분을 차지하고 있다. 아리스토텔레스는 한 동물학 서적에서 장인의 영혼에는 그가 창조할 대상에 대한 이미지와 지식이 깃들어 있다고 설명한다. 이 지식은 다시 손을 통해 특정 동작으로 나타나는

데, 이 동작은 하나의 대상에 대해서는 항상 같은 결과를 만들어내지만, 다른 대상에 대해서는 다른 결과를 만들어낸다고 했다.

"장인은 공구를 움직이고, 공구는 천 개의 모양을 만든다."는 문장은 수공업의 작업 과정을 정확하게 설명해 준다. 장인은 그가 제작할 수공예품에 대한 아이디어, 지식, 손재주를 두루 갖추고 있는 사람을 의미한다.[13]

## 교육과 학습

고전 시대의 문헌에는 '테크네'의 특성이 여러 차례 강조되었다. 이 문헌들에 따르면, 테크네란 가르치는 능력과 배우는 능력이 합리적인 규칙을 따르는 작업이다. 이러한 규칙은 의사와 장인의 작업은 물론, 모든 직업 분야에 적용된다. 당시 아이들은 작업장에서 보조로 일을 시작해 시간이 지나면 전문 기술을 익혔다. 교육에 대한 최초의 계약이 언제 체결되었는지는 명확하지 않지만, 로마 시대에 대해서는 이집트의 파피루스에 기록되어 있다. 계약은 장인과 견습을 받게 될 아이의 아버지 혹은 친척 사이에서 맺어졌는데, 표준화된 계약서에는 특정한 조건이 포함되어 있었다. 예를 들어, 서기 183년 이스퀴리온과 직공 헤라클라스는 어린 토니스를 교육시키는 계약을 체결했다.

> "그[이스퀴리온]는 그[토니스]를 앞에서 합의한 기간 동안 스승 밑에서 매일 해 뜨는 시각부터 해 지는 시각까지 일하도록 위임한다. 이때 그는 같은 또래의 제자들과 마찬가지로 스승이 시키는 일은 뭐든지 해야 하고, 끼니는 이스퀴리온이 책임진다."

이 계약서에는 견습 기간은 5년으로 정해졌으며, 처음 2년 7개월간은 무임금이고 이후에는 월급이 12드라크마, 5년째부터는 24드라크마씩 지급되는 것으로 나와 있다. 견습생은 매년 20일의 축제 기간에는 임금 공제 없이 결근할 수 있었고, 그 이상의 결근은 추가로 근무해야 했다. 계약서에는 견습생의 의무뿐만 아니라, 가르치는 사람의 책무도 명확하게 기재되어 있었다. 그들은 5년 동안 견습생을 가르치며, 2년 8개월부터 임금을 지급해야 했다. 또 계약서에는 계약 위반 시에는 위약금 조항도 포함되어 있었다.

> "헤라클레스는 […] 5년 동안 견습생에게 특정 기술을 완벽하게 가르치고, 2년 8번째
> 달부터 월급을 지급하기로 한다."

이후의 내용은 계약 위반 시에 위약금을 부과하는 내용이다. 이 파피루스는 현대의 계약 개념이 고대에도 존재했음을 보여준다. 이집트의 계약서에는 견습생의 나이에 대한 정보가 없지만, 로마의 묘비문을 보면 수작업 기술을 습득하기 시작했을 때의 아이들이 아주 어렸다는 사실을 알 수 있다. 가령 그림을 배웠던 베티우스 카피톨리누스는 13살에 사망했고, 보석 가공을 배웠던 파구스는 12년밖에 살지 못했다.[14]

## 로마 시대의 혁신

로마 시대에도 수공업 자체에는 거의 변화가 없었다. 지역 경제에 중요한 역할을 맡았던 소규모 공방은 로마 시대에도 여전히 주류를 이루었다. 그 외에도 로마에는 그리스와 마찬가지로 노예가 고용되거나 먼 지역의 판매를 담당하는 상인들이 방문하는 대형 작업장들이 있었다. 라틴어 비문에서는 다양한 직업 명칭이 발견되었는데, 이는 수공업의 전문화가 크게 활성화되었음을 보여주는 것이다. 또한 로마 수공업의 특징으로는 '자유를 얻은 사람들'(고대 로마어 '리베르투스libertus'는 자유를 얻은 노예를 뜻한다.)이 담당했던 역할의 중요성을 들 수 있는데, 이들은 자신의 능력과 노동 윤리에 기반한 활동으로 경제적

성공을 거두었다.

　기술 혁신으로 수공업과 관련된 몇몇 직종에서는 작업 과정에 근본적인 변화를 가져왔다. 이와 관련해서 가장 대표적인 사례는 아마도 헬레니즘 시대에 동방의 기술들을 채용하면서 눈부신 발전을 이룩한 로마의 도자기 생산 분야일 것이다. 그 결과물이 바로 로마 지역에서 '테라 시길라타Terra Sigillata'라 불리는 부조로 장식된 도자기이다. 아티카식 도자기와 비교했을 때, 이 도자기의 제작 과정은 완전히 달랐다. 왜냐하면, 도공이 그릇의 무늬를 장식할 때 미리 음각해 놓은 성형 틀을 이용했기 때문이다. 이로써 고도로 전문화된 직종인 성형 틀 제작자가 생겨났다. 그와 같은 기술을 바탕으로 로마에서 생산된 도자기에는 양각 장식이 가능해졌다. 그들의 임무는 도자기 장식에 필요한 여러 가지 부속품을 만드는 데 필요한 성형 틀을 제작하는 것이었다. 도공은 물레의 정중앙에 성형 틀에서 만들어진 도자기를 놓고 성형 틀에서 만든 부속품을 하나씩 붙이면서 도자기의 외형을 완성시켰다. 그렇게 도자기가 완성되면, 후속 작업에서 장식을 위한 과정은 불필요해진다. 건조 단계에서 도자기가 수축하면 성형 틀을 분리할 수 있었다. 이 방법은 작업 공정을 단순화할 수 있을 뿐만 아니라, 성형 틀을 재사용한다는 장점이 있었다. 잘 건조된 용기를 점토로 만든 용액에 담근 다음 이를 가마에서 굽게 되면 테라 시길라타의 특징인 반짝이는 표면이 만들어졌다. 이를 통해 도공들은 같은 모양과 같은 장식의 도자기를 대량으로 생산할 수 있게 되었지만, 제작 과정이 표준화되면서 더이상 자유로운 디자인은 할 수 없게 되었다.

　처음에는 아레티움(현재 토스카나의 아레초)에서 수천 개의 그릇이 대량 생산되었고, 이어서 아우구스투스 시대(기원전 27년~서기 14년)에는 갈리아 지역이 새로운 도자기 생산의 중심지로 자리잡았다. 갈리아의 도자기 공방은 대도시의 시장에서 멀리 떨어진 곳에 위치하고 있었다. 생산량이 대폭 증가하자 모든 공방에서는 크고 효율적인 가마가 필요했다. 프랑스 남부의 라그라우페센크에서 폭 4m, 높이 3m가 넘는 도자기 가마 유적이 발굴되었는데, 이곳에서는 도공들이 굽기 위해 가져온 30,000여 개의 그릇 목록도 함께 발

부조로 장식된 로마의 테라 시길라타 그릇으로 1세기 중반에 만들어졌다.

견되었다. 테라 시길라타를 제작하려면 고품질 점토와 충분한 연료가 필요했다. 갈리아에서 생산된 도자기는 이탈리아와 로마의 여러 지역으로 활발히 수출되었다.

엄청난 파급효과를 가져온 또 하나의 혁신은 유리 제품 분야에서 일어났다. 유리는 자연에 존재하는 소재가 아니라, 규소와 탄산수 혹은 탄산칼륨을 원료로 하여 생산된 인공 소재다. 유리와 관련해서는 고대 이집트나 고대 오리엔트의 유물이 남아있다. 이들 지역의 유리 유물은 불투명한 색유리로 만든 작은 병이었다.

유리 제품 제작에서 다음과 같은 두 가지의 새로운 처리방식이 개발된 것은 아마도 시리아 지역에서였던 것 같다. 첫째는 불에 녹인 유리 덩어리를 파이프로 불어서 유리그릇을 성형하는 것이고, 둘째는 기원후 1세기 무렵에 첨가물로 이산화망간($MnO_2$)을 넣어서 무색의 투명한 유리를 생산해낸 것이다. 이러한 발전으로 사람들은 더 큰 그릇과 병을 생산할 수 있었다. 폼페이 벽화에서 볼 수 있듯이, 서기 1세기 사람들은 유리의 투명하면서도 견고한 특징에 매료되었고 유리그릇에 과일이나 액체를 담기 시작했다. 유리를 통해 과일 껍질은 물론 과일에서 짜낸 즙의 색깔까지 볼 수 있게 되었다. 이 새로운 재료가 얼마나 주목을 받았는지는 깨지지 않는 유리를 만들었던 한 유리 제조공의 일화에서도 확인할 수 있다. 한 유리 제조공이 자신의 발명품을 보여주기 위해 아우구스투스의 후계자 티베리우스를 찾아갔을 때, 티베리우스는 깨지지 않는 유리가 은 제품의 가치를 떨어

폼페이에 있는 율리아 펠릭스의 집에서 발견된 벽화에 과일과 포도가 가득 담긴 유리 그릇이 그려져 있다.

트릴 수 있다는 이유로 장인을 처형했다. 이 에피소드는 여러 명의 작가들이 기록하고 있는데, 이는 그만큼 유리가 사람의 마음을 움직이는 힘을 지녔음을 의미한다.

　단순한 유리그릇이나 유리병 이외에 화려하고 사치스러운 유리그릇도 제작되었다. 심미적으로 특히 매력적인 형태를 지닌 것으로 알려진 '포틀랜드 화병'의 경우에는 어두운 푸른색 배경에 신화의 장면 두 가지를 흰색의 불투명한 유리로 새겨넣은 이중유리 제품이었다. 유리를 불 때는 성형 틀(중공 거푸집)을 이용해서 그릇의 모양을 잡을 수 있었다. 그래서 머리 모양이나 포도 모양의 그릇을 제작하는 것도 가능했다. 얇은 그물망으로 두른 듯한 '케이지 컵'은 고대 로마 후기에 만들어지기 시작했다. 우선 단단하고 두꺼운 유리로 된 그릇을 가져다가 자르고 갈아서 얇게 만든 다음에 바깥면의 그물 무늬의 격자가 남을 때까지 공구로 깎아서 만들었다.

유리 공방의 위치는 석영 모래의
매장지에 따라 달라졌다. 유리는
석영 모래가 있는 일부 지역에
서만 생산되었고, 수거된 폐유
리는 재사용되었다. 특히 쾰른
인근은 로마 유리 생산의 중심
지였는데, 유리 장인이 생산한
제품은 테라 시길라타가 그랬듯
이 상업적인 판매를 위한 상품이
었으며, 그 지역의 수요만 생각하
고 만든 것은 아니었다.

투명한 유리의 발명은 건축 분야에
도 혁신을 일으켰다. 장인들은 반투명
하거나 연한 색조의 유리를 시트에 부
어 모양을 만든 후, 이를 창으로 만들

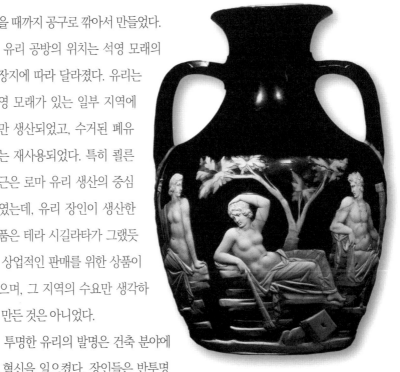

1세기 경에 제작된 '포틀랜드 화병'. 현재는 런던 대영박물관에
소장되어 있다.

었다. 이로써 실내에 자연광을 들여와 보다 따뜻하며 밝고 쾌적한 환경을 조성할 수 있게
되었다. 투명한 창문은 건축에 새로운 관점을 제시했는데, 대표적인 것으로 로마의 막센
티우스 대성당과 같은 고풍스러운 후기 고대 건축물이 있다.[15]


## 새로운 에너지원, 수력 발전

과거에는 여성들이 집에서 곡물을 갈아 빵을 구웠다. 빵을 판매하는 가게가 등장한

4세기경의 로마에서 만들어진 케이지 컵
이다. 쾰른에서 발견되었고, 현재 뮌헨
앤티크 컬렉션에 소장되어 있다.

## 율리우스 알렉산더의 묘비명

로마 제국에서는 장인들의 제품을 다른 지역으로 수출하거나, 장인들이 직접 외국으로 나가서 작업장을 새로 설립하기도 했다. 그 대표적인 인물로 율리우스 알렉산더라는 유리 장인이 있었다. 그의 자녀들이 세운 묘비에는 그의 삶에 대한 많은 정보가 기록되어 있다.

아프리카에서 태어난 율리우스 알렉산더는 카르타고의 시민이었다. 그는 정확히 75년 5개월 13일을 살았으며, 아내 버지니아와 48년간 결혼 생활을 이어갔다. 이들 부부는 슬하에 세 아들과 딸을 두었으며, 자녀들은 손자도 낳았다. 이 비문에서 율리우스 알렉산더는 '호모 옵티무스', 즉 아주 좋은 사람으로 묘사되어 있으며, '아르스 비트리아(Ars Vitriae)', 즉 유리 공예를 직업으로 명시해 놓았다. 1757년 리옹에서 발견된 기록은 율리우스 알렉산더가 아프리카에서 로마의 갈리아 루그두넨시스 지방의 루그두눔으로 건너갔고, 그곳에서 수공업자로서 성공했음을 증언하고 있다. 그가 성공한 삶을 산 덕분에 그의 가족은 묘비에 길고 아름다운 비문을 새길 수 있었다.[16]

것은 오랜 시간이 흐른 후의 일이다. 제빵사는 로마 시대에 등장한 직업인데, 작가인 플리니우스는 제빵사가 로마에 처음으로 나타난 것은 마케도니아 왕 페르세우스와의 전쟁(기원전 171년~168년) 이후라고 기록했다. 이 시기에 도시화가 진행되면서 좁은 집에 곡물을 저장할 수 있는 공간이나 빵을 구울 수 있는 공간과 장비가 없었다. 이러한 조건 속에서 사람들은 빵을 사 먹기 시작했고, 이에 빵을 공급하는 사업이 본격적으로 시작되었다. 폼페이의 빵집들은 곡물을 직접 빻아 제빵하는 것이 특징이었다.

그리스에서는 단순한 구조의 분쇄 기구인 연석을 이용해 곡식을 빻았다. 연석은 갈판과 갈돌, 즉 왕복운동 하면서 마찰시키는 돌로 이루어져 있었다. 이 기구는 기원전 5세기 후반 회전석에 작대기 모양의 레버를 부착하고 곡물을 부을 수 있는 깔때기를 장착함으로써 크게 개선되었다. 구조의 간단한 변경으로 효율성이 높아지고 작업이 수월해졌다. 또한 둥근 밀돌이 있는 '핸드밀'의 경우에는 왕복운동이 회전 운동으로 대체되면서 동물의 힘도 이용할 수 있게 되었다.

폼페이의 여러 빵집에 설치된 대형 분쇄기는 원뿔형의 바닥 돌과 큰 깔때기가 달린 윗돌로 구성되어 모래시계와 비슷한 모양이었는데, 두 돌 사이에 작은 틈이 있었고 곡물이 그 틈으로 들어가면서 잘게 갈렸다. 마찰 시 마모된 돌에 의해 밀가루가 오염되는 것을 방지하기 위해서 돌은 서로 닿지 않도록 설계되어 있었다. 수직 축의 윗돌에는 나무틀을 부착해서 당나귀나 말이 분쇄기를 돌릴 수 있게 했다. 그래서 폼페이의 빵집 한편에는 이 동물들을 위한 작은 마구간이 설치되어 있었다.

베수비오 화산 폭발로 폼페이가 멸망한 서기 79년 무렵에는 인류 역사상 또 다른 기술 혁명이 일어났다. 아우구스투스 시대의 건축에 관한 매뉴얼을 저술한 비트루비우스는 물레방아를 이용해 맷돌을 움직이는 메커니즘에 대한 기록을 남겼는데, 그는 물레방아를 구동 장치인 동시에 회전 운동을 연삭기에 전달하는 장치라고 설명했다. 이렇게 수력이 수공업에 도입되면서 이제 인간과 동물의 노동을 자연의 힘으로 대체하는 시대가 열렸다. 이미 고대에도 물레방아의 회전 운동을 왕복운동으로 변환해서 대리석을 절단하는

폼페이의 어느 빵집에 있는 연석과 화덕.

등 수력을 이용했다. 하지만 제분에 수력을 이용하는 것은 로마 시대에 비로소 만들어진 기술이다.[17]

## 폼페이의 공방

폼페이의 유적지는 고대 공방 연구에 중요한 단서를 제공했다. 이곳에는 문헌 자료에는 거의 남아있지 않은 장인 정신의 흔적들이 남겨져 있었다. 폼페이에는 빵집이 많았고, 놀랍게도 양모 등 직물을 가공하는 곳도 많았다. 이 작업장의 주된 업무는 물레질을 하고 직물을 짜기 전에 양모에 남아있는 동물성 지방과 오염물을 제거하는 것이었지만, 그 밖에 폼페이 시민들의 옷을 세탁하는 일도 했다. 이들은 이 도시의 장인들 가운데 높은 사회적 지위를 누렸다. 또한 자신들을 위해 포룸(광장)에 있는 대형 복합건물을 기부한 여사제 에우마키아Eumachia를 위해 그 건물 안에 그녀의 조각상을 세워줄 정도의 재력도 있었다. 이 조각상의 받침대에 새겨진 명문에는 기증자로 '섬유직공'이라는 직업을 자랑스럽게 명시하고 있다. 덧붙여서 언급할 만한 것은 비아 델라본짜Via dell'Abbondanza 거리에 있는 직물 공방 전면의 모습이다. 이 벽에는 비너스 폼페이아나Venus Pompeiana 여신이 네 마리의 코끼리가 끄는 이륜 전차를 타고 있는 모습이 그려져 있다. 공방의 소유주는 폼페이의 수호여신이 자신을 지켜줄 것이라고 여겼던 것이다.

폼페이의 직물 생산에서 특히 주목할 만한 기술은 나선 압착기다. 1세기 초에 개발된 것으로 추정되는 나선 압착기는 농가에서 포도주와 올리브 오일을 생산하는 일에 주로 사용되었는데, 나중에는 섬유 산업에서도 매우 효율적으로 쓰였다. 이 기술은 천을 누르고 다듬는 작업에 사용되었으며, 베라니우스 힙사이우스의 공방에 있는 그림에도 묘사되어 있다.

개인 주택에 그려진 벽화는 당시 공예품에 관한 사람들의 미적인 시각을 보여준다.

특히 부유한 자유민이었던 '베티의 집'에는 수공예 작업의 이미지와 연관된 그림들이 화려하게 그려진 방이 있었다. 이 그림에서 사랑의 신 에로스의 형상을 본뜬 작은 날개가 달린 에로테스erotes의 그림이 공예가들의 자리를 대신하고 있다. 금세공사와 조향사도 그림에 등장했으며, 직물업자도 그중 한 자리를 차지하고 있었다. 그러나 아름답게 표현되어 있는 장인들의 그림과 달리 현실은 그렇지 않았다. 직물업자들은 세정제로 소변을 사용했으며, 이를 위해 작업장 앞에 놓인 큰 그릇에 매일 엄청난 양의 소변을 모아야 했다. 그들은 소변이 담긴 그릇에 옷감을 넣은 다음 몇 시간씩 발로 밟으며 작업했는데, 이 반복 노동은 지루할 뿐만 아니라 매우 심한 악취도 동반했다.

2세기경에 활동했던 작가 아풀레이우스는 방앗간에서 일하는 사람들을 다음과 같이 묘사하기도 했다.

> "오, 신이시여. 어찌 저런 피조물들이 있단 말인가! 피부는 온통 퍼런 멍 자국투성이고, 다 헤진 넝마를 두어 장 걸친 등은 매 맞은 자국으로 걸친 넝마 조각보다 더 얼룩져 있다. 몇몇은 손바닥만한 모포 한 장만 걸치고 있었다. 저들 모두가 걸친 옷이라곤 누더기 사이로 몸뚱이가 다 보일 정도로 남루했다. 이마에는 표식이 있고, 머리의 절반은 아무렇게나 깎여있으며, 발은 사슬에 묶여 있다. 게다가 시체처럼 창백하게 일그러진 눈꺼풀은 어둠 속에서 연기와 연무로 다래끼가 생겨 시야가 뿌옇게 흐려질 정도였으며, 싸우기 직전에 모래 덩어리를 몸에 뿌리는 싸움꾼처럼 모두가 밀가루 먼지를 허옇게 뒤집어쓰고 있었다."

로마 작가들은 작업장 환경이 건강에 치명적이라는 사실을 이미 알고 있었다. 비트루비우스는 납의 유해성에 대해 다음과 같이 언급했다.

> "납 작업자들은 창백한 피부색을 가지고 있다. 특히, 납을 녹여서 부을 때 납에서 발생하는 증기는 사지를 병들게 하고 혈액의 중요한 특성을 파괴했다."

아풀레이우스가 묘사한 텍스트를 읽고 난 후에는 로마 수공예품들을 그저 아름답고
화려한 유물로만 생각할 수 없을 것이다.[18]

폼페이 소재 히페세우스의 직물 공방에 있는 벽화로 옷감을 발로 밟고 있는 섬유직공들의 모습이 묘사되어 있다.

# 장인들의 자화상

그리스와 마찬가지로 로마 제국의 지도층에서도 육체 노동을 경멸하는 시선이 존재했다. 키케로의 도덕 철학 저서에는 이러한 태도에 대한 고전적인 인식이 표현되어 있다.

> "그런데 수공업이라는 직업군과 돈벌이의 종류에 관해서라면, 어떤 것이 바람직하고 어떤 것을 지저분하다고 봐야 하는가에 대해 우리는 다음과 같은 기준이 옳다고 생각해 왔다. 우선 항구에서 통행세를 징수하는 사람들이나 고리대금업자처럼 사람들의 미움을 사는 업종은 동의를 얻을 수 없다. 바람직하지만 지저분한 것은 노동력을 제공할 뿐 숙련된 기량을 펼치지 못하는 일용직 노동자들의 벌이이다. 왜냐하면, 그들의 돈벌이는 노예 노동을 하고 받는 일당이기 때문이다. […] 그리고 모든 장인은 기예를 펼치는 지저분한 일에 종사한다고 볼 수 있다. 왜냐하면 공방에는 자유로움이 있을 수 없기 때문이다."

비문과 조각이 새겨진 추모비들은 우리에게 수공업, 그리고 장인들이 자기 자신을 어떻게 생각하고 있었는지에 대해 또 다른 시각을 제공해 준다. 비문에는 고인의 직업이 명시되어 있고 어떤 경우에는 그 장인의 탁월하고 숙련된 기량에 대해 찬사를 보내는 문구들도 확인할 수 있다. 또한 추모비에는 공구와 공방의 모습이 생생하게 조각되어 있다. 이 추모비는 수공업을 가업으로 하는 집안이 비교적 풍족하게 생활했다는 것을 나타낼

로마의 포르타 마조레 광장에 제빵사 에우리사케스의 추모비에 새겨진 조각.

뿐만 아니라, 추모비의 입지를 선정함에 있어서 가장 상징적인 장소를 선택함으로써 직업에 대한 강력한 자의식을 표현했다. 예를 들어, 제빵사인 에우리사케스는 자신과 자신의 아내를 위해서 오늘날 로마의 포르타 마조레Porta Maggiore 광장이 있는 비아 프라이네스티나Via Praenestina거리와 비아 라비카나Via Labicana거리 사이에 기념비적인 성격의 추모비를 세웠다. 이 비석의 비문에는 에우리사케스가 제빵사pistor이자 공공사업가redemptor, 즉 공공사업을 수행한 제빵사라고 되어 있다. 또한 함께 새겨진 조각에는 통곡물을 들여오는 일부터 제분, 완성된 빵을 납품하는 과정까지 빵을 만드는 모든 공정을 수행하는 대규모 빵집의 사실적인 광경을 확인할 수 있다.

장인이 작업장에서 일하는 모습을 묘사한 작품은 매우 중요하다. 서기 2세기에 제작된 드레스덴의 부조에는 칼을 들고 고기를 자르는 정육점 주인이 그려져 있다. 라벤나 출신의 선박 목수 장례식 비석에는 그가 일하는 모습뿐만 아니라, "푸블리우스의 아들인 푸블리우스 롱기디에누스가 서둘러서 일하고 있다."라는 문구도 새겨져 있다. 장인들은 이러한 작품을 통해 자신의 능력과 부를 과시하고, 당대에 모범적으로 살았음을 기록했다.

당시에 이미 '콜레기아collegia'라는 수공업자 협회가 존재했지만, 중세의 길드와 달리 이들은 수공예품 생산을 감독하거나 노동 시장을 규제하지는 않았다. 오히려 콜레기아는 수공업자들을 위해 정기적인 모임을 마련하고, 생일 파티나 품위 있는 장례식을 준비하는 등 공동체 문화를 꽃피웠다. 또한 콜레기아는 수공업자들과 지역이나 제국의 지배 계

급을 연결하는 역할을 맡기도 했다. 이는 정치적으로 수공업자들의 이익을 대변할 수 있는 후원자를 선택하는 것이었다.[19]

## 고대 로마 후기

　고대 로마 후기, 즉 4~5세기경에 로마 황제와 로마 제국의 중앙 정부는 경제생활 전반에 강하게 개입했다. 이에 가장 먼저 직격탄을 맞은 것은 농업 분야였다. 대지주와 영세 소작농인 콜로누스colonus들을 비롯하여 농부들이 포기한 경작지인 '아그리 데세르티 agri dserti'는 이제 입법의 대상이 되었고, 이때 제정된 법은 종속적 소작농들을 토지에 묶어버림으로써 지주와 농부들의 자유를 현저히 제한했다. 그러나 여기서 간과해서는 안

1세기에 만들어진 선박 장인 P. 롱기디에누스의 묘석에 새겨진 부조.

될 것은 도시에서 살아가는 정치 지도자 계층, 자영업자나 장인들도 엄격한 통제를 받았다는 사실이다. 이 입법의 목표는 한편으로는 상인이나 장인들이 '콜라티오 루스트랄리스collatio lustralis'라는 일종의 특별세를 내도록 함으로써 세수를 확보해 국가의 수익을 늘리는 것이었고, 다른 한쪽으로는 도시 주민들에게 식료품과 생활용품을 안정적으로 공급하는 것이었다. 이러한 정책이 가져온 결과는 재앙 수준이었다. 늘어나는 조세부담과 직업에 따른 법적 의무의 부과 같은 강제적 조치들로 인해 많은 장인이 도시를 떠나 시골로 이주하였다. 동로마 황제 아르카디우스Arcadius와 서로마 황제 호노리우스Honorius가 400년 6월 29일에 공동 칙령에서 인정한 것처럼 정책 시행의 결과 도시들은 명성과 영광을 상실해버렸다. 이 칙령에는 시골로 이주한 장인들에게 귀환할 것을 명령하는 내용이 담겨 있었다. 하지만 이미 337년 무렵부터 도시 생활을 지속하는데 중요한 역할을 하는 장인이나 상류층을 위해 일하는 장인들은 이 강제조치의 적용을 받을 필요가 없었으며, 이 조치의 적용을 받는 직종으로는 석고 공예가, 대목수, 석수, 은세공사, 화가, 동상 조각가, 소목수, 구리 세공사, 대장장이, 대리석을 다루는 노동자, 염료 제조인, 금세공사, 거울 장인, 유리 장인, 상아 조각가, 섬유 직공, 도공, 수은을 다루는 노동자, 모피 제봉사 등이 있었다. 하지만 이런 식의 조치도 수공업의 쇠락을 막지 못했다.

서로마 제국은 게르만족의 침략과 페르시안 전쟁으로 막대한 손해를 입었고, 도시는 점점 쇠퇴해 갔다. 제국이 기독교화되면서 이제 교회가 도시 지배 계급을 대신해 수공업의 후원자가 되었다. 이로 인해 고대 후기에도 모자이크나 상아 조각 같은 수공업 일부 영역에서는 최고의 성과를 거두었다. 그럼에도 불구하고 전반적인 도시의 쇠퇴는 수공업에도 영향을 미쳤고 로마 제국의 몰락은 고대 수공업의 종말로 이어졌다.[20]

# 중세 시대

수공업과 부르주아 세계의 질서

고대 후기부터 유럽에서는 민족 대이동의 시대 및 메로빙거 왕조(5~8세기), 샤를마뉴 왕조(8~9세기 초) 등 급격한 시대 변화를 겪었지만, 수공업 제품의 생산은 계속해서 이어졌다. 그렇지만 이 시대의 노동조건이나 생산조직, 생산물의 범위 등에 대해서는 알려진 것이 거의 없다. 르네상스 이후에 이 시기를 중세 '암흑기'라고 부르지만, 그 표현이 과연 적절한가를 판단할 정도로 충분한 사료적 근거는 없다. 하지만 암흑기라 불린 수백 년 동안에도 수공업 제품이 오직 개인의 필요를 충족시키기 위해 만들어지지 않았다는 것만큼은 분명한 사실이다. 이 시기에도 전문적인 수공업자가 존재했고 수공업 제품의 광범위한 교역이 이루어졌다는 것은 충분히 증명할 수 있기 때문이다.

물론 수공업 제품을 생산하는 전문가들은 애초에 이탈리아나 프랑스처럼 유서 깊은 도시가 있는 곳, 즉 오랫동안 안정적으로 주거생활이 유지되고 있는 도시에 정착해서 활동했다. 중부 유럽과 서유럽의 광활한 지역에서는 10세기에 와서야 비로소 초기 형태의 도시가 나타나기 시작했으며, 동유럽과 북유럽에서는 이보다도 훨씬 나중에 도시가 출현했다. 이 시기에 다양한 직종의 장인들을 만날 수 있는 장소로는 수도원이나 왕의 궁전, 귀족들의 장원뿐만 아니라, 오늘날 독일 슈레스비히(Schleswig)시 인근에 있는 바이킹 거주지인 하이트하부(Haithabu)나 해양 교역 장소인 뤼겐(Rügen) 섬의 랄스비크(Ralswiek) 같은 곳이었다. 카롤링거 왕조의 군주들이 공표한 법령인 카피툴라리아(Capitularia)에는 9세기 이전에 수공업으로 분류되었던 직업들이 나와 있는데, 대장장이, 금세공사와 은세공사, 제화공, 옹기장이, 수레 목수, 방패 장인, 비누장인, 양조업자, 제빵사 등이 여기에 속했다. 830년경에 만들어진 독일 세인트 갈렌(St Gallen)수도원의 도면을 보면, 당시 이 수도원에는 양조장, 제빵소, 방앗간을 비롯해 제화공, 안장 제작인, 옹기장이, 무두장이,

검 만드는 장인, 방패 만드는 장인, 금세공사, 대장장이, 섬유 직공 등이 일할 수 있는 작업장이 마련되어 있었음을 알 수 있다. 프랑스의 코르비(Corbie) 수도원에서 발견된 9세기경에 만들어진 수도회의 규약에도 제화공, 섬유 직공, 대장장이, 금세공사, 방패 만드는 장인, 양피지 만드는 장인, 연마공, 주조공, 대목수, 석수 등이 일하고 있었다는 사실이 명시되어 있다.¹ 그밖에도 한때 독일의 임시 수도였던 본 근교의 브뤼(Brühl)시 일대에는 수출을 목적으로 도기를 생산하는 업체들이 있었고 오늘날의 노르웨이 일대에서는 부드럽고 열에 강한 활석을 이용해 조각품을 만들었다는 사실이 고고학적 발굴을 통해서 밝혀졌다.

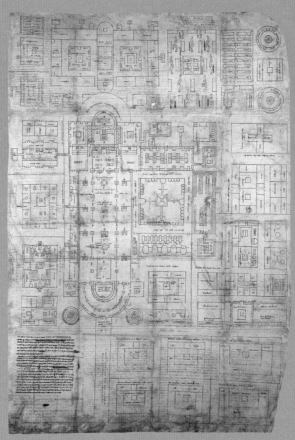

서기 830년경에 제작된 세인트 갈렌 수도원의 도면

# 길드의 등장

유럽의 수공업은 10세기 이후 도시의 중심지가 출현하는 것과 함께 새로운 양상을 보이기 시작했다. 상인 길드와 장인 길드는 이후 수백 년 동안 유럽 수공업의 발전에 영향을 미쳤다. 장인 길드의 역할에 대해서는 여전히 논쟁의 여지가 있지만, 적어도 10세기 이후에 상인 길드와 종교적인 공동체들로부터 자극을 받았을 것이라는 가정은 모두가 동의하는 출발점이다.[2] 12세기와 13세기 독일, 프랑스, 플랑드르, 영국, 스코틀랜드, 이탈리아 북부, 스페인에서 거의 동시에 만들어진 도시계획법은 장인 길드가 확산되는 데 결정적인 기여를 했다.

지금까지 전해지는 가장 오래된 법령에는 길드나 공동체의 존재만 기록되어 있을 뿐, 정확한 설립 시기는 기록되어 있지 않다. 1149년에 쾰른의 침구를 제작하는 직공들이 내부적으로 합의한 회칙을 쾰른의 실질적 지배자인 대주교로부터 승인받았다는 사실은 도시에서 수공업 직종의 분화가 이루어졌거나 최소한 직물 분야에서는 상대적으로 직종의 분화가 상당히 진전되어 있었음을 암시한다. 독일의 마그데부르크 제화공들이 합의한 1152년과 1192년 회칙이나 방패 장인과 말 안장 장인들의 1197년 회칙도 같은 경우라고 추측할 수 있다. 더욱이 이 회칙에는 이미 장인 길드의 조합장을 자유선거로 선출한다는 조항과 관련 영업을 하기 위해서는 반드시 장인 길드에 가입해야 한다는 길드 강제 가입 조항도 명시되어 있었다.[3] 이 두 가지 조항은 장인 길드의 중요한 특징이므로 앞으로 자세하게 살펴볼 것이다.

독일어권 국가에서는 1164년 파비아의 어부, 1154년과 1189년 런던의 직공, 1226년 바젤의 모피업자, 1244년 볼로냐의 재단사, 1268년 샤르트르의 피복업자들이 회칙을 승인받았다는 사실이 확인되었고[4] 서유럽과 중부유럽에서는 1225년부터 길드 관련 기록이 급격히 증가했다. 장인 길드는 14세기에는 오스트리아와 스위스로, 그리고 15세기에는 오늘날의 네덜란드와 남부 이탈리아로 꾸준히 확장되었다. 중세 후반에 이르러서는 중소 도시에서도 수공업 길드가 설립되었다.[5] 이처럼 길드의 설립은 13세기에 급증했지만, 유럽 대부분의 지역에서는 14세기 중반부터 17세기까지 길드가 약화되거나 와해되었던 것으로 보인다.[6] 러시아의 일부 지역을 제외하고 수공업 조직의 형태인 길드는 전 유럽에서 설 자리를 잃어갔다. 스페인 남부지역에서는 1492년까지 길드가 결성되었지만, 직업적 분류라기보다는 지역 공동체라는 개념이 강했고 실제로 조직을 갖추지는 못했다. 반면, 오스만 제국의 지배를 받았던 발칸 반도 인근 지역에서는 적어도 17세기까지 길드와 유사한 형태의 조직을 대도시에서 찾아볼 수 있다.[7]

우리가 한 가지 분명하게 이해해야 하는 것이 있다. 그것은 길드가 장인으로 구성된 지배층으로부터 인정받는 계층적인 조직이었다는 것이다.[8] 길드가 공동의 상업적 이익만을 추구하지는 않았지만, 상업적 이익은 핵심적인 쟁점이었다. 길드 법령은 회원들의 삶과 생활 영역의 거의 모든 부분을 통제했다. '길드'라는 용어는 지역별로 다른 명칭들이 존재했지만, 대체로 '장인 조합'이나 '상인 조합'으로 이해되었다. 특히 영국, 플랑드르, 스칸디나비아, 독일 북부 지역에서는 장인 길드와 상인 길드를 모두 '길드'라고 불렀으며, 이 외에 다른 지역에서는 '공직Amt', '조합Innung', '동업 조합Zeche' 등의 용어가 주로 사용되었다.

중세 시대 많은 수공업 길드의 규정은 포괄적이면서 동시에 제각각이어서 한눈에 파악하는 것이 쉽지 않다.[9] 이 규정에는 길드 가입뿐만 아니라, 견습생과 직공의 훈련에 대한 조항도 포함되어 있다. 길드에 소속된 장인들은 재정적 부담을 줄이기 위해 원자재를 공동 구매했으며, 도축장이나 제분소 같은 대규모 생산 시설을 길드에서 소유했다. 길드에서는 이 생산 시설의 관리를 위한 규정에 대해서도 논의하였다. 또한 길드를 구성하고 있는 직종에서는 장인들이 문서에 명시된 '표준'을 준수하고 있는지를 이른바 내부 감찰을 통해 정기적으로 점검했다. 옷감의 밀도와 품질, 리넨의 길이, 무두질하는 시간, 빵의 무게, 목공 작업의 완성도 등이 점검 사항이었다. 1288년 초 볼로냐의 직공들은 길드의 허가를 받았다는 표식이 없는 제품은 판매를 할 수도 없었다. 이런 식으로 길드에서 국가

# 건축가 한스 폰 부르크하우젠(1432년 사망)

독일 남부의 인(Inn)강변에 위치한 도시 부르크하우젠(Burghausen)에서 태어난 그는 추측건대 빈 바우휘테(Wiener Bauhütte)에서 석공을 배웠던 것으로 보인다. 그런 다음 그는 건축 장인이 되어 고향 지역의 여러 도시에 모습을 드러낸다. 그는 1389년에 벌써 란즈후트(Landshut)에 있는 마틴 교회의 건축에 참여했고, 마찬가지로 노이외팅(Neuötting)에 있는 성 니콜라우스 교회와 슈트라우빙(Straubing)에 있는 성 야콥 교회, 인 강변의 바서부르크(Wasserburg)에 있는 성 야콥 교회 건축에도 참여했으며, 잘츠부르크에 있는 프란치스코 수도원 부속 교회의 본당 건설에도 참여했다. 란즈후트에 있는 성령 교회는 부르크하우젠의 대표작으로 꼽힌다. 그는 건축 재료로 벽돌을 즐겨 사용했으며, 그가 지은 교회 건축물의 특징은 높고 호리호리한 둥근 기둥과 다각형의 예배당이다. 란즈후트의 마틴 교회 외벽에는 한스 폰 부르크하우젠의 기념 명판이 있는데, 거기에는 다음과 같은 명문(銘文)이 새겨져 있다.

건축 장인 한스 폰 부르크하우젠의 기념 명판

"1432년 석공 한스는 성 라우렌티우스의 날에 사망했다. 교회와 요양원 건축의 대가였던 그는 잘츠부르크에서, 외팅에서, 슈트라우빙에서, 바서부르크에서 활동했다. 그에게 신의 자비가 있기를, 아멘"

부르크하우젠은 수공예와 예술 분야에서 고도로 숙련된 장인 기술을 보여주었다. 그를 석공으로 묘사한 비문에는 부르크하우젠의 대표적인 작품이 나열되어 있으며, 고통받는 그리스도의 발밑에 부르크하우젠의 머리와 그의 문장이 그려져 있다. 이는 건축가이자 건설 기술자로서의 자의식을 강조하는 표현이다. 중세 대성당의 많은 건축가처럼 부르크하우젠도 익명으로 남지 않고 후대에 이름을 널리 알렸다.[10]

또는 관리들의 업무인 물품 제작과 거래의 감독 업무를 수행했다.[11] 뿐만 아니라, 시민들의 생존에 직결되는 식품 등을 만들고 거래하는 길드에서는 품질과 가격, 그리고 생산량 등을 조절할 수 있는 종합 관리 시스템을 추가로 설치하기도 했다.

오늘날 폴란드의 크라쿠프시에서 활동했던 모자 장인들이 만든 길드 규정은 지금까지 설명했던 내용들이 포함된 대표적인 자료이다.[12] 모자 장인들의 길드 규정은 1377년 12월 의회의 논의를 거쳐 확정되었고 도시의 법령에도 등록되었다. 이 법령은 모두 12개 항목으로 정리되어 있다. 법령의 첫 번째 항목은 장인들은 모양이 좋지 않거나 잘못 만든 상품을 판매용으로 내놓아서는 안 되며, 이를 위해 길드의 책임자는 모자를 판매하는 이들의 상품을 조사하여 불량품에 대해서는 1개당 6그로센의 벌금을 징수하기로 한다는 내용으로 제품의 품질에 관한 규정이었다. 그리고 벌금으로 모은 돈은 군사 장비, 즉 외부 공격의 방어에 필요한 장비를 구매하거나 정비하는 용도로 사용해야 한다는 것과 장물을 판매하는 것을 금지하며 이를 위반했을 경우에도 6그로센의 벌금을 부과한다는 것이 두 번째와 세 번째 항목의 내용이다.

다음 항목인 네 번째부터는 장인의 권리, 장인의 작품, 견습생 및 직인에 대한 규정이 나와 있다. 먼저, 장인은 다른 장인을 직인으로 고용하지 않는다는 규정에는 스스로 가난하고 곤궁한 처지라는 것을 증명하면 이를 예외로 인정한다는 예외 규정을 두고 있다. 그리고 장인의 권리를 얻기 위해서는 크라쿠프시의 시민권을 가지고 있어야 하고, 기혼이어야 하며, 길드에 1피어딩Vierding(은화 1마르크의 1/4)의 가입비를 내야 한다는 것이었다. 또한 비버 모피로 만든 것과 양모로 만든 것을 포함해서 직접 제작한 4개의 모자를 제출해야 했는데, 모두 길드의 책임자 앞에서 제작한 완제품이어야 한다는 것, 그리고 장인이 공방에서 일할 직공을 채용하기 위해서는 채용 14일 이내에 이를 책임자에게 알리고 지원자와 약정을 체결해야 한다는 내용과 함께 이를 이행하지 않으면 벌금 대신 길드에서 사용하는 양초의 재료인 밀랍 2파운드를 내야 한다는 것이었다.

법령의 마지막 부분에는 이상에서 살펴본 것들 이외의 다섯 가지 항목이 적혀 있었다. 이를 정리해 보면, 시장의 가판대는 14일마다 추첨을 통해 배분했는데 지각한 사람은 추첨에서 제외시킨다는 것, 시장의 가판대에서 장사를 하는 장인과 그의 아내는 서로 다투어서는 안 되고 다른 장인의 직인을 강제로 데려와서는 안 되는데 이를 어기면 각각 1그로센과 4그로센의 벌금을 내도록 하는 규정이 적혀 있었다. 길드가 소집되었을 때, 그리고 동료의 장례식과 공식 모임에 참석하지 않았을 때에도 1그로센의 벌금이 부과되었다. 마지막으로는 길드의 합의 사항을 외부인에게 알려서는 안 되며, 길드와 관련된 정보를 확인할 수 있는 권리는 오직 시의회에만 있다는 것이었다.

결론적으로 크라쿠프시 모자 장인들이 만든 규정은 장인과 견습생 및 직인의 권리, 제품 품질 관리, 구성원 간의 단합과 경조사 지원 등 당시의 길드의 규칙과 규제 분야를 명확하게 보여준다. 또한 군사 장비에 대한 언급을 통해 길드가 군사 분야에서도 역할을 했다는 사실을 알 수 있다. 중세 시대에 전쟁이 일어났을 경우, 대부분의 길드에서는 도시 성벽의 일부를 방어할 의무가 있었기 때문에 언제든지 무장할 수 있는 병사를 공급해야 했다. 길드에서 장인이 다른 장인의 직인, 즉 동료 장인으로부터 일정한 대가를 받으며 일하는 것을 금지한 조항은 중세 시대 후반에 장인들 사이에서 발생할 수 있는 사회 문제를 시사하고 있다. 하지만 이 조항은 법령을 통해 실질적으로 규제하고 있는 것의 일부분에 지나지 않았다. 이 문서의 내용은 계속해서 보충되었고 보다 정확하게 가다듬어졌으며 중세 시대 말기에 가서야 어느 정도 규약으로서 완성된 모습을 갖추었다.

길드의 권한은 유럽 전역에서 빠르게 강화되었다. 모든 상인들은 길드에 의무적으로 가입해야 했고, 비회원이나 다른 길드의 상인은 해당 길드의 회원들이 생산하는 물건을 제작할 수 없었다. 예를 들어, 1468년 스트라스부르[13]에서는 수레와 침대 제작자들이 목수들과 상품의 제작 범위를 두고 논쟁을 벌였다. 결국 시의회에서는 목수에게 캐비닛, 테이블, 의자, 교회 장의자 등을 생산할 수 있도록 허가해 주었고, 수레와 침대 제작자에게는 운반이 가능한 상자와 조각으로 장식된 고품질의 가구를 만들 수 있다고 결정했다.

중세 후반부터 꾸준히 제기되었지만, 한 번도 완전하게 시행되지 않았던 장인들의 주

장은 '동등한 기회'라는 개념과 관련 길드의 권리를 정당화했는데, 길드 한 수입을 보장하는 유일한 방법이고 생각했다. 장인들의 이런 생 내에서도 생산 제한이나 기술 었다. 그렇다고 해서 이런

이 있다. 장인들은 권력의 도움을 받아의 구성원과 그들 가족 모두에게 적절은 '동등한 기회'를 보장하는 것이라각 때문에 15세기 이후에는 개별 직종혁신과 조직 개혁에 대한 반발이 있일이 길드로 조직화된 모든 수공업

중앙 시장 광장에 있는 성 마리아 성당과 포목거래소 건물은 오늘날에도 유서 깊은 도시 크라쿠프의 특징을 잘 보여주고 있다.

의 분야에서 나타나는 전형적인 현상이었다고 할 수는 없다.

독일 제국의 남부 대도시에서는 길드가 일정 부분의 자유를 누렸다. 크라쿠프의 예에서 볼 수 있듯이 길드 관리 조직(조직의 책임자를 의장, 길드 마스터, 협회장 또는 '오버마이스터'라고 했다.)에서 규정에 대해 합의를 하면, 이를 승인하고 시행을 통제, 감독하는 것은 도시나 정부의 책임이었다.[14] 길드에서 자체적으로 조직의 대표를 선출할 수 있었지만, 최종

적으로는 정부의 승인을 받아야 했다. 길드를 대표하는 장인은 길드 구성원의 규정 위반 행위를 처벌하고, 가입 여부를 결정하거나 내부 분쟁을 중재할 수 있는 권한을 가졌지만, 어디까지나 정부가 허용하는 범위 내에서의 권한이었다.

프랑스와 영국의 대도시들, 그리고 베니스에서는 길드 책임자를 정부에서 직접 임명했기 때문에 길드 책임자는 플랑드르나 피렌체보다 훨씬 더 강력한 통제권을 가졌다.[15] 이 지역의 길드에서는 자체적으로 감사나 중재 업무를 수행했지만, 독일 제국의 도시들처럼 사법적인 권한을 갖지는 못했다. 1467년부터 프랑스와 스페인의 국왕은 자신의 대리인을 길드의 책임자로 임명했고, 그들에게 개인적인 충성을 요구했다. 반면 영국에서는 일찍부터 세금 징수 시스템에 길드를 포함시킴으로써 이들을 중앙에서 통합적으로 관리할 수 있었다.[16]

길드에서는 길드 가입과 탈퇴, 제품 생산을 규제했고 상업적인 업무를 관리, 감독했을 뿐만 아니라, 그 외에도 다양한 사회적 기능을 수행했다. 예를 들어, 종교에 대한 지원이나 종교적 관행, 즉 길드를 통해 회원들의 예배 참여를 독려하고 자체적인 기도 모임을 조직했다. 다수의 길드에서 도시의 성당에 제단을 세웠고, 성 크리스핀과 크리스피니안(제화공), 성 니콜라스(제빵사), 성 세베루스(양모 직공), 성 엘리기우스(대장장이)[17]와 같은 특정 수호성인들을 기리는 마을 축제도 열었다. 이들은 오래된 친목 모임이나 직업 공동체와 마찬가지로 예배와 기도 모임, 그리고 장례 행렬에 동행하는 것뿐만 아니라, 정기적인 회비와 기부금도 거두었다. 길드에서는 이렇게 만들어진 기금을 운용해서 가난하거나 병든 구성원을 지원했고 장인의 미망인과 자녀에게 혜택을 제공했다. 이런 재정적 지원은 길드라는 공동체 내에서 이루어지는 사회 보장의 중요한 일부였다.

이러한 시스템은 도시 공동체의 성장에 중요한 역할을 했으며, 장인들은 사회 집단의 구성원으로서 자부심을 가질 수 있었다. 길드 공동체의 운영은 다양한 사회적 관습과 밀접한 관련이 있었다.[18] 예를 들어, 길드에서는 규정집과 회계장부를 같은 곳에 보관했다. 매년 또는 분기별로 개최되는 회의에서 결정된 사항들은 문서로 정리해서 화려하게 장식

1250년경 제빵사 길드에서는 이 스테인드글라스를 샤르트르 대성당에 기증했다. 여기에는 제빵사들이 바쁘게 제빵하는 모습이 묘사되어 있다.

된 상자에 보관해 두었다. 거기에는 길드의 인장도 함께 보관되어 있었다. 정기적으로 회의가 열릴 때면 상자에 정리해둔 문서들을 참고했다. 또한 이 모임의 마무리로 성대한 만찬을 벌였는데, 만찬에서 사용되는 음료수 잔과 그릇은 특별하게 디자인된 것들이었다. 길드에서는 견습생 환영회, 장인 선발시험, 회원 장례식 등의 정기적인 행사를 통해 구성원들이 길드에 대한 강력한 소속감을 느낄 수 있도록 했다.

이들은 도시의 퍼레이드와 축제, 이를테면 통치자가 참석하는 가톨릭의 성체 축일 행렬이나 의회 선거, 전통 축제인 슈첸페스트Schützenfest 같은 다양한 행사에 참여하면서 존재감을 과시했다. 15세기 브뤼헤와 뉘른베르크에서는 길드 축제를 개최했는데, 이를 위해 깃발과 의상은 물론 퍼레이드에 사용될 도구와 상징물 등을 특별히 제작하기도 했다.

축제에서 길드 회원들이 선보인 춤은 오늘날까지도 전해지고 있다. 그중 독일어권에서 가장 유명한 것은 뉘른베르크 정육업자들의 쉠바르트라우프Schembartlauf라는 카니발 행렬에서 선보였던 춤이다. 정육업자들은 14세기 중반에 있었던 장인들의 반란에 가담하지 않았는데, 그에 대한 보상으로 카니발 행렬에서 자신들이 원하는 춤을 출 수 있는 특권을 갖게 되었다고 전해진다. 또 베니스의 장인들은 카니발의 격투 게임에

15세기 원본을 바탕으로 한 컬러 석판화의 뉘른베르크 카니발 행렬이다. 이 행렬은 1539년에 마지막으로 개최되었다.

등장하기도 했다. 아우그스부르크 직공 조합처럼 강력한 세력을 가진 대도시의 길드에서는 회의를 개최하거나 공동 소유물을 보관할 수 있고, 자기들이 생산한 물건들의 판매는 물론 감시와 감독의 업무도 수행할 수 있는 건물을 자체적으로 소유하고 있었다.

## 길드의 운영

무엇보다 길드에는 노동 시간을 규제할 수 있는 권한도 있었다. 대개 일요일과 기독교의 경축일에는 노동이 금지되었기 때문에 연간 노동일 수는 대략 250일 정도였다.[19] 이는 종교개혁이 있기 전까지 장인들은 사실상 일주일에 5일만 일했다는 것을 의미한다. 하지만 대신 건설업에 대한 지시 사항에서 찾아볼 수 있는 것처럼 근무하는 날의 노동 시간은 매우 긴 경우가 대부분이었다. 해가 긴 여름의 건설 현장에서는 순수한 노동 시간이 13시간에 달했으며 겨울에는 7~8시간 일을 했다. 여기에 각각의 휴식 시간이 더해지면 현장에 있는 시간은 더욱 늘어난다. 중부 유럽의 길드 대부분은 미카엘 축일과 성 베드로 축일(9월 29일~2월 22일) 사이에는 해가 있는 동안만 작업장에서 일할 수 있다는 규정을 두었다. 이 '주간 노동' 규정은 14세기부터 이어진 것이다. 오늘날에 비하면 노동 강도는 떨어졌을 것이다. 대기 시간과 휴식 시간이 길었을 것이기 때문이다. 그리고 법원 기록에 따르면, 모든 장인들이 일요일과 경축일 작업 금지 규정을 지킨 것은 아니었다. 이를 추가 수입과 함께 물건을 더 빠르게 인도할 수 있는 기회로 생각했기 때문이다.

전통적인 수공업 생산의 특징은 장인과 견습공이 제품 생산에 필수적인 공정 전부, 또는 대부분을 통제하고 직접 수행했다는 것이다. 하지만 그렇다고 해서 수공업 길드에 분업이 존재하지 않았다는 것은 아니다. 예를 들어, 모직 생산은 품이 많이 드는 양털 세척으로 시작해서 방적, 직조, 세척, 정돈, 시어링(잔털 깎기), 염색을 거쳐 완성된 옷감을 압축하고 광택을 내는 공정까지 모두 26단계의 작업을 거쳐야 했다. 여기에는 직조 장인, 양모를 빗질하는 사람, 잔털을 제거하는 사람, 염색공 등을 비롯해 다양한 직업을 가진 이들이 관여했다. 그중에는 서로 다른 길드에 소속된 사람도 있었고 물레를 돌려 실을 뽑아내는 여인들처럼 길드에 속하지 않은 사람이나 길드 자체가 없는 직종도 있었다.

장인의 작업 중에서도 특별히 많은 재료와 다양한 기술이 투입되는 것이 금속 공예였다. 금세공인은 금이나 은으로 물건을 단조하거나 주조했으며, 은판을 두드려 그릇을 만들기도 했다. 작은 부품과 와이어를 납땜해서 표면의 장식을 마무리하거나 조각칼로 무늬를 새긴 다음에 바탕을 깎아서 배경을 만들기도 했다. 또한 황화은 상감법을 활용해 검은색 선의 그림을 완성하거나 금속 그릇의 표면에 유리를 녹여서 얇은 에나멜을 입히는 자기 에나멜링porcelain enamelling 기법으로 그릇을 장식하기도 했다. 중세 시대부터 장인들이 능숙하게 사용해 온 이 기법으로 만들어진 결과물은 오늘날 유럽의 많은 박물관에서 볼 수 있다. 이들은 모두 금속을 다루었지만, 대장장이, 못이나 철사 제조공과 주석 주물공처럼 전문 분야는 철저히 구분되었다. 1500년경 뉘른베르크에는 철을 다루는 직업이 68개나 있었다.

중세의 수공업 제품 중에서 철저하게 차별화된 작업을 거쳐 생산된 또 다른 예는 다방면으로 사용된 나무 용기가 있다. 중세 도시에서 사용된 가장 일상적인 식기는 주로 나무나 진흙으로 만들어진 것이었다. 특히 해상 무역이 활발한 항구 도시에서 상품을 대량으로 운송하기 위해서는 컨테이너와 같은 역할을 하는 통이나 상자가 필수적이었다. 유리, 책, 옷, 달걀에 이르는 대부분의 물건들을 통이나 상자 같은 용기로 포장했기 때문에 이를 만드는 장인들은 항구 도시에서 가장 큰 길드를 형성했다. 특히, 나무통을 만드는

## 요하네스 구텐베르크 (1400~1468)

1999년 미국 언론에서 '밀레니엄 맨(천 년의 인물)'이라고 불렀던 활자 인쇄술 발명가는 전형적인 장인이 아니었다. 그가 마인츠의 귀족 가문 출신이라는 것은 분명하지만 어떤 교육을 받았는지는 정확히 알려져 있지 않다. 아마도 장인의 가르침을 받은 견습생보다는 학교를 다닌 사람이었을 가능성이 높다. 구텐베르크는 보석 연마, 금속 도장 조각, 금속 주조 기술 등 다양한 수공업 기술을 연마했다. 이러한 지식은 인쇄에 적합한 프레스의 발명과 인쇄용 활자를 만드는 데 필요한 수동 주조 기구 개발을 위한 기초가 되었다.

구텐베르크는 1434년부터 1444년까지 스트라스부르에 살다가 1448년에 마인츠로 돌아왔다. 구텐베르크는 마인츠에 서양 최초의 인쇄소를 설립했고, 1452년~1454년 동안 세계에서 가장 유명한 책인 42줄 성경, 이른바 '구텐베르크 성경'을 인쇄했다. 마인츠 인쇄소에서

16세기 구텐베르크의 초상화.

는 책 외에도 면죄부, 달력, 팸플릿 등이 제작됐다. 구텐베르크의 발명은 이후 수십 년 동안 출판물 제작에 근본적인 변화를 일으켰고, 21세기까지 유럽 미디어 발전의 중추적인 역할을 했다.[20]

길드에서는 원목의 판자만 다듬거나 드럼통을 한데 묶는 전문 작업자가 있어서 생산 속도를 높일 수 있었다. 또한 장인들의 작업 영역이 전문화 되어 있어서 컵이나 양동이, 대형 대야나 대형 술통을 각각의 장인들이 제작할 정도였다.

장인의 소득은 직종과 임금 지급 방식에 따라 다르기 때문에 정확히 측정하기 어렵다. 장인들이 일당을 받고 일하는지 아니면 물건을 완성한 다음에 이에 상응하는 대가를 지급받는지도 장인들의 소득에 영향을 미치는 요인이다. 또한 수공예품을 제작하는 것으로만 이윤을 창출했는지, 부수적으로 만든 수공예품을 판매했는지, 그리고 정원이나 경작지를 소유했는지에 대해서도 함께 고려해야 한다. 하지만 건축 분야에서 일했던 장인들의 소득은 상대적으로 투명하게 공개되어 있다. 그들 대부분은 정부나 지방 자치 단체에서 진행하는 크고 작은 프로젝트에 협력했기 때문이다.

1465년 함부르크에서 목수는 하루에 1~2쇼크Schock(은화)의 현금과 함께 식량(1인당 하루 1.2kg의 빵, 곡물, 맥주, 버터, 달걀, 고기, 치즈)을 받았다.[21] 이를 당시의 화폐 단위인 굴덴

Gulden(금화)으로 환산하면, 15세기에 1굴덴은 금 2.7g이었고 약 24쇼크였다. 1500년경에 1쇼크는 은 32g이었다. 반면, 1460년경 지겐에서 벽돌공의 일당은 5쇼크, 미숙련 노동자는 3쇼크를 받았다. 당시 신발 한 켤레가 3.5쇼크, 포도주 1.7L가 1쇼크, 곡물 23.63kg이 38쇼크였다는 사실을 고려하면 적절한 임금이었음을 알 수 있다. 보통 한 사람이 1년에 20굴덴(480쇼크) 정도면 생활이 가능했다. 다양한 건축 일을 했던 어떤 목수의 수입이 45~60굴덴도였는데, 그는 가족 중 한

통 제작자가 나이프를 이용해 통 주위에 금속판을 두르는 모습을 묘사한 16세기 목판화.

사람을 부양할 수 있었다. 1463년 생갈렌에서는 석공이 60굴덴, 직인이 37굴덴 정도를 벌었다. 1386년 베른에서는 목수 한 사람이 평균적으로 46굴덴 정도를 벌었고, 15세기 초에 작업장을 소유하지 않은 직조공은 40굴덴 정도를 벌었다. 반면에 스트라스부르에서 잡역부들은 무료로 숙식을 제공받았지만, 현금으로 받은 돈은 연간 3굴덴을 넘지 않았다.[22]

## 길드와 '방해꾼'

중세 후기에 점점 더 많은 장인들이 길드에 가입했다. 이들은 직물 생산(옷감, 리넨, 무명, 피륙 등), 금속 가공(대장장이, 칼 제작, 철판 제작, 총포 제작 등), 가죽 가공(무두장이, 제혁업자, 주머니 제작자, 가방 제작자, 제화공, 모피 제작자 등) 등 재료와 기술에 따라 분화되었으며, 이와 함께 길드의 수가 증가하고 종류도 다양해졌다. 그러나 모든 장인이 길드에 가입한 것은 아니었다. 여기에는 몇 가지 이유가 있다. 첫째, 규모가 작거나 세력이 약한 수공업 길드는 16세기 이후에 생겨났다. 둘째, 작은 마을에는 길드가 아예 없거나 한두 가지 핵심적인 수공업 길드만 존재했다. 일부 유럽 지역에도 길드가 조직되지 않은 곳이 있었는데, 그 대표 사례가 독일 신성 로마 제국의 수공업의 중심지였던 뉘른베르크이다. 뉘른베르크에서는 1348년 장인들의 반란이 일어나 모든 길드가 해산되었다. 이 지역의 모든 길드는 의회의 감독을 받는 장인 조직으로 대체되었다. 플랑드르의 작은 직물 생산 중심지였던 두아이에서도 중세 말기까지 길드가 조직되지 않았다.

반면, 대도시에서 활동하는 장인은 여러 이유로 길드에 가입할 의무를 면제받았다.[23] 왕실에서 일하는 장인은 특권을 가지고 있었고, 도시에 거주하기를 원했던 시계 제작자나 펌프 제작자 같은 전문가들은 독립적으로 작업할 수 있었다. 도시에 거주하면서 교회나 귀족의 직접적인 통제 아래에 있는 장인들 역시 길드에 가입할 필요가 없었다. 수도원이나 대성당의 사제단과 귀족 계급 통치자는 그런 장인들이 정착하는 것을 눈감아주거나 심지어는 장려하기도 했다. 이들을 통해 얻을 수 있는 수입이 그만큼 많았기 때문이다.

1400년경 길드에 소속된 장인들은 소위 '방해꾼'이라 불리는 전문가들을 경계하면서 이들과 경쟁을 벌였다.[24] 실제로 이 시기에 길드의 장인들에게 부과된 불합리한 작업이 증가했는지, 아니면 길드에서 불필요한 경쟁을 없애기 위해서 노력을 기울였는지는 명확하게 밝혀지지 않았다. 길드의 권력은 이전보다 훨씬 강해졌으며, 일부 유럽 지역에서는 정치적인 문제에 대해 공동으로 결정할 수 있는 권리를 획득하기도 했다.

그러나 14세기 후반에는 시골에서의 수공업 제품 생산이 더욱 활발해졌다. 이들은 마을의 자급자족에 중요한 역할을 했고, 도시 길드의 회원이었던 피혁 세공사, 대장장이, 밧줄 제작자, 수레 제작자, 목수 등도 시골에서 일했다.[25] 같은 시기에 유럽의 여러 지역에서는 섬유 산업에 종사하는 사람들이 증가했고 이들은 수출용 원사나 직물을 생산했다. 플랑드르에서는 모직, 보덴 호수 지역에서는 리넨과 무명, 쾰른 주변 지역에서는 무명 생산이 활발히 이루어졌다.

14세기에 미장이 일은 독자적인 직업으로 발전했다. 1508년에 제작된 베네치아의 미장이 길드를 그린 이 그림은 미장이가 했던 일이 망치와 흙손, 납추를 가지고 하는 작업이었음을 보여준다.

점점 더 많은 장인들이 길드에 가입하지 않고 시골에 정착하게 되면서 길드 장인과 길드에 가입하지 않은 장인들 사이의 갈등은 심화되었고, 15세기 말에는 무질서한 경쟁에 대한 협상이 진행되었다. 하지만 협상에서 다루었던 내용은 길드 가입을 강제하는 것이 아니라 길드 회원과 회원이 아닌 장인들이 경쟁에서 지켜야 할 일반적인 규칙에 관련된 것이었다.

이 과정에서 장인들 스스로가 지녔던 특권 의식이 중요한 역할을 했다. 이들 장인들은 스스로는 물론 자신이 속한 길드가 도시와 국가의 권위에 의해 지지 받고 있다는 자의식을 가지고 있었다. 중세 말기에 이들은 특권이 없는 장인과 일용직 노동자, 그리고 여타 상업활동을 하는 집단과 스스로를 구별하기 위해 명예를 더욱 중요시했다.

## 명예로운 수공예

'명예'를 이해하는 핵심은 중세 시대 후반에 등장한 '걸작'에 대한 규정과 품질을 위해서는 양보하지 않는 장인 정신, 그리고 장인들의 관습과 전통에 따라 공정하고 '정직한' 노동을 제공하는 것이었다. 이와 마찬가지로 중요하게 여겨졌던 것이 장인의 출신과 결혼으로 연결된 혈통이었다.[26] 14세기 말 길드에서는 처음으로 회원들의 출신을 확인하기 위해 출생증명서 제출을 요구했고 시험을 치르게 했다. 그 과정에서 장인은 물론 그들 가족 구성원의 품위 있는 사회적 행동도 중요한 역할을 했다. 많은 길드에서는 종교적 경건함, 도덕성, 성도덕, 음주 습관 등 윤리적인 부분에 대해서도 징계를 규정하였다.

그러나 명시적으로나 암묵적으로 적용되던 이러한 명예 개념은 '명예로운' 직업이라는 사회적 현실보다는 다른 사람들과 차별화되기를 원하는 특정 집단의 사회적 요구를 반영한 것이었다. 이로 인해 명예 개념과 현실 사이에는 큰 간극을 보였으며, 장인들 역시 때로 음주, 욕설, 매춘, 간통, 사기 등의 부정행위를 저지르곤 했다.

이와 관련하여 불명예스럽거나 부도덕하다고 여겨지는 직업을 가졌던 구성원이 '명예로운' 길드 조합에 가입하는 것은 제도적으로 금지되었다. 14세기부터 다양한 출처에서 볼 수 있듯이, 길드는 '떠돌이'의 자녀, 즉 거지, 마술사, 행상인 등의 자녀가 입회하지 못하도록 제한을 두었다. 비록 유럽 전역에서 그런 것은 아니지만, 14세기에는 길드 수공업자였던 아마포 직조 장인들을 명예롭지 못하다는 이유로 경원시했다. 하지만 지금까지도 그 이유는 분명치 않다. 한편, 동물의 가죽 벗기는 박피공과 사형 집행인의 아이들은 모든 지역에서 길드 가입을 거부당했고, 그밖에도 출생이 불명예스러운 사람의 아이들과 유죄 판결을 받은 범죄자의 아이들 역시 길드 가입이 거부되었다.

근대 초기에는 불명예스러운 직업에 종사하는 사람들을 더욱 엄격하게 배제했다. 사람들은 '도둑' 또는 '땜장이'라 불리는 것을 치욕스러워 했고, 사형 집행인과는 직접적인 접촉을 피했다. 일부 지역에서는 종교 및 특정 지역의 소수 민족에 대해서도 일찍부터 직업을 구분했다.[27] 기독교인이 이베리아 반도를 정복한 레콘키스타Reconquista 시기에 스페인에서는 장인이 되려는 사람들에게 아랍계 무슬림 혈통이 아니라는 '피의 순수성 Limpieza de sangre'에 대한 증명을 요구했다. 유대인 장인들이 무어족 시대의 스페인과 이탈리아 남부, 프로방스, 발칸 반도에서 살고 있었다는 증거(15세기에는 보헤미아와 폴란드, 리투아니아에도 살고 있었다.)는 쉽게 찾아볼 수 있지만, 그들은 결코 길드의 조합원이 될 수 없었다. 많은 한자hansa 문화권 도시와 프로이센 제국, 마크 브란덴부르크에서는 '벤트족'

1414년경에 피렌체에 세워진 이 부조에는 석공, 건축가, 목수들이 일하는 모습을 보여준다.

14세기에 제작된 이 그림은 농민 반란을 이끈 지도자의 참수 장면을 그린 것이다. 그림에 등장하는 사형 집행인은 불명예스러운 직업에 속했다.

이라 불리는 슬라브계 장인들의 길드 가입이 거부되었다.

　장인의 출신과 관련된 규정이 처음으로 발견된 것은 14세기 중엽이었다. 1350년 뤼네부르크와 1372년 슈베린, 그리고 발트해 연안 국가에서는 에스토니아인, 리투아니아인, 트란실바니아에서는 헝거리인과 왈라키아인들도 이 규정에 영향을 받았다. 15세기에는 '독일 출생'을 선호하는 경향이 더욱 심화되었다.

　그러나 출생에 따른 차별이나 금지 규정은 타 종교를 가진 사람들을 배제하는 것보다

## 도망치는 견습생

원체스터의 재상이자 주교였던 헨리 보퍼트(1375년~1447년)는 1425년 윌리엄 베벌리에게 한 통의 편지를 받았다. 이 편지에는 베벌리의 제자 윌리엄 배팅엄이 솔즈베리에서 체포되어 감옥에 수감되었다고 적혀 있었다. 배팅엄은 스승의 작업장을 무단으로 뛰쳐나간 후 전국을 떠돌아다니며 윈체스터와 브리스톨 등지에 머물렀다. 배팅엄의 행방을 파악한 베벌리는 제자의 위법 행위를 처벌하기 위해 솔즈베리 의회에 배팅엄을 런던으로 이송해달라고 요청했다.

물론 배팅엄이 그의 스승을 떠나 전국을 방황했던 이유가 무엇인지를 알 수는 없다. 아마도 향수병이 도졌거나 그가 일하는 작업장의 대우가 좋지 않아서 일 수도 있고, 뒤늦게 작업장의 일이 적성에 맞지 않는다는 것을 깨달았을 수도 있다. 하지만 스승이 제자를 다시 찾으려고 노력한 것은 제자의 인생을 걱정하는 마음이 전부는 아니었다. 견습생의 노동력은 저렴했고, 무엇보다 도망친 견습생을 찾기 전까지는 새로운 견습생을 받을 수 없었기 때문이다. 결국 베벌리가 배팅엄을 런던으로 이송하기 위해 노력했던 것은 제자를 계속 고용하거나 길드와 합의 후에 새로운 견습생을 찾기 위해서였던 것이다.[28]

16세기 파리의 금세공 공방의 모습. 그림의 왼쪽에는 견습생을 볼 수 있다.

는 훨씬 유연하게 처리되었는데, 이는 길드의 종교적 기능 때문이었다.[29] 길드에 독일 출신 견습생이나 장인 후보자가 충분하지 않을 경우, 위에서 언급된 지역 출신이나 벤트족도 장인의 권리를 획득할 수 있었다. 때때로 어떤 직업에서는 레발Revel (현재의 탈린)의 석공이나 리넨 직공처럼 독일 출신이 아닌 장인들이 다수를 차지하기도 했다. 15세기에는 독일어, 스웨덴어, 핀란드어, 에스토니아어를 구사하는 장인들이 제화공 길드에서 활동했으며, 베르겐과 스톡홀름뿐만 아니라 헝가리 일부 지역에서도 독일인과 토착 장인을 위한 별도의 길드가 결성되었다.

이처럼 길드 내부는 물론 외부에서도 장인의 명예와 관련해서 다양한 갈등이 빚어졌다. 도시 내에서 동질적인 집단으로 비치는 것을 자랑스럽게 여기고 외부인들에 대해서는 분명하게 경계를 짓는 경향을 보였다. 하지만 전반적으로 수공업 길드는 더 이상 서로 돕는 조화로운 조직이나 조합이 아니었다.


## 장인과 견습생의 갈등

일반적으로 견습생은 스승인 장인의 집에서 함께 거주하며 일을 했는데, 이것이 스승인 장인과 견습생 사이의 갈등을 일으키는 근본 원인 중 하나였다. 중세 시대의 공방은 규모가 작아서 주로 장인의 가족 대부분이 공방의 구성원이었는데, 여기에 견습생이나 직인이 입주하기도 했다. 이들은 작업장과 거주 공간이 분리되지 않은 집에서 대부분의 생활을 해야 했다. 그 결과 장인이나 장인의 아내와 자녀들, 그리고 견습생이나 직인, 가사를 돕는 하녀와 농장 일꾼들 사이에서 여러 가지 갈등이 일어났다. 특히 견습생의 열악한 대우와 관련된 갈등 외에도 장인의 가족들이 직인이나 견습생에게 지시를 내리는 것과 같은 문제들로 수많은 갈등이 발생했다. 이를 해결하기 위해 길드 회의를 열거나 심할 경우에는 법정에서 시비를 가리기도 했다.

또한 장인이 전수하는 기술 교육의 내용이나 작업장에 허용되는 견습생의 수와 관련해서도 엄청난 갈등이 벌어졌다. 14세기부터 유럽 전역에서 시행된 도제 교육은 중세 유럽에서 가장 중요한 직업 훈련의 형태였다.[30] 가끔은 8~10세의 아이들이 친척들과 함께 견습을 시작했지만, 대부분은 14세~15세에 정규 견습 계약서를 작성하고 일을 시작했다. 보통은 2~3년동안의 수습 기간을 거쳐야 했지만, 견습생의 실력에 따라 기간이 길어질 수도 있었다. 그 기간 동안에는 보수(숙식이나 금전)가 고정되어 있었다. 실제로 장인들이 견습생에게 필요한 기술을 가르쳤는지 아니면 단지 나무를 하거나 물을 긷고 정원을 손질하는 등 가사를 돕게 했는지는 확실하지 않다. 일부 지역에서는 견습생이 가사를 돕는 것으로 수업료의 일부를 대체하기도 했다.[31]

## 장인과 직인의 갈등

원칙적으로 교육 과정을 마친 견습생은 즉시 길드 회원 자격을 신청해 장인이 될 수 있는 권리를 얻었다. 그러나 13세기 말~14세기 초에 변화가 나타났는데, 길드의 회원 자격을 부여하기에는 견습 기간이 충분하지 않다는 이유 때문이었다. 아마도 장인들의 기술이 전문화되고 도시에서 수공업이 보편적으로 확산된 결과였을 것이다. 이제 견습생은 견습 기간을 마친 후에 두 번째 단계의 훈련을 거쳐야 했다.[32] 사람들이 많이 사용하는 공예품에 '실습 작품'이라 불리는 이름을 붙였는데, 이것이 나중에는 정기적인 시험과 결합해 숙련공이 만든 작품의 형태로 발전했다.

이처럼 길드의 지침과 관련해서 견습생의 임금, 인원, 기간, 대우를 둘러싼 장인과 직인 사이의 갈등은 끊이지 않았고, 장인과 직인의 위계질서는 더욱 심해졌다. 이는 직인이 장인의 자격을 취득하는 데까지 걸리는 시간이 점점 더 길어진 것과 관련이 있다.[33] 초기 법령이 요구하는 숙련 기간은 2~3년이었지만, 시간이 지날수록 기간은 늘어났다. 15세기가 되자 대부분의 한자 동맹 문화권에서는 '장인 증명서'를 요구했다. 하지만 장인 증명서를 얻는 데까지 드는 비용이 계속해서 증가했고, 추가 수습 기간으로 한 장소에서 일정 기간 일해야 하는 요건을 의미하는 '용기의 시간' 외에도 출생지, 생활 태도, 시민권 등 장인이 되기 위한 조건이 점점 까다로워졌다.

이는 다른 길드와의 경쟁이나 수입 확보 등을 위해 차별화하려는 노력의 일환이었다. 실제로 '닫힌' 길드, 즉 장인의 수가 제한되어 있는 길드는 드물었지만, 이민자를 차별하거나 길드 입회 시에 장인의 자녀를 우대하는 경우는 빈번했다.[34] 장인의 자녀는 훈련 비용을 지불하지 않았고, 추가 수습 기간인 '용기의 시간'을 이수할 필요도 없었다. 심지어 장인의 자녀와 결혼한 사람도 장인의 자녀와 동등하게 대우받았다. 이러한 방식으로 많은 수공업 길드에서는 기술에 접근하는 것을 규제하는 동시에 장인의 가족에게 혜택을 제공하고, 장인의 사회적 지위를 보장했다. 이러한 현상은 특히 이탈리아, 플랑드르 및 독일어권 국가처럼 길드의 자율성과 독립성이 강한 지역에서 매우 두드러졌다. 반면에 영국에서는 길드에 대한 접근이 거의 제한되지 않았는데, 이는 당국이 길드에 광범위한 영향력을 가지고 운영에 개입할 수 있었을 뿐만 아니라, 길드 구성원으로서 활동하면서 세금을 낼 수 있는 장인들의 정착을 지원했기 때문이다.

대부분의 작업장들은 아버지의 대를 이어 아들이 사업을 운영했으나, 직업별로는 차이를 보였다. 금세공 장인, 시계 제작 장인, 주석 주물 장인들은 대부분 아들에게 사업을 물려주었지만, 제빵사는 53%, 가죽 가공 장인은 43%, 벽돌공은 16%에 불과했다.[35] 운영하는 자본의 규모가 크고 높은 수준의 전문성을 가진 직업들은 대를 이어 사업을 운영하는 비율이 높은 특징을 보였다. 이들 직업에서 장인의 아들은 이민자에 비해 더 좋은 기회를 가졌다.

일을 배우기 쉽고 필요한 장비가 많지 않으며 수입이 불안정한 기술일수록 이민자 장인의 비율이 높았다. 장인의 아들들이 아버지의 직업과 비슷한 다른 직종에서 훈련받거나 자신의 길드 외에 다른 길드에 속해 있는 장인의 딸과 결혼하면 길드의 경계를 넘어서

베네치아에서 실크 직조업은 가장 중요한 수출 사업 중 하나였다. 15세기에 제작된 이 그림에는 길드의 표장 아래로 한가운데에는 실을 잣는 견습생이 있고 왼쪽에는 직조기에 앉아 있는 직인, 오른쪽에는 장인이 보인다. 표장에는 길드 발기인의 문장과 이름의 철자를 넣음으로써 자신들의 흔적을 영원히 남기려고 했다.

는 가족 네트워크가 형성되었다. 부유한 장인의 가족은 사회적 지위 상승을 위해 노력했는데, 장인의 아들은 상인이 되거나 대학에 진학해서 취업 기회와 사회적 명성을 높이는 경우가 많았다.

　장인들은 직인들을 미래의 경쟁자라고 생각했다. 하지만 대부분의 길드와 장인들은 그들의 노동력에 의존했다. 지역별 또는 계절별로 달라지는 노동력 수요에 대응해 노동자들의 이주가 일어났는데, 처음으로 이주가 시작된 곳은 독일어권 국가들이었다. 특히 14세기 중반에는 유럽 인구의 약 3분의 1이 사망한 페스트 대유행 이후 많은 직종에서 노동력이 부족해졌다. 그 결과 직인들의 임금은 상승했고 숙련공들의 자부심도

높아졌다.[36]

세 가지 측면, 즉 길드에서 장인과 직인의 갈등, 떠돌이 직인 조직의 필요성, 그리고 직인들의 새로운 집단의식 형성은 14세기에 중요한 역할을 했고 직인 협회의 출현으로 이어졌다. 직인 협회는 장인과 직인 사이에서 갈등이 생겼을 때 직인들의 이익을 대변하는 역할을 했다.[37]

협회, 친목회, '술 모임' 등의 이름을 가진 직인 협회가 처음으로 생겨났던 것도 역시 독일어권 지역이었다. 1329년 브레슬라우의 허리띠 제작 직인 협회를 시작으로 1331년 베를린의 양모 및 리넨 직조 직인 협회, 1336년 취리히의 양모 직조 직인 협회가 결성되었다. 14세기 후반에는 발트해 연안, 독일의 남부 지방, 라인강 상류 지역의 몇몇 수공업 업종에서 이와 유사한 단체들이 생겨났다.[38] 직인 협회는 1350년 이후 런던, 요크, 프랑스, 플랑드르 일부 지역에서도 결성되었지만, 이탈리아에서는 그 수가 아주 적었고 스페인에서는 찾아볼 수 없다.[39] 독일어를 사용하는 라인강 상류와 중류, 작센과 실레지아, 한자동맹 권역 등에서 조직된 직인 협회는 서로 교류하며 광범위한 활동을 이어갔다.

직인 협회는 길드에 비해 조직이 단순했지만, 둘은 여러 부분에서 상당히 유사했다. 직인 협회에는 2~4명의 선임 직인이 있었는데 이들은 내부에서 직접 선출하거나 길드의 장인이 임명했다. 선임 직인은 직인들을 소집해서 회의를 열고, 의제를 정하고, 내부 분쟁을 해결하고, 규칙 위반 시 적절한 벌칙을 부과할 수 있었다. 모임의 비용을 지불하는 등의 재무를 관리하였고, 가난하고 병든 직인을 지원하기도 했다. 때로는 병든 직인들을 돌보는 병상을 직인 협회에서 자체적으로 운영하기도 했다. 성직자를 위한 기부금(예복, 행렬 장비, 미사)을 조달하기 위해 공동 기금을 모았고, 사망한 회원의 장례를 위해 수의와 양초를 구비해두기도 했다.

대외적으로 선임 직인들은 장인이나 도시 의회와 접촉하고, 라인강 상류 및 작센의 다른 직인 협회와 접촉하며 협회를 이끌어나갔다. 더불어 분기별 모임에서 맥주를 내주고 여관에 도착한 떠돌이 직인들에게 음식을 제공했다. 직인들은 여러 가지 현안을 논의하고 공급으로 사용할 소액의 회비인 '의무분담금'을 거두기 위한 목적에서 정기적으로 (매주 혹은 격주로) 모임을 했다. 이렇게 모인 회비는 모임에 필요한 비용을 지불하는 용도로 사용되기도 했지만, 무엇보다 떠돌이 직인들을 지원하는 데 사용되었다. 이 공금은 부분적으로는 장인의 통제하에 있었는데, 통제는 선임 직인이 새로 선출될 때마다 장인에게 영수증을 제출하는 방식으로 이루어졌다.

직인 협회에서는 장인과 직인 사이에서 발생하는 갈등에 적극적으로 나섰다.[40] 특히 노동 시간, 임금 수준, 노동조건, (직인 협회 또는 장인에 의해 이루어지는) 작업 배치 등에서 발생하는 분쟁을 조율했다. 특히 널리 알려진 것은 '좋은 월요일'(나중에는 '우울한 월요일'이라고 불렸다.)을 둘러싼 갈등이다. '좋은 월요일'은 다양한 직종의 직인들이 14세기부터 줄기차게 요구해서 얻어낸 추가 휴일을 가리키는 말이다. 그들이 휴일을 요구했던 것은 단순히 쉬기 위해서가 아니라 직인 모임에 참석하기 위해서였다.[41]

장인들과 직인 단체 사이에서는 직인 단체의 자율성, 즉 숙소와 관련된 주거 문제와 집회권, 재판권, 재정 주권, 그리고 직인들의 관습 등을 둘러싸고 수많은 갈등이 빚어졌다. 그리고 그들은 직인의 명예를 놓고도 자주 논쟁을 벌였다. 예를 들어 잦은 욕설이나 비속어의 사용과 개인적인 빚, 태생이 명예로운가 비천한가에 관한 시비, 명백하게 일부의 일이겠지만 떠돌이 직인들의 해이한 성적 태도 등이 단골 소재였다. 장인들과 논쟁을 벌이는 것 이외에 직인들의 가장 중요한 투쟁 수단은 파업이었다. 이 행동이 길드 전체를 향했을 때는 일종의 '폭동'이 될 수도 있겠지만, 장인 개인과 관련된 일일 때는 '평판'의 문제로 받아들여졌다. 예를 들어, 직인에게 제공한 음식이나 잠자리가 형편없다거나 욕설을 퍼붓는 문제로 파업이 일어났을 때, 당사자인 장인은 '나쁜 평판'을 감수해야 했다.

하지만 작업 환경이나 노동조건을 둘러싸고 발생한 갈등은 직인들의 '폭동'을 초래하기도 했다. 라이프치히에서 1489년에는 모자공들이, 1493년에는 로프공들이 주당 노동 시간의 단축을 요구하는 파업을 벌였다.

1478년~1479년 프라이베르크에서는 제빵사들이 직인의 처우 개선을 요구하는 파

1407년경에 출간된 책 『사냥의 서(Livre de la chasse)』 표지 그림에서는 사냥용 그물과 밧줄 제조를 보여준다.

업에 돌입했다. 이들과는 성격이 다른 파업도 있었다. 1389년 바젤에서는 재봉사들이 들고 일어나 파업을 벌였다. 도둑질을 한 것이 들통나 추방당한 한 직인이 밀하우젠Mülhausen으로 가서 활동을 이어가려 하자 이를 용납할 수 없었던 동료 직인들이 파업을 벌였던 것이다. 하지만 이 항의 집회는 바젤 시의회가 폭동의 주동자라고 판단한 8명의 직인을 추방하는 것으로 마무리되었다.

1329년에서 1500년까지 독일어권 국가에서 기록으로 남겨진 파업만 해도 수십 건이 넘는데, 아마도 파업은 18세기까지 꾸준히 증가했을 것으로 추정된다. 그중에서 콜마르 마을의 제빵사들이 벌인 파업은 가장 극적인 분쟁이었다.[42] 그들은 1495년에 시를 떠

## 미래가 없었던 수공업 기술, 구두 제작

신발은 도시의 중산층과 상류층의 필수품이었다. 당시에는 신발이 오늘날보다 내구성이 떨어졌기 때문에 수요가 많았다. 작업 과정은 상대적으로 쉬웠고 작업에 필요한 도구도 몇 가지 되지 않았다. 신발 장인들은 갑피 가죽을 판으로 잘라서 앞면과 뒷면, 그리고 안감을 부착했으며 이후에 인솔과 갑피를 당겨서 함께 꿰매었다. 마지막 단계에서 가죽 밑창을 붙이고 필요한 경우에 뒷굽을 추가했다. 이 같은 제작 과정은 19세기까지 거의 변하지 않았다. 비교적 간단한 기술이었기 때문에 도시와 시골에는 수많은 신발 장인이 있었을 뿐만 아니라, 그만큼의 '엉터리'와 '방해꾼'도 있었다.

이 그림은 가난한 구두 장인 크누셀 슈스터가 작업장에서 중요한 도구를 들고 있는 모습이다. 1426년에 사

망한 크누셀 슈스터는 말년에 뉘른베르크의 '12형제 재단'으로 왔다. 1388년 설립된 이 재단에서는 더이상 생계를 유지할 수 없는 뉘른베르크의 가난한 장인 12명을 받아들였다. 이곳에 남은 기록을 보면 크뇌셀 슈스터가 교회의 '형제'로서 진지하게 예배에 참석하고 기도했음을 알 수 있다. 그는 매일 800번의 묵주 기도를 했다고 전해진다. 이 때문에 사람들은 그를 잠꾸러기이자 기도하는 형제인 '유두고(Eutychus)'라고 불렀다.

1426년경 뉘른베르크의 한 가정집에 있는 제화공 크뇌셀의 삽화.

났다. 그들의 주장에 따르면, 제빵사들은 상당한 액수의 기부금을 내고 성체 축일 행렬을 가까이에서 볼 수 있는 자리를 차지했는데 사람들이 부당하게 그들을 그 자리에서 쫓아 버렸다는 것이다. 이 사건으로 제빵 직인들은 콜마르를 떠났다. 그들이 떠난 뒤에 시의회에서는 그들이 선서를 어겼다고 선언했다. 제빵 직인들에게 시의회의 선언은 참을 수 없는 모욕이었기 때문에 그들은 1505년까지 이 도시를 보이콧했다. 이 문제에 대해 제빵 장인들이 직인들과 연대를 선언했고, 이로 인해 콜마르에서는 빵 공급에 심각한 위기가 초래되었다. 파업은 10년이나 이어졌고 누가 보더라도 직인들에게 유리한 방향으로 타협이 이루어지면서 직인들의 보이콧은 끝이 났다.

## 전통 수공업에서의 여성

중세 초기 유럽의 수공업에서 이미 여성들은 생산자로서 엄연히 제 몫을 하고 있었다. 여성의 활약이 가장 두드러지게 드러나는 곳은 상당 부분 영주의 저택이나 수도원의 농장 안에 있던 이른바 '규방Gynaeceen'에서 이루어진 대규모 직물 생산 분야였다. 바로 이 '여성의 집'에서 소녀들과 성인 여성들이 유럽의 교역 시장에서 판매될 아마포와 양모 직조물을 제작했다. 1244년 제노바에서는 직조 장인 60명 가운데 최소한 3명이 여성이었다고 언급되어 있다. 그리고 길드 초창기에도 여성들이 이와 관련된 기술을 정식으로 배울 수 있는 기회가 주어졌던 것으로 보인다. 13세기 제노바에서 도제 교육과 관련된 계약을 살펴보면 계약 당사자의 거의 10%가 소녀였다. 1294년에 아달라시아의 딸 마리아라는 소녀가 몽펠리에Montpelier의 한 재봉사에게 기술을 배우러 가면서 작성한 계약서의 원본이 전해지고 있으며, 이외에도 독일 노이스Neuss의 아마포 직조 장인이나 뇌르드링엔Nördlingen의 재봉사와 모피 재봉사의 사례에 나와 있는 것처럼 15세기까지는 소녀들이 장인으로부터 도제 수련을 받을 수 있었음을 증명하는 자료들이 전해지고 있다.[43]

여성들이 옷을 만드는 모습이 담겨 있는 이탈리아 책의 삽화.

하지만 중세 시대 길드가 자리를 잡은 다음부터 여성들이 독립적으로 일할 수 있는 이상적인 공간은 사라졌다. 14~15세기까지는 여성들이 다양한 직종에 종사했지만, 섬유, 의류, 식품 분야가 대부분이었다. 1429년 바젤에서 확인된 자료에 의하면, 7~25%에 달했던 여성 길드원 중에서 독립적인 장인으로 활동했던 숫자는 여전히 극소수에 불과했다.[44] 게다가 이들 대부분은 남편이 사망한 후에 공방의 운영을 떠맡은 미망인들이었다. 스트라스부르그의 금세공인의 예에서처럼 길드에서는 이들에게 '미망인의 권리'를 부여했다. 이들은 아들이 성인이 될 때까지, 혹은 자신이 살아가는 동안 사업을 계속할 수 있었다. 미망인은 '장인이었던 사별한 남편의 권리'를 승계할 수 있었지만, 직인을 고용하여 수공업 제품의 품질을 유지해야 한다는 조건이 붙는 경우도 많았다. 이 규정은 장인의 가족에 대한 사회 보장의 성격을 띠고 있었다. 이 규정이 없었다면 가장인 장인이 사망한 뒤에 남겨진 그의 가족들은 경제적 파탄에 직면해야 했을 것이다.

또한 종교의 지원을 확보하기 위해 소위 '영혼의 연합Seelzunft'이라고 불리는 길드의 회원 자격을 얻은 여성들을 발견할 수 있다. 그들 중에는 독립적으로 작은 가게를 운영하는 상인들도 있었다. 바젤의 직공 길드(여성 회원 25%)와 재단사 길드(여성 회원 14%)에서 여성 장인들이 일했다는 것은 분명한 사실이다. 다만, 길드의 여성들은 바느질 작업만 했다. 여성들에게는 재단을 하는 일이나 고객의 집에서 일하는 것이 제한되어 있었기 때문이다.[45] 아우크스부르크의 경우에서 보듯 베일과 스카프를 짜는 일을 허용하더라도 여성이 견습생을 교육하거나 직원을 고용할 권리는 주어지지 않았다. 이러한 특징이 유럽 대부분의 지역에서 나타났음을 다수의 연구가 증명하고 있다. 다시 말해, 중세 후기에 여성이 수공업 장인으로 활동하기 위해서는 많은 제약을 감수해야 했다. 반면, 바젤에서는 실 잣기, 실 감기, 다듬이질, 양모 염색 등과 같이 길드 조직이 없는 직물 생산 분야에서 여성들이 부업 활동을 하는 데 제약이 거의 없었다. 참고로 유럽 전체를 기준으로 길드 조직이 없는 직종에서 독립적으로 일하는 여성의 비율은 50~70%에 달했다. 세탁업자나 정원사, 일용직 노동자, 욕실 관리인, 시전 상인, 산파, 필경사, 건설 현장의 비숙련 노동자 같은 사람들이 제공하는 노동은 도시 생활에서 필수적인 것이었기 때문이다.

그럼에도 불구하고, 위에서 언급했던 미망인 외에도 14세기와 15세기에 실크 가공과 같은 전문 분야에서는 여성 장인들이 독립적으로 일할 수 있었다. 바젤 외에 쾰른과 파리에도 여성 길드가 설립되었지만, 대부분의 길드는 여전히 남성 중심적이었고 여성들은 남편의 길드 관리와 제품 유통을 보조할 뿐이었다. 쾰른에서는 여성들이 금세공업에서 길드를 결성했고, 취리히(실크 직공), 스트라스부르그와 뇌들링겐(베일 직공) 등의 도시에서는 중세 말기까지 직물 분야의 여성 길드가 유지되었지만,[46] 16세기에는 사라졌다. 반면 파리에서는 1650년 이후에도 여성 길드가 존속하며 부흥기를 맞았다.[47] 부츠 제작, 무두 질, 하네스 제작, 바늘 제작 등의 분야에서 여성 장인들이 활동했지만, 그 수를 정확히 파 악할 수는 없다.

하지만 중세 후기의 여성들은 독일어권 국가뿐만 아니라, 덴마크, 스페인, 이탈리아 일부 지역에서도 대체로 길드의 특권을 누리지 못했다. 이것이 수공업 분야에서 여성의 역할이 불필요했다는 의미는 아니다. 오히려 공방에서 장인의 가족인 아내와 딸은 규칙 적으로 작업에 참여했다.[48] 특히 견습생이 적은 작업장에서는 장인 한 사람이 모든 일을 감당할 수 없었기 때문이다. 결과적으로 여성들은 최소한의 기술을 익혀야 했고, 이를 통 해 여성에 대한 수공업 기술의 전수가 광범위하게 이루어졌다. 크고 작은 도시에서 미망 인들이 작업장을 성공적으로 이끌었던 사례들을 쉽게 발견할 수 있다는 사실이 이를 입 증한다. 그러나 가족 내의 협력과 기술의 전수라는 두 가지 모두 길드에서 공식적으로 다 루지 않았기 때문에 주로 회색 지대에서 이루어졌다고 할 수 있다. 중세 후기와 1500년 이후에야 기록으로 남겨진 분쟁의 자료들은 수공업에서 여성들의 역할이 있었음을 잘 보 여준다. 이후 직인들이 이의를 제기함으로써 작업장 내에서 가족 구성원인 여성들의 역 할과 협력이 점차 제한되었지만, 완전히 사라지지는 않았다.


## 경쟁과 차별화

중세의 어떤 시점까지는 가족 구성원들이 작업장에서 도움을 주고받는다는 사실을 당연하게 받아들였지만, 어느 순간부터 이 일이 길드 내에서 발생하는 갈등의 원인이 되 었다. 남성과 여성 가족 구성원의 참여는 직업 노동과 임금 노동에 대한 권리를 가지고 있는 직인들의 지위는 물론 직인 협회의 특권을 위협했기 때문이다. 또한 이것은 작업장의 규모와 작업장에서 관련 규정을 준수하고 있는지를 확인해야 하는 길드 이사회와 공동 관리자들을 난처하게 만들었다. '동등한 기회'의 원칙에도 불구하고 사회적 차별화 경향을 간과할 수는 없었기 때문이다.

과도한 경쟁을 방지하기 위해 견습생과 직인의 수, 직조기와 작업대의 수량까지 제한했다. 15세기 크라쿠프에서는 도공 1명이 매주 시장에 항아리 12개 이상을 가져올 수 없었고,[49] 직공은 4대 이상의 직조기를 소유할 수 없었다. 또한 석공이나 석수, 그리고 갑옷 제작자는 한꺼번에 두 가지 이상의 주문을 받을 수 없었으며, 새로운 주문을 받기 위해서는 앞서 받은 주문을 완료해야 했다.

길드 법령에 포함된 다른 규정들과 마찬가지로 이 조항들 역시 당시 수공업 장인들이 지닌 명예 의식에 대한 근본적인 인식을 보여준다. 하지만 이런 규정만으로는 최대 이익 창출을 추구하는 장인들의 행위를 제한할 수 없었다. 예를 들어, 리넨과 옷감을 함께 생산하는 모직업자나 칼과 못을 함께 제작하는 금속 제조업자의 경우처럼 다른 길드의 회원들을 경제적으로 지배하는 것을 막을 수는 없었다. 이처럼 장인들 사이에서 소득과 자산 격차가 극명하게 발생하게 된 원인은 전쟁이나 전염병이 창궐하는 위기의 시기가 닥쳤거나 길드 장인들의 분쟁, 또는 그밖의 사회적인 문제로 인한 것이었다.

중세 시대 후기에는 세금 목록을 통해서 처음으로 도시 인구의 사회적 구성에 대해 보다 정확한 정보를 얻을 수 있게 되었다. 이에 따르면, 대부분의 장인들은 하층 또는 중간 계층에 속해 있었다. 자신의 기술을 바탕으로 장기적으로 안정적인 수입을 거둘 수 있었던 장인들은 소수에 불과했다. 특히 일정 정도 이상의 부를 축적한 장인들은 상당한 자본이 필요한 몇몇 직업에 국한되어 있었다. 이 경우에는 장기적인 투자와 함께 가족의 도움이 결정적이었다. 제빵사, 정육점 주인, 금세공인, 시계 제작자, 전문적인 가죽 제조공과 금속 제조공 등이 대표적이었다. 반면 리넨 직공, 재단사, 구두 수선공 등 소위 '대량 생산 수공업'에 종사하는 장인들의 수입은 낮은 편이었다.[50] 예를 들어, 1427년 피렌체에서 양모 상인들의 평균 재산은 약 3,400굴덴이었던 것에 비해, 도공은 평균 400굴덴, 목공 장인은 약 200굴덴이었다.[51] 한자 동맹을 맺은 작은 도시 그레이프스발트에서는 1376년 총 33명의 제화 장인 중에서 자신의 집을 소유했던 사람은 9명에 불과했다.[52] 반면, 15명의 양모 직공 중에서는 9명이 자신의 집을 소유하고 있었는데, 그 중 3명은 심지어 여러 채의 집을 소유하고 있었다.

이런 차이들이 공문서에 모두 기록되어 있었기 때문에 영세한 장인들은 이를 바탕으로 노동력 제한과 경쟁 제한 규정에 개의치 않고 멋대로 사업체를 확장하는 길드 동료를 상대로 소송을 제기하기도 했다. 하지만 공동으로 누리고 있는 특권 의식은 여전히 길드에 속한 장인들을 결속시켜 주었으며, 최소한 중세 시대가 막을 내리기 전까지 수공업 길드에서 '동등한 기회'라는 원칙에 대해서는 누구도 의문을 제기하지 않았다. 그렇지만 이 원칙은 현실적인 것이라기보다는 명예에 대해 장인들이 지닌 관념이나 길드에서 추구

하는 가치 체계에 가까운 추상적인 것이었다.

길드에 소속된 장인들 간의 차이는 생활 수준과 작업장의 규모뿐만 아니라, 다른 부분에서도 나타났다. 자치권을 가진 길드에서 의사 결정권을 행사했던 것도 주로 부유한 길드 회원이었는데, 이는 그들이 조합장이나 감독관 등의 직책을 차지했기 때문이었다. 도시에서 정치적 의사 결정에 참여하는 문제도 마찬가지였다. 모든 장인은 시민으로서 평등하다는 기본 원칙이 현실에서는 다른 모습으로 나타났는데, 특히 독일어권이나 플랑드르 지방에서 정치적 의사 결정에 참여하는 기회를 얻는 데 성공한 사람들은 모두 부유한 장인들이었다.

11세기 영국 서적에 등장하는 못 제조공.

# 장인과 시 정부

대부분의 도시에서는 권력을 장악했던 계층은 상인과 귀족들이었는데, 부유한 장인들은 그들이 장악하고 있는 정치권력을 차지하기 위해 적극적으로 노력했다. 장인들이 길드를 운영하면서 쌓은 경험과 통찰은 의회와 귀족들에 맞서는 조직을 만드는데 많은 도움이 되었다. 13~14세기에 유럽의 여러 지역에서 길드의 장인들이 정치에 참여했다. 이들은 공동 결정권을 주장하면서 의회에 진출했고 법률을 개정하기 위한 행동에 나서기도 했다.[53] 15세기 말까지 주요 대도시에서는 이와 관련해서 갈등이 끊이지 않았고 정치적으로나 경제적으로 중요한 분쟁이 수백 건이나 발생했다. 실제로 일부 도시의 길드에서는 법률 제정이나 정치 지형의 변화에 지속적으로 영향력을 행사했다. 그러나 이런 일들은 주로 플랑드르, 프랑스의 일부, 그리고 독일어권 지역과 이탈리아 북부 지역에 국한된 것이었다.

1302년 코르트레이크Courtrai 전투 이후 플랑드르 지방의 겐트, 브뤼헤, 이프르에서는 장인들이 정부의 요직을 차지하게 되었다. 반면 이탈리아에서는 13세기에 이미 대도시의 시의회에서 대부분의 장인들이 배제되었고, 이후에 그곳에서 마주칠 수 있었던 시의원은 상업적으로 활동하고 있는 길드 회원들뿐이었다. 스페인과 잉글랜드에서는 1500년 이후에도 장인들이 시의회에 자리를 확보할 수 없었다. 프랑스에서는 1378년~1383년 사이 프로방스, 아미앵, 랭스, 리옹, 툴루즈, 르 푸이, 루앙 등지에서 정치적 분쟁이 일어났다.[54] 수많은 대규모 반란에서 장인들은 일정한 역할을 했고, 길드는 조직으로서 중추 역할을 했다. 가장 대표적인 것은 1358년 파리에서 상인 에티엔 마르셀이 주도한 반란과 1378년 피렌체에서 양모 노동자 '치옴피Ciompi'가 봉기한 사례이다.

피렌체에는 메이저 길드인 '아르티 마조리Arti Maggiori'와 마이너 길드인 '아르티 미노리Arti Minori'라는 두 개의 그룹이 있었다. 이탈리아어로 '아르테Arte'는 '예술' 또는 '수공예'를 의미한다. 마이너 길드는 여러 분야의 장인들로 구성되었는데, 제화공, 대장장이,

무두장이, 염색공 등으로 그들은 가족들과 함께 도시의 일상에 필요한 제품이나 무역용 상품을 생산했다. 이 장인들 중에 상당수는 아르티 마조리에 속해 있는 사람들이 운영하는 기업에 경제적으로 종속되어 있었다. 아르티 마조리 내에도 여러 부류의 집단이 있었는데, 그 가운데 가장 대표적인 집단은 플랑드르에서 레반트에 이르는 광범위한 지역에

14세기 말에 그려진 이탈리아 책의 삽화에는 모직으로 된 의류가 완성되는 장면이 담겨 있다.

서 무역을 하는 상인들이었다. 아르티 마조리에 속해 있던 상인들과 귀족, 그리고 그들의 가족까지 부유하게 만들어준 요인, 바꿔 말해서 피렌체의 경제 발전을 이끈 것은 모피와 실크, 특히 모직물의 교역이었다. '아르티 마조리'에는 상인은 물론 판사와 공증인, 의사들도 있었다. 메디치 가문 같은 거대한 가문이 피렌체의 지배권을 장악하기 전까지는 경제 권력만이 아니라 정치권력도 이들 아르티 마조리의 손아귀에 있었다.

14세기에 피렌체에는 약 14,000명이 직물 산업에 종사했다.[55] '치옴피Ciompi'라고 불리는 양모 노동자 대부분은 부유한 양모 상인의 결정을 전적으로 따라야 했다. 이에 양모 상인들은 원재료의 가격과 완성된 옷감의 가격은 물론 양모 노동자들의 임금까지도 마음대로 결정해버렸다. 1378년 피렌체에서 '아르티 미노리', 즉 소규모 길드의 정치 참여 문제로 갈등이 발생했을 때, 치옴피는 그 혼란스러운 틈을 이용해 양모 상인 조합인 '라나이올리lanaioli'와 그들을 지지하는 평의회에 증오를 표출하며 의도적인 약탈과 기록 파괴를 일삼았다. 치옴피는 자신들의 길드를 인정할 것과 평의회에서 노동자popolo minuto(포폴로 미누토)의 대표성 확대, 그리고 부채의 유예를 요구했다. 이에 시 정부에서는 신속하게 인사를 단행하며 치옴피의 요구를 수용했다. 그 결과 양모 노동자 길드인 '아르테 디 치옴피Arte di Ciompi'가 생겨났다.

그러나 이러한 변화의 모습은 불과 몇 주 만에 중단되었다. 먼저 부유한 양모 상인들은 치옴피의 수입을 차단하기 위해 작업장을 폐쇄했고, 이어서 새롭게 임명된 관리들을 자신들의 편으로 끌어들였으며, 마지막으로 시뇨리아 광장에서 치옴피들을 폭력적으로 진압했다. 결국 노동자 길드는 해체되고 말았다. 1378년 9월 1일, '아르티 미노리'의 대표들이 참여하는 새로운 평의회가 결성되었지만, 양모 노동장인 치옴피를 대표하는 자리는 없었다. 4년이 지난 후에는 부유한 양모 상인들을 중심으로 다시 독립적인 길드가 결성되었다. 결과적으로 피렌체에서의 분쟁은 도시 권력의 지속적인 변화로는 이어지지 않았던 것이다.

오히려 정치적 분쟁이 성공적인 결과로 이어진 것은 독일어권 국가였

## 인쇄업자 겸 출판인 안톤 코베르거(1440년~1513년경)

"안톤 코베르거는 매일 인쇄기 24대를 돌리며 일했다. 그는 이 일을 위해 식자공과 교정사, 인쇄공, 견습생, 세밀화가, 인쇄지 배열공, 제본공 등 백여 명의 직인을 두고 있었다. 이들 노동자의 노동은 모두 다른 장소에서 이루어졌다. 이들은 정해진 시간에 직장을 오가야 했고, 교대가 이루어지기 전에는 아무도 귀가할 수 없었으며, 누군가 작업장에서 일하고 있는 동안 다른 사람은 문밖에서 대기하고 있어야 했다. 코베르거는 프랑스에 특별한 인쇄소를 소유하게 되었다. 그때부터 그는 엄청나게 많은 양의 서적을 출판했고 엄청난 규모의 교역을 하게되었다. 그 결과 코베르거는 평민이었지만, 그의 자녀들은 귀족 가문의 자녀들과 결혼할 수 있었다."

코베르거는 금세공인 견습 과정을 마쳤을 것으로 추정되지만, 1470년경부터 뉘른베르크에서 인쇄업자로 활동했다. 그는 1470년대 말부터 인쇄소를 하나의 '공장'으로 개조했다. 인용문에 나온 것처럼 수많은 노동자들이 분업을 했고 그에 따라 출판물을 생산했다. 코베르거는 1500년경 독일어권에서 가장 큰 인쇄소를 운영했다. 자신의 인쇄소에서 직접 인쇄한 라틴어와 독일어로 된 책들뿐만 아니라, 다른 인쇄업자에게 구입한 책을 팔기도 했다. 오늘날까지 가장 잘 알려진 코베르거의 프로젝트는 1493년 출간된 하트만 세델의 『세계 연대기』이다.[56]

1809년 판화로 제작된 세델의 『세계 연대기』에는 뉘른베르크의 전경과 같은 수많은 도시 전경이 포함되어 있으며, 15세기 도시의 모습을 가장 잘 알 수 있는 책 중 하나다.

다. 시민과 장인들은 기존 지도층을 경제적 부담과 부실한 재정 관리, 의회의 권력 남용과 자율성 침해 등의 이유로 비난했다.[57] 이와 같은 문제로 인해 발생된 분쟁은 1346년 라벤스부르크, 1368년 아우크스부르크, 1396년 쾰른, 1403년 뤼벡으로 이어져 도시 엘리트의 권한을 제한함으로써 시민들이 공동의 문제에 결정권을 행사하는 방식으로 권력이 재편되는 성과를 거두었다.

그중 스트라스부르그의 사례는 이러한 갈등이 어떤 식으로 전개되었는지를 보여준다.[58] 1332년에 라이벌인 두 귀족 가문 조른과 폰 뮐렌하임 가문의 분쟁이 발생했을 때, 시민과 장인들은 이 다툼에 개입했고 불만을 표출했다. 두 가문은 잔치가 열린 마을에서 격렬한 싸움을 벌였다. 이후에 그들은 시민들에게 무장 해제당하고 포로로 잡혔다. 시민들은 성문과 시청을 점거한 다음 도시의 통치권을 장악했다. 이 과정에서 상인들과 장인들은 정치 질서의 개편을 함께 구상했고, 결국 1334년 10월 첫 번째 서약서를 채택했다. 서약서에 따르면, 기존의 의회 구성원인 기사 8명과 시민 14명에 길드 대표 25명이 새롭게 추가되었다. 의회는 시장과 길드 대표 2인이 이끌어가며 귀족을 대표하는 8명의 기사는 의회 구성원이지만 투표권을 행사할 수는 없었다. 결국 14세기 말 스트라스부르그에서는 길드의 대표들이 의회의 3분의 2를 차지하면서 새로운 형태의 도시 정부가 탄생했다.

이와 같은 분쟁의 과정에서 만들어진 새로운 형태의 도시 의회는 '길드 헌법Zunftverfassung'으로 불리웠지만, 새로운 정치 지도자로서 장인들의 역할이 두드러지지는 않았다. 실제로 도시 의회에 참여한 이들은 상업적으로 활동하는 장인 또는 대규모 작업장을 가진 장인이었다. 북부 독일, 스위스, 한자 동맹 국가, 플랑드르 등의 도시에서는 길드가 도시의 정책을 결정하고 시민들의 의사 결정을 이끌어가는 역할을 맡았다. 이는 길드의 역할이 상당히 커졌다는 것을 의미했지만, 한편으로 길드 헌법이 있는 모든 도시에서는 길드에 가입한 시민들만 정치에 참여할 수 있다는 의미이기도 했다. 또한 길드의 수에 맞춰서 의회를 구성했던 도시에서는 길드 수를 제한해야 했다. 무엇보다 하나의 조직으로써 길드가 지니고 있었던 경제적 특성이나 한 분야의 장인, 또는 직업적인 동질성은 부차적인 것으로 치부됐다. 길드는 장인의 이익을 대변하는 정치 조직이었지만, 오히려 다양한 직업을 대표해야 했다.

## 방랑하는 장인

길드를 통해 중세 수공업의 특징 전부를 볼 수는 없다. 중세 수공업의 특징 중에 두드러지는 현상으로는 길드 외에 '방랑'도 있는데, 이는 방랑하는 장인의 이미지에서 잘 드러난다. 중세에는 여러 가지 이유로 인해 장인들의 이동이 많았다. 노동 시장의 규제도 장인들이 방랑을 떠나는 주요 이유였다. 장인들은 떠돌아다니면서 다양한 제조 방법을 배웠고 이를 바탕으로 추가적인 자격을 얻었다. 그들은 여행을 통해 장인의 권리를 획득했지만, 그들이 기술을 배운 도시로 돌아가지 않고 다른 장소에 정착해서 장인으로 활동했다. 이외에 젊은 장인들의 모험심도 방랑의 이유였을 것이다.

15세기 이후 독일어권(스칸디나비아 및 동중부 유럽, 보헤미아 일부 지역)과 프랑스의 일부(부르고뉴, 북부 프랑스) 지역에서 장인들은 짧든 길든 활발하게 떠돌아다녔다. (실제로 이주에 세금이 부과된 것은 1500년 이후의 일이었다.)[59] 반면 네덜란드, 북부 이탈리아, 영국에서는 광범위한 방랑의 시스템이 없었고, 스페인의 카스티야와 스칸디나비아는 도시와 도시 사이의 거리가 멀어서 상대적으로 방랑을 하려는 사람들이 많지 않았다. 다양한 연구에 따르면 중세 말기의 직인들은 언어가 다른 지역으로는 거의 이주하지 않았다고 전해진다.[60]

바젤의 자물쇠 수리공에 대한 문서에는 1420년~1450년 사이에 이곳으로 이민 온 300명이 넘는 직인들의 출신지가 기록되어 있었다. 이 문서에 따르면, 상대적으로 작고 조금은 전문성이 필요한 수공업 제품인 자물쇠를 만드는 사람들의 일부는 서프로이센의 스티리아, 비엔나, 보헤미아와 프라하, 프라이베르크와 마이센, 브레슬라우와 노이마크 등 아주 멀리서 이곳으로 이민을 왔다. 그리고 콘스탄스, 켐텐, 아우크스부르크, 알자스의 바이센부르크, 하이델베르크, 마인츠, 마르부르크에서 이민 온 사람들의 수가 가장 많았다. 반면 프랑스나 이탈리아 출신은 한 명도 없었고, 독일 북부에서 온 사람도 거의 없었다. 이와 달리 어떤 직업은 그 특성상 직인들이 먼 거리를 여행하기도 했다. 금세공인, 모피공, 무두장이, 석공, 목수와 목공, 그리고 일부의 제화공과 제빵사도 장거리 여행을 떠났다.

그럼에도 모든 장인이 방랑의 시기를 반드시 거쳐야 했던 것은 아니다. 물론, 도제 교육을 받기 위해서 대부분의 장인들은 고향을 떠나야 했다. 하지만 그것은 시골 출신의 경우 인근 도시에서 견습 과정을 수료하기 위해서였고, 도시가 고향인 경우에는 전문 기술을 배우기 위해 인근의 다른 도시로 떠나는 것일 뿐이었다. 아무튼 장인들의 방랑이나 이주가 가능했던 이유는 출신 지역뿐만 아니라, 수백 킬로미터 떨어진 곳, 심지어 언어가 다른 곳에서도 장인들의 존재 가치를 인정받을 수 있었기 때문이다.

중세 시대 후기에는 독일어권 국가의 장인들이 스칸디나비아, 이탈리아, 프랑스, 영국뿐만 아니라 바르셀로나까지 세력을 확장했다. 15세기 초 '영원한 도시'인 로마에는 수많은 독일인 제빵사가 거주했으며, 제화공, 재단사, 리넨 직공, 목욕탕 종사자들 중에도 단기 또는 장기로 로마에 정착한 독일인들이 많았다.

14세기 후반부터는 베네치아, 피렌체, 루카, 피사, 시에나에서도 독일어권 국가 출신의 제화공을 볼 수 있었다. 1440년경 런던과 잉글랜드 동부 및 남부의 대도시에는 플랑드르, 네덜란드, 라인란트 지역과 한자 동맹 도시에서 온 장인들이 상당했으며, 이들은 직공과 금세공, 양조장, 가죽 및 금속 가공 분야에서 일했다.[61] 14세기 스칸디나비아에도 독일인 장인이 많았는데, 한자 동맹 국가들과의 교역 때문일 추정된다. 베르겐과 스톡홀름에는 독일인 제화공, 제빵사, 재단사, 모피 제작자, 금세공인, 이발사로 구성된 길드가 설립되었다. 14세기에 작센과 보헤미안 마을인 쿠텐베르그Kutná Hora(쿠트나 호라)에서 온 광부들은 라구사(두브로브니크)나 크레타섬, 에게해를 중심으로 활동했다.

장인이 한 지역에 정착한 후에도 방랑이 완전히 중단된 것은 아니었다. 장인들은 원자재를 구하거나 자신이 만든 제품을 판매하기 위해 시장이나 축제가 열리는 곳으로 이동했으며, 종종 1년에 여러 번에 걸친 장거리 이동을 감행하기도 했다. 공방이나 시장에서 상품을 파는 일은 주로 장인의 아내가 담당했다. 장인의 아내인 여성들은 혼자

여행자들은 여전히 전통을 지키며 길을 떠난다.

또는 남편과 함께 다른 마을에서 열리는 축제를 찾아서 상품을 판매하기도 했다. 재단사, 리넨 직공, 바퀴수리공, 목수 등의 장인은 고객의 집에 머물며 일하는 것이 관례였다. 이를 위해 한번 떠나면 며칠 또는 몇 주간 이동해야 했다. 런던과 같은 중세 시대의 대도시에서는 다른 지역으로 건너가 일하는 것 역시 여행 같았을 것이다.

　이미 중세 시대부터 전문적인 기술을 가진 장인들은 한 도시에서 다른 도시로, 한 국가에서 다른 국가로 이동하는 사례가 있었다. 원칙적으로 장인이 낯선 도시로 이동했을 때에는 그 도시에서 인정하는 자격증을 다시 취득해야 했지만, 실제로 그런 사례는 거의 없었다. 길드에 소속되지 않은 장인들은 의회나 영주로부터 이를 면제받았을 가능성이 크다. 1235년경 건축가 빌라르 드 오네쿠르는 프랑스 북부에서 랭스와 라인란트를 거쳐 오스트리아와 헝가리까지 여행하는 석공과 건축가들의 모습을 스케치로 남겼다. 이들은 일부 도시에서 전문 장인으로 채용되었다. 독일의 금세공인과 은세공인은 프랑스 귀족 가문에서 일했지만, 총포 제작자와 종 제작자, 수도관 정비공, 그리고 군사 기술자들은 전문가로서 자격을 인정받으며 유럽 전역을 떠돌았다. 대표적으로 독일인 하인리히 폰 빅Heinrich von Vic(Henri de Vic)은 1370년 왕궁에다 기어 시계를 만들기 위해 프랑스 왕이 파리로 소환한 시계 제작자이다. 또한 1388년 베네치아 출신의 방랑 장인은 콘스탄스의 염색공 알브레히트 에플리에게 세 가지 색의 염색법을 알려 주고 5굴덴의 수수료를 받았다는 기록도 전해진다.[62]

　이 베네치아 장인처럼 주체적으로 이동하는 장인도 존재했지만, 장인들이 이동하는 이유는 직종에 따라 다양했다. 대형 시계 제작자 같은 전문가들은 정육기술자나 제빵사보다 훨씬 먼 거리를 이동해야 했다. 그들은 고향을 떠나 장인 자격을 얻은 다음 나중에 다시 고향으로 돌아와 가업을 물려받았다. 물론 로마에 정착했던 독일인 제빵사들의 경우처럼 장거리 이주가 장인들에게 취업의 기회를 제공했던 것도 분명한 사실이다. 물론 로마에 거주한 독일인 제빵사들을 보면 장거리 이주가 장인에게 취업의 기회를 제공한다는 것을 보여준다.

중세 시대 시장의 모습을 보여주는 15세기 삽화를 재현한 그림.

# 르네상스

## 새로운 차원의 수공업

유럽의 중세와 근대를 연결하는 전환점에서 '수공업에 대한 지식'은 중요한 역할을 수행했다. 이 시기에 수공업, 예술, 그리고 과학은 서로 역동적인 관계를 맺고 있었다. 14세기 이탈리아에서 시작된 문화의 변화는 15세기 '콰트로첸토Quattrocento'와 16세기 '친퀘첸토Cinquecento'를 거치면서 비약적인 발전을 거듭했는데, 여기에 르네상스Renaissance라는 용어를 사용했다. 그러나 이 시기를 설명하는 훨씬 더 오래된 용어로는 '리나시타renascita(부활)'가 있다. 1550년 이탈리아의 전기 작가 조르지오 바사리(1511-1574)는 고딕 양식으로 지어진 '게티코' 양식의 모든 건물은 중세적이고 구식이며 야만적이라고 생각했다.[1] 그는 또한 초기 르네상스를 대표하는 두 선구자인 필리포 브루넬레스키(1377~1446)와 도나텔로(1386~1466)가 1402년부터 1404년까지 로마에 함께 머물면서 고대의 예술적 석조물에서 건물이나 조각의 비율, 기둥의 배치 등을 연구했으며, 그 연구를 실제로 구현하려 했다는 이야기를 들려주고 있다. 기록으로 확인되지 않은 이 이야기를 통해 그는 모방이 수공업 분야에서는 중요한 학습의 패턴이라는 것을 전하고 있다.

르네상스의 요람인 피렌체에서는 수공예가 번성했다. 1465년경 제작된 이 동판화는 시계 제작자, 조각가, 금세공사 및 오르간 제작자들이 작업하는 모습을 보여준다.

# 새로운 것을 위한 돌파구

토스카나, 특히 피렌체는 '리나시타'의 중심지였다. 14세기 후반 피렌체는 격동의 시기를 겪었는데, 이것은 1348년 페스트와 기근으로 경제적 위기를 맞았던 것과 관련이 있다. 이 위기는 15세기 초에 끝났지만, 무너진 사회적 구조를 복원하는 데에는 막대한 비용을 필요로 했다.

피렌체의 '인노첸티 보육원Ospedale degli Innocenti'은 파란색 바탕에 포대기에 싸인 아기가 사랑스럽게 묘사되어 있는 테라코타 부조로 장식된 건물이다. 피렌체에서 특별한 곳을 찾는 사람들에게 추천할 만한 장소이다. 건축가이자 조각가인 브루넬레스키가 1419년에 건축을 시작한 이 보육원은 가난한 사람, 병든 사람, 고아를 위한 공공 기관이었다. 주랑 현관 로지아와 내부 안뜰의 우아하게 구부러진 아치와 섬세한 코린트식 기둥, 건물 전체의 대칭적인 디자인, '베이비 박스'의 앤티크 스타일 장식은 세계 최초의 완전한 르네상스 스타일을 대표한다. 그러나 안드레아 델라 로비아(1435 - 1525)의 부조는 첫 번째 건축 단계가 아니라 리나시타의 전성기인 15세기 후반에 제작된 것이다.[2]

게다가 이곳 피렌체에는 이미 브루넬레스키가 작업하고 싶어했던 웅장한 팔각형의 산 조반니 세례당을 장식하는 프로젝트가 진행되고 있었다. 중심 도로인 비아 칼리말라 Via Calimala에서 멀지 않은 곳에 '아르테 데이 메르카탄티Arte dei Mercatanti'라는 장거리 교역 상인들이 설립한 길드의 본부가 있었다. 이 건물은 나중에 거리의 이름과 합쳐져서 '아르테 디 칼리말라Arte di Calimala'라는 두 번째 이름을 얻게 되었다. 주요 길드의 조합인 '아르티 마조리Arti maggiori'에서는 오래전부터 피렌체의 교회를 관리하기 위해 최상의 조건을 제공했다. 1401년에 이들은 오늘날까지 대규모 공공 계약의 입찰에 적용되는 절차를 고안했다. 그것은 전문가 위원회를 통해 입찰 및 건축물 계획안을 심사하는 방식이었다. 그렇게 공개 입찰로 진행된 것이 1330년 건축가 안드레아 피사노(1290~1348)가 만든 고딕 양식의 남쪽 문에 대응하는 버전으로 피렌체의 성모 마리아 대성당의 북쪽 측면에 금도금 청동 문을 세우는 프로젝트였다. 피사노가 제작한 문은 28개의 부분으로 나뉘어져 있었고, 이는 문을 설계하는 새로운 모델이 되었다. 지원자들은 구약성서의 이야기 중 이삭의 희생을 주제로 한 패널을 샘플로 제작하는 임무를 맡았다. 그 중에서 최종 후보에 오른 6명의 후보자들은 작품 제작에만 전념할 수 있도록 1년 간의 생활비를 지급받았다. 여기에는 브루넬레스키와 로렌초 기베르티(1378~1455)의 작품 두 편이 포함되었다. 두 사람 모두 금속 공예 분야에서 뛰어난 기술을 보유했으나 어느 쪽이 더 훌륭한지에 대해서는 논쟁의 여지가 있다.

피렌체 산 지오반니 세례당 낙원의 문에 있는 로렌조 기베르티의 금빛 청동 부조는 성경에 나오는 야곱과 에서 형제의 이야기를 묘사한 것이다.

전문가 위원회는 기베르티의 작품을 더 선호했는데, 기베르티의 작품 무게는 18.5kg으로 22.5kg이나 되는 브루넬레스키의 작품보다 가벼워 비용적인 면에서 효율적이었기 때문이다. 결국 기베르티는 1407년에 정식 의뢰를 받았고 1424년 공사를 완료했다.

이듬해 정부는 추가 공개 입찰 없이 기베르티에게 동쪽 정문의 재설계도 의뢰했다. 기베르티는 무려 27년간 제작에 몰두했고, 그 결과 천국의 문은 눈부신 외형으로 다시 태어났다.[3] 기베르티는 정문 표면의 전체 영역을 14 장면으로 나누지 않고 다섯 개의 거대한 그림을 한 세트로 하는 두 세트의 그림으로 나누었다. 이를 통해 그는 네잎클로버 모양의 바탕에다 조각을 하는 고딕 양식의 특징적인 패턴 때문에 발생했던 표현의 제약에서 벗어날 수 있었고, 그 결과 동쪽 정문인 천국의 문을 구약성서의 극적인 사건들을 묘사하는 공간으로 변신시켰다. 원근법으로 설계한 공간과 인물, 꽃, 과일, 동물 등으로 장식된 생생한 부조는 예술적으로 완전히 새로운 양식을 보여주며 '리나시타'의 특징이 뚜렷하게 드러난다.

비록 이 경쟁에서는 기베르티가 승리했지만, 브루넬레스키는 그에게 불만을 갖지 않았다. 두 사람은 서로 다른 건축 현장에서 다시 조우하기도 했다. 브루넬레스키는 '천국의 문'은 놓쳤지만, 기베르티의 작품과 가까운 곳에 산타 마리아 델 피오레 대성당의 장엄한 돔을 건설했다. 거기에서 그는 고대의 작품들을 통해 단련했던 자신의 전문적인 기술 역량을 가감없이 발휘할 할 수 있었다. 그의 동료 도나텔로는 가타멜라타Gattamelata로 알려진 에라스모 다 나르니Erasmo da Narni의 기마조각을 만들었다. 이 조각 작품의 디자인은 고대 이후로 더이상 시도되지 않았던 것들이었다.


## 수공업과 예술

이탈리아 르네상스의 위대한 예술가들이 명시적으로 밝히지는 않았지만, 이들은 수

# 장인, 예술가, 그리고 범죄자

피렌체 출신의 금속 조각가 벤베누토 첼리니(1500~1571)의 작품은 당대 최고의 조각품과 금세공품으로 알려져 있다. 프랑스 왕 프란시스 1세를 위해 흑단과 에나멜 처리한 금으로 만든 소금과 후추를 담는 통은 그중의 하나이다. 특히 첼리니가 만든 동전, 메달, 인장은 걸작이라는 평가를 받고 있으며, 그가 쓴 금세공과 조각에 대한 논문은 예술사적으로 중요한 가치를 인정받고 있다.

첼리니는 고대부터 높은 예술성을 인정받은 밀랍을 이용해서 금속을 주조했다. 그는 1549년 시뇨리아 광장에 위치한 피렌체 로지아 데이 란치의 청동 페르세우스를 만들 때 이 기술을 사용했다. 청동 페르세우스를 제작하던 중 어떤 이유에서인지 합금이 실패하면서 금속 혼합물을 다시 융화시키기 위해 많은 양의 주석과 도구들을 사용했다. 게다가 작업 도중에 화재가 발생하고 폭풍우가 불어닥쳤지만, 오른발의 작은 부분을 제외하고는 결국 주조에 성공했다.

어린 시절 첼리니는 싸움꾼으로 악명을 날리기도 했다. 1527년에는 로마와 교황을 위해 독일과 스페인 용병들과 싸웠고, 귀금속을 훔치기도 했다. 그는 청동 페르세우스를 만들 때 자신의 제자를 모델로 삼았는데, 제자의 어머니는 첼리니를 동성애자로 고발했다. 1556년 첼리니는 같은 혐의로 네 번째로 기소되어 수 년간 가택 연금을 당했다. 메디치 가문에서 영향력을 행사하지 않았다면 그는 훨씬 더 가혹한 처벌을 받았을 것이다.

피렌체에 있는 첼리니의 '메두사의 머리를 든 페르세우스'

공업적 기술을 수련했으며, 특히 금세공 분야에서는 뛰어난 실력을 지니고 있었다. 이들은 금, 은, 구리, 주석, 아연을 붉은색이나 노란색으로 주조해서 황동이나 청동을 제조했는데, 사실적인 스케치와 드로잉, 재료의 질량 계산, 합금 구성 및 주조 공정 등은 수공업 기술의 수련 과정에서 익힌 것들이었다. 또한 귀금속 판의 가공과 단조는 물론 엠보싱, 체이싱, 홀마킹, 조각 표면 마감 기술 역시 이런 수련의 결과물이었다. 대형 작품을 안정적으로 제작하기 위해서는 수공업 기술에 대한 높은 수준의 이해가 필요했는데, 브루넬레스키, 기베르티, 도나텔로 등의 예술가들은 일찍부터 금세공과 은세공의 기술을 익히고 있었다. 도나텔로는 대규모 기술 시설을 갖춘 기베르티의 작업장에서 일한 경험이 있다. 알브레히트 뒤러(1471~1528) 역시 아버지로부터 금세공을 배웠는데, 그의 초기 그림에는 전형적인 금세공 작업 방식이 잘 나타나 있다. 도면에 표시된 금세공인들의 정확성과 정교한 작업 방식은 놀라울 정도다. 숙련된 금세공 장인은 뛰어난 창의성과 능력을 자랑했다. 초창기 브루넬레스키는 대형 건물 프로젝트를 관리하는 석공으로 고용되었지만, 비계 건설을 연구하고 목수들과 경쟁하며 자신의 능력을 확장해 갔다.[4]

기베르티와 브루넬레스키는 중세 시대부터 이탈리아뿐만 아니라 영국에서도 '엔지니어'로 불리는 직업을 가지고 있었다. 이들은 초기에 전쟁 장비 제조, 요새, 운하, 항구의 건설, 그리고 '수력 장치'를 개발했는데, 그중에는 스쿠 휠도 포함되어 있다. 브루넬레스키의 다양한 업적에도 불구하고, 이와 관련해서 레오나르도 다 빈치(1452~1519)는 특별한 위상을 차지하고 있다. 다 빈치는 피렌체의 유명화가 안드레아 델 베로키오(1435/36~1488)에게 그림을 배웠고, 1472년에 독일에서라면 사생아로 태어난 사람에게는 기회조차 주어지지 않았을 화가 길드의 회원이 되었다. 르네상스의 다른 거장 예술가들과 마찬가지로 수공업 기술에 대한 교육은 다방면에 걸쳐 있는 그의 관심사와 활동에 견고한 기반을 제공했다. 그는 '만능인homo universalis'이라는 시대적 이상에 따라 화가이자 건축가, 해부학자, 자연과학자, 작가로서 재능을 인정받았다. 다 빈치는 특히 엔지니어로서 두각을 나타냈다. 요새와 운하 시스템은 물론 전쟁 장비인 석궁, 총, 투석기, 대포

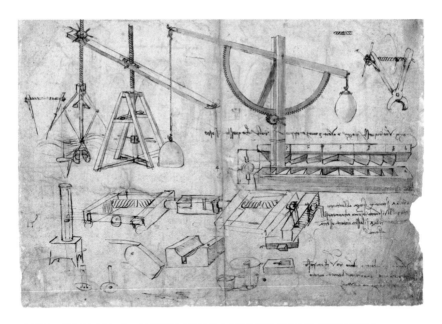

다 빈치의 스케치 컬렉션인 '코덱스 아틀란티쿠스'. 이 설계도는 물에서 물체를 들어 올리는 기계를 보여준다.

를 비롯해 심지어 자동 기계와 로봇, 비행기, 증기 동력 및 유압 기계, 풍력 터빈, 자동으로 연주되는 악기 및 도구 등 다 빈치가 설계한 수많은 도면은 누구보다도 독창적인 그의 능력을 증명해 준다. 또한 자체 구동 차량, 외륜 보트, 회전교, 운하 건설용 작업기계, 연삭용 작업기계, 오목 거울, 모자 제작용 펠트 기계 등을 스케치했다. 컴퍼스 등의 도구도 개선했다. 종이 위에 그림으로 그려진 디자인은 다양한 장인들의 전문 기술 영역에 속하는 것으로 레오나르도 다 빈치는 이 모든 기술을 정확히 이해했으며 또 능통했다. 그는 기술과 생각을 이전까지 존재하지 않았던 새로운 차원으로 발전시켰다. 오늘날 컴퓨터 그래픽으로 재현된 다 빈치의 디자인 설계 모델은 그의 아이디어가 얼마나 시대를 앞선 것인지를 깨닫게 해준다.[5]

# 수공업과 과학

첸니노 첸니니Cennino Cennini(1370~1440년경)는 중세 말기와 근대 초기 회화에 관한 저서 『콰트로센토』를 집필했다.[6] 이 책은 중세 시대의 회화와 방법론에 대한 가르침을 담고 있으며, 이 시기의 예술 기법과 표현 방식이 기록되어 있는 매우 소중한 책이다. 자신을 '화가 길드의 일원'이라고 겸손하게 소개한 첸니니는 숙련된 장인에게 가능한 한 빨리 그리고 오랫동안 심도 깊은 교육을 받아야 한다고 주장했다. 왜냐하면, 장인은 '지혜롭고 실용적인' 행동과 관찰을 통해 배우기 때문이라는 것이었다. 그는 실제로 행동하고 관찰을 통해 배우는 것이 누군가의 설명을 듣거나 뭔가를 읽어서 이해하는 것보다 훨씬 깊이 있는 이해에 도달할 수 있다고 생각했다. 또한 첸니니는 화가를 특징짓는 요소가 인내심과 주의력, 그리고 섬세함이며, 예술은 '상상력과 기술'의 결합이라고 생각했다. 그는 그림을 그릴 때 가장 중요한 것은 정확성인데, 이는 사물의 모방, 또는 모사를 통해 배울 수 있으며, 벽화를 그리기 전에는 나무판이나 캔버스에 먼저 그림을 그리는 것도 좋은 방법이라는 조언을 했다. 풍부한 지식을 바탕으로 건네는 첸니니의 정확한 조언은 깊은 인상을 남겼다. 이밖에도 그는 좋은 원료의 구입과 사용 방법, 접착제와 물감의 제조 방법과 용도에 따른 사용 방법, 펜과 붓의 적절한 사용법과 품질 테스트, 그리고 이 모든 도구들의 보관 방법 등을 자세히 설명했다. 일부의 물감은 금이나 청금석처럼 매우 비싼 원료를 사용해서 만들었으며, 심지어 특정한 색깔의 물감은 소변을 첨가해야 하는 것도 있었다고 한다. 이 모든 작업이 다 기쁘지는 않았을 것이다. 때로는 다람쥐 꼬리를 붓으로 사용하는 방법을 알고 있는 모피 장인처럼 다른 장인의 전문적인 지식이 필요한 경우도 있었다.

가끔 첸니니는 자신이 삶에서 직접 겪으면서 얻은 소중한 경험을 조언을 통해 공유했다. 예를 들어, 울트라마린 블루를 이용해 화장수를 만드는 것과 관련하여 다음과 같이 언급했다. "[…] 이것은 아름다운 여인들을 위한 일입니다. 그들은 항상 집에만 있고, 인내심도 있지만 부드러운 손도 가지고 있습니다. 하지만 노파가 될 수 있으니 조심해야 합니다.” 토스카나의 일부 여성들이 화가들에게 화장수를 만들어달라고 요청하는 경우가 있는데, 이는 절대로 해서는 안 되는 행동이라는 것이다. 여성들이 잘못 만들어진 화장수를 사용하면, 오히려 자신의 나이보다 더 나이들어 보이는 ‘노안老顔’이 되어버릴 것이기 때문이다. 그는 울트라마린 블루 대신 깨끗한 물, 달걀 노른자, 밀기울 같은 천연 재료가 더 좋은 화장품이라고 제안했다. 첸니니는 오늘날에도 언급되는 전형적인 직업병(건초염이라는 용어를 아직 사용하지는 않았지만)을 알지는 못했지만, 화가들에게 손이 피곤하지 않도록 해야 한다고 조언했다. 특히 가장 정교한 작업을 수행해야 한다면, 전날에는 슬링을 이용한 손 스트레칭을 하는 것이 좋다고 말했다. 이것은 오늘날에도 여전히 해당 질병을 치료하는 매우 중요한 방식이다.

첸니니에게 있어 가장 중요한 것은 재료의 품질과 장인 정신이었다. 그래서 화가는 항상 ‘금처럼 최고의 색상’을 표현할 수 있는 재료를 사용해야 한다고 말한다. 가난한 고객은 이를 감당하는 것이 힘들기 때문에 부유한 고객들의 주문이 필요한 것이라는 점을 강조한다. “황금을 지불하며 한 사람의 초상화를 그려달라고 한다면, 당신은 두 명의 초상화를 얻게 될 것이다.”라는 오래된 속담이 적용된다는 것인데, 이는 ‘노력한 만큼 보상이 따른다.’는 뜻이다. 그러나 첸니니는 자신이 이윤의 극대화만을 추구하는 것은 아니라고 하면서 “그리고 만약 당신의 작업에 비해 적은 대가가 주어진다면, 나중에 하느님과 성모 마리아가 당신에게 육체와 영혼에 복을 주실 것”이라는 중요한 충고를 덧붙였다. 하느님의 보상은 돈 많은 후원자의 풍족한 지원만큼 가치가 있다는 것이다.

『콰트로센토』는 당대의 화가가 어떻게 다양한 색의 물감을 만들었고 어떻게 그림을 그렸는지를 알려주는 귀중한 역사적 자료이다. 1996년 로마에서 살해되기 전까지 위작 작가로 유명했던 에릭 헵번은 『콰트로센토』를 참고했다고 알려져 있는데, 이는 첸니니의 조언이 오늘날에도 가치를 지니고 있음을 방증한다.

이러한 실용적인 지식은 화가이며 건축이론가이고 자연과학자인 레온 바티스타 알베르티(1404~1472)가 1435/46년에 만든 작품에서도 볼 수 있다. 그는 그림이나 그림을 그

알베르티가 설계한 만토배(롬바르디아)에 있는 성 안드레아 대성당의 내부 모습이다. 이탈리아의 르네상스를 대표하는 건축물 중 하나다.

리는 과정에서 표현되는 정확성은 모두 수학자들, 특히 유클리드에게서 비롯된 것이라고 말했다. 그의 작품은 점, 선, 원이나 면, 피라미드 단면, 수평선 및 경계선으로 이루어져 있다. 그는 회화와 조각 예술은 '원근법'과 '비율'이라는 과학을 기반으로 제작된다[7]고 생각하였다. 하지만 이런 그의 생각은 실제 작업에서 구체적인 지침이라 할 수 있는 회화 기법이 되지는 못했다.

알베르티는 건축가로서 실용적인 건물들을 건설하면서 경험을 쌓았다. 건축에 대한 그의 경험은 10권의 『건축론』에 실려 있다. 이 책은 로마의 건축가 비트루비우스(기원전 1세기)가 저술한 『건축서』(10권)에 말을 건네는 대화 형식으로 구성되어 있다.[8] 건축가로서 알베르티는 신중한 계획, 건설 부지의 선택, 건축 도면의 작성, 치수와 비율의 정확한 처리, 다양한 유형의 건물에 대한 이해, 필요에 부합하는 건물 등의 요소를 중요하게 생각했다. 비트루비우스와 마찬가지로 두 번째 권에는 건축 자재에 관련된 내용을 포함하고 있다. 이를 통해 알베르티는 첸니니의 저술과 비교했을 때 완전히 다른 의미의 숙련된 기술에 대한 지식을 보여줬다. 첸니니는 자신의 글이나 작업을 기독교적 창조론과 연관시켰지만, 알베르티는 기술보다 예술을 중시하며 예술이 좋은 삶과 행복한 삶에 기여해야 한다고 주장했다. 알베르티가 롤모델로 삼았던 다이다로스는 뛰어난 미술가이자 기술자였고 인류에게 많은 실용적인 건축물들을 제공한 고대 그리스 신화 속의 인물이다. 알베르티는 그의 책에서 다이다로스가 시실리아에 증기 목욕탕을 건설한 사실을 언급했는데, 이처럼 영리하고 유용한 계획을 세우고 실행하는 것은 건축가와 엔지니어의 임무이며 필요하다면 자연을 개조해서라도 유용한 건물을 건설해야 한다고 강조했다.

이를 위해 알베르티는 고대의 지혜를 깊이있게 연구했으며, 자신의 경험 속에 이를 반영함으로써 그들의 생각을 계승하고자 했다. 이러한 노력은 그가 라틴어로 쓴 10권의 저서에 투영되어 있는데, 주로 유럽 인문주의 학자의 시각으로 정리된 내용들이다. 알베르티는 실제로 건설 현장에서 일하는 목수, 석공, 벽돌공, 석회 굽는 장인들의 능력을 매우 정확하게 평가하고 판단했지만, 정작 책에서는 그런 내용을 다루지 않았다. 이런 내용을 다루기 위해서는 이 작품이 대중의 언어로 기술되어야 했기 때문일 것이다.

'팔라디오'라고 알려진 파두아 출신의 안드레아 디 피에트로 델라 곤돌라(1508~1580)는 1570년이 되어서야 건축 분야의 장인들이 이해하기 쉬운 네 권의 지침서를 출간했다.[9] 비첸차의 길드 회원이었던 팔라디오는 숙련된 석공으로 활동을 시작해 훗날 건축가로서 명성을 얻었다. 그의 설명에는 수학적인 고찰이 거의 없었지만, 매우 실용적이었다. 팔라디오는 평면도와 입면도를 그린 다음, 건축을 시작하기 전에 비용을 신중하게 계산하고 필요한 자금을 조달할 계획이 필요하다는 식으로 설명을 했다. "경험이 풍부한 장인을 찾아서 그들의 조언에 따라, 훌륭하게 작업을 수행해야 한다."라고 하거나 "목재와 석재, 모래와 석회 및 금속 등의 자재들을 관리해야 한다."라는 식이었다.

팔라디오 역시 알베르티와 마찬가지로 다양한 기둥 양식과 비율을 고려해야 할 때에는 비트루비우스의 가르침을 따랐다. 비트루비우스는 도리스, 이오니아, 코린트 등 다양한 기둥 양식을 이야기하면서 각각의 양식에 따른 특정한 표현법에 대해 설명하고 있다. 특히, 비트루비우스의 비율에 대한 이론은 르네상스 건축의 형성에 엄청나게 많은 영향을 미쳤으며, 19세기 네오 르네상스 건축에도 영향을 미쳤다. 그 결과로 만들어진 것이 바로 르네상스의 상징인 '비트루비우스 인간'이었다. 레오나르도 다 빈치는 약 1490년경 종이에 펜과 잉크로 비트루비우스 인간을 그렸다. 그는 원과 정사각형을 겹치고 인간을 그려넣은 이 그림을 통해 인간의 신체에 기초한 비율 법칙을 공식화 해냈다.[10] 이 법칙은 고대에서 비롯되었을 뿐만 아니라, 다 빈치 자신이 연구한 젊은 남성의 해부학적 조사에서 착안한 것이기도 했다. 그가 제시한 르네상스 인간에 대한 이러한 척도는 오랫동안 지속되었으며, 20세기 위대한 현대 건축가 샤를 르 코르뷔지에(1887~1965)가 1950년에 디자인한 '모듈러Modulor'에까지 이어진다. 이 모듈러는 인간의 척도를 건축에 적용하기 위한 비율 시스템이다.

수공업 기술과 예술, 그리고 과학이 서로 얼마나 밀접한 관계에 있었는지는 뉘른베르크에서도 분명하게 찾아볼 수 있다. 알브레히트 뒤러는 학문과 예술, 그리고 실무를 하나

로 묶은 위대한 예술가이다. 1506년 뒤러는 친구이자 뉘른베르크 학파의 수장인 빌리발
트 피르크하이머에게 '비밀스러운 관점에서 예술을 연구하기 위해' 볼로냐로 여행하고
싶다는 편지를 보냈다. 피에로 델라 프란체스카(1420~1492)는 기하학을 중심으로 회화의
원근법에 실용적인 교리를 정립한 최초의 인물로 뒤러에게 영향을 미쳤다. 뒤러는 볼로
냐에서 위대한 수학자 루카 파치올리(1445~1517년경)를 만나고, 이탈리아에 머무는 동안

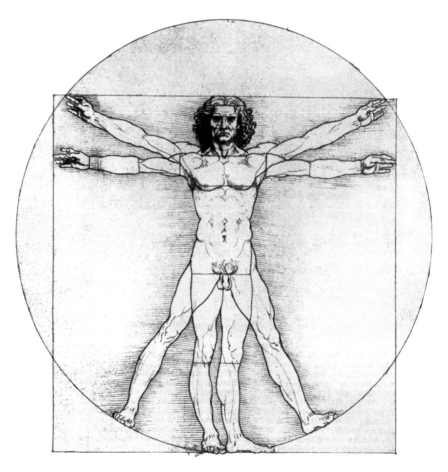

1409년경 다 빈치의 '비트루비우스의 인체 비례도'.

자신의 능력을 발전시키기 위해 유클리드 관련 서적을 구입했다. 1525년 뒤러는 원근법을 실용적으로 표현한 기하학의 기초 작업 『원근법에 대한 고찰』을 출간했는데, 이 책은 특히 금세공인, 조각가, 석공, 목수 등 도량형을 사용하는 장인에게 유용했다.

　금세공인 벤첼 잠니처(1507/08~1585)도 이 문제에 관심을 가졌다. 모라비아 가문 출신인 잠니처는 비엔나에서 뉘른베르크로 이주했는데, 알프스 북쪽 르네상스의 뛰어난 선구자로서 황실에서 최고의 존경을 받았다. 잠니처는 귀금속뿐만 아니라 달팽이 껍질, 조개껍질, 산호, 새알 등을 작품의 재료로 사용했다. 1568년에는 유클리드를 철저하게 다룬 과학 작품 『정다면체에 대한 관점Perspectiva Corporum Regularium』을 발표했다. 잠니처의 대표 발명품은 장식용 스트립을 엠보싱하는 기계인데, 이것으로 과학과 기술 장치에 매우 정밀한 측량 단위 표시와 홀마크를 새겨 선례를 남겼다. 뉘른베르크의 장인들은 잠니처가 알려준 지식을 기반으로 지구본, 천체 해시계, 태양 사분면, 대포 조준경 등을 제작했다. 잠니처의 금세공법은 금세공 작업의 표준이 되었고, 뉘른베르크 안팎의 금세공인들은 잠니처를 모방하기 위해 노력했다.[11]

　그러나 예술, 과학, 장인 정신의 발전을 요하네스 케플러(1571~1630)만큼 현명하게 다룬 사람은 드물다. 케플러는 고대와 중세까지 거슬러 올라가며 '예술'과 '기술'이 대립한다고 인식했다. 이러한 인식은 시골보다 도시에 더 널리 퍼져 있었지만, 일반적으로 장인들은 이 두 문화를 모두 이해해야 했다. 슈베비쉬 홀에 따르면 근대 초기에 많은 장인들이 문법 학교의 수업에 참석하여 라틴어를 접했다는 증거가 있다.[12] '예술'과 '기술'의 구분은 어리석은 사람과 똑똑한 사람, 교육받은 사람과 교육받지 못한 사람을 구분한 것이 아니라 서로 다른 출신에 따른 지적 문화와 물질 문화의 문제였다. 나무통을 만드는 장인은 왜 통이 둥글어야 하는지에 대한 질문에 "헛소리 하고 있군."이라고 생각하며 "다른 통을 본 적이 없잖아요."이라고 대답할 것이다. 이것은 장인의 경험적 지식에 관한 내용이다. 케플러는 이를 자신의 경험적 연구 자료로 사용했다. 그는 이 물질 문화를 고대 수학과 철학을 활용한 다른 문화, 즉 당시의 과학적 사고와 행동에 연관시켰다. 케플러는

# '류트'를 그리는 사람

뒤러는 1525년에 제작한 『나침반과 직선 자를 사용한 측정 방법』에서 원근법 묘사를 집중적으로 다루며 네 개의 판화 작품에서 다양한 가능성을 제시했다. 첫 번째 판화에 표현된 내용은 뒤러가 이탈리아에서 새롭게 얻은 지식

1525년에 제작된 뒤러의 목판화 '류트 그리는 사람'은 원근법의 사실적 표현에 대한 그의 생각을 잘 보여준다.

을 넘어서지는 못했다. 반면 이 책에 실린 두 번째 판화 〈류트를 그리는 사람〉은 원근법을 구현하는 새로운 방법을 보여주었다. 먼저 뒤러는 테이블 위에 류트를 올려놓고, 류트에서 벽에 있는 벽걸이 후크까지 줄을 팽팽하게 연결했다. 그 사이에는 나무 프레임을 세웠고, 촘촘하게 짠 줄이 있는데 프레임의 표면을 관통하는 수직 수평의 격자 지점에 매듭을 묶었다. 충분한 수의 매듭이 묶어졌을 때, 류트 옆에 서 있는 사람은 그림판을 펼친 후 매듭 지점의 위치에 맞게 구멍을 뚫어 도면 위에 점을 표시하고, 마지막에 모든 점을 하나로 이음으로써 그림을 완성한다. 이러한 과정을 거치면 최종으로 원근법이 적용된 류트의 이미지가 탄생했다. 하지만 이 새로운 방법은 혁신적인 만큼 여전히 복잡했다.

이후 벤첼 잠니처는 뒤러의 원근법을 상당 부분 개선했다. 잠니처가 사망한 이후인 1598년에 발견된 그가 남긴 설명과 1616년에 발견된 그의 삽화를 참조해 잠니처의 원근법 투시 장치를 복제할 수 있었다. 류트 대신에 원근을 표현할 대상의 기본 도면이 들어갔고 뒤러의 벽걸이 후크는 잠니처의 슬라이딩 암(Sliding arm)으로 대체되었다. 이렇게 하면 관측자가 거리를 조절할 수 있었다. 기술적인 세부 사항이 추가되어 매듭을 묶고 찌르는 것으로 그리는 과정이 필요 없어졌다. 이 장치는 범위를 조정할 수 있었다.

이로써 총 120가지의 다양한 형태의 원근 표현이 가능해졌다. 16세기와 17세기 사람들의 상상력을 자극했던 원근법 장치는 현실을 재현하는 이상적인 방법을 제공했다.

16세기 후반에 프랑스에서 만들어진 호두 나무 옷장으로 달걀 껍질 상감 장식이 되어 있다.

과학자이자 개신교 신학자였기 때문에 기하학에서 하느님의 질서를 인식했다. 기하학은 여성들이 자신의 아이들에게 특별한 재능을 물려주듯 다음과 같이 재능을 물려주었다.

목수에게는 각도계를, 통 제작 장인에게는 컴퍼스를, 수레 제조공에게는 바퀴를, 선원에게는 방향타를, 제분공에게는 해시계를, 상인에게는 저울과 주판을, 바지 제작 장인에게는 눈금자를, 건축가에게는 역학을 물려주었다.[13]

수학적 사고와 예술 활동의 밀접한 연관성은 르네상스 이후 수공업의 기술적 측면에 계속해서 영향을 미쳤다. 제화 장인인 한스 삭스는 거장 뒤러의 사망 후 뉘른베르크에서 예술이 사라지는 것을 한탄했지만, 16세기 중반 이후 르네상스 양식을 적용한 '웨일스 스타일'은 수공예의 필수 요소로 정착했다. 이는 특히 가구 제작 분야에 두드러졌는데, '기둥이 있는 옷장'의 크기를 측정할 때는 교리에 따른 비율을 엄격하게 준수해야 했다. 뉘른베르크의 걸작이 16세기에 승인되었는지 안스바흐의 걸작이 승인되었는지는 알려지지 않았지만 안스바흐의 캐비닛은 높이가 3.18m였으며 다음과 같이 만들어졌어야 했다.

기둥 또는 중간 코퍼스는 4신 반(즉, 신발, 136.35cm에 해당)이어야 하며, 주 처마 장식 또는 윗부분은 1신 반(34.09cm)이므로 이 세 가지 주요 부재는 서로 비례해야 했으며, 코린트식 기둥에서 요구하는대로 받침대는 기둥 높이의 1/3로, 주 처마 장식은 1/4로, 두께는 1/10로 만들었다.[14]

## 동시성과 비동시성

프랑스의 저명한 미술사학자 앙드레 샤스텔(1912~1990)은 유럽의 르네상스와 관련해서 특별한 지도를 그렸는데, 지도에는 르네상스의 범위와 특징이 표시되어 있었다. 지도의 중앙은 이탈리아의 피렌체, 밀라노, 파도바, 베니스, 나폴리가 있으며, 중앙으로부터 뻗어 나온 선이 유럽 끝까지 확장된다. 프랑스의 아비뇽, 리옹, 루아르강, 파리로 연결되는 선은 앤트워프를 가로질러 네덜란드까지 연결되며, 이베리아 반도에서는 톨레도를 지나 서유럽 포르투갈의 리스본, 코임브라까지 이어진다. 북동쪽의 최종 목표는 모스크바였으며 남동쪽에는 1453년 오스만 제국에 의해 함락된 도시, 콘스탄티노플이 있었다. 그러나 이 지도는 1500년을 기준으로 제작되었기 때문에 남부 독일의 르네상스는 반영되지 않았고 영국 및 유럽 북부 지역에 미친 영향을 언급하지 않았으며, 발트해 연안, 보헤미아, 폴란드도 생략되어 있었다.[15]

또 중부 및 동유럽에서는 헝가리의 부다와 비세그라드 두 곳만 지도에 표시되어 있다. 유럽에서 르네상스가 가장 일찍 일어나 화려한 전성기를 맞은 지역은 국가 연합으로 통합된 헝가리와 크로아티아 왕국이다. 14세기 말 헝가리와 크로아티아의 국왕이자 후에 로마 - 독일 황제에 올랐던 룩셈부르크의 지그문트(1368~1437)는 부다에 있는 자신의 저택으로 수많은 이탈리아 인문주의자, 예술가, 장인을 초대했다. 그중에는 기베르티에게 사사한 화가 마솔리노 다 파니칼레도가 있었다.

지그문트의 저택은 후손 중 한 명인 후냐디 가문의 마티아스 1세 코르비누스

(1458~1490)에 의해 새로운 전기를 맞았다. 코리비누스는 부다에 있는 저택을 개조하고 확장했다.[16] 먼저 고딕 양식의 건물들이 완성되었지만, 넓은 계단, 붉은 대리석, 청동 문, 헤라클레스의 영웅적인 업적을 표현한 조각이 추가되면서 르네상스의 화려함이 구현된 '완전히 새로운 궁전'이 되었다. 헝가리에서 오랫동안 일한 피렌체 건축가 치멘티 카미시아의 지휘 하에 이탈리아, 달마시안 지역의 석공들이 이 궁전의 작업에 참여했다. 부다뿐만 아니라 비셰그라드의 여름 궁전, 헝가리 북부 지역(슬로바키아), 트란실바니아에서도 르네상스 양식의 웅장함을 살펴볼 수 있다.

후냐디 가문의 귀족들과 고위 인사들 주변에서 볼 수 있는 수많은 귀중한 공예품들은 헝가리의 생산품이 아니라 수입품이었다. 그 중에서 에스테르곰 대성당의 보물 중 하나인 왕관은 높이가 72.5cm에 달했고 유명한 '마티아스의 갈보리 십자가' 장식이 있다. 이것은 헝가리의 금세공인이 만든 것이 아니었다. 고딕 양식으로 된 윗부분은 1402년경 파리에서, 아랫부분은 15세기 후반 밀라노에서 제작되었으며, 르네상스 양식의 스핑크스와 행성 등이 장식되어 있다. 금으로 짠 벨벳 브로케이드와 실크로 만든 왕좌의 장식 또한 헝가리가 아니라 피렌체에서 수입되었을 가능성이 크다. 전형적인 르네상스 양식의 새, 꽃병, 꽃 등으로 장식된 자수의 디테일이 이 사실을 뒷받침해 준다. 스페인의 페드로 곤살레스 데 멘도사 추기경, 부르고뉴의 찰스 대공, 영국의 헨리 7세 국왕, 밀라노의 베아트리체 데스테 공작 부인의 궁정에서도 피렌체에서 만들어진 이와 비슷한 스타일의 제품들이 발견되었다. 주교들은 15세기 후반부터 16세기까지 이탈리아에서 브로케이드로 만든 예복을 선호했는데, 이렇게 수입된 제품들은 각국의 국내 산업에도 고무적이고 유익한 영향을 미쳤다. 15세기 말 피렌체에서 제작된 벨벳 브로케이드는 헝가리의 금, 은, 진주로 수놓은 작품이다. 훗날 에스테르곰의 대주교가 되는 죄르의 주교 야노스 쿠타시는 1550년경 헝가리에서 이탈리아 스타일로 제작된 진주와 자수 장식의 벨벳 주교관을 착용했다.

쿠타시의 조상들은 헝가리 금세공 분야에서 최고의 기술을 가지고 있었지만,[17] 교회에서 작업할 때는 전통적인 고딕 양식을 선호했다. 주교관 제작에 필요한 귀금속은 현재 슬로바키아인 헝가리 북부 지역에서 생산되었고, 그것은 주화 주조 공장에도 공급되었다. 특히 화폐 제작에 있어서 옛것에서 새것으로의 전환이 뚜렷하게 나타난다. 1468년 마티아스 1세는 과거에 사용했던 낡은 구리 주화들을 없애고 은이나 금으로 가치 있는 주화들을 제조했다. '골든 크렘니츠'라 불리며 당시에 중요한 광산 도시 중 하나였던 크렘니츠에 유능한 장인들이 운

1490년경 대리석으로 제작된 헝가리 국왕 코르비누스의 부조 초상.

영하는 주화 주조 공장을 설립하고, 전문성이 매우 높은 도장공들을 모아 오래된 주화에 새겨진 고딕 양식 글자체를 르네상스 양식의 대문자로 교체했다. 금속 공예가 중 황동 주조공들은 가죽 대신 은색이나 금색으로 된 걸쇠와 잠금 장치, 그리고 칼집을 예술적으로 제작했다. 헝가리의 벨트 제작자들은 이미 15세기 말부터 르네상스 스타일를 채택해서 이탈리아 제품에 뒤지지 않는 유럽 최고의 제품들을 생산했다.

　헝가리는 유럽의 다른 지역에서도 관찰되었던 것처럼 '동시대적인 것'과 '동시대적이지 않은 것'이 동시에 존재하였다. 스토스와 비셔의 훌륭한 조각품들은 이를 명확하게 드러낸다. 1476년 크라쿠프의 부르주아 엘리트들은 뉘른베르크의 바이트 스토스

(1447~1533년경)와 연락을 했다. 스토스는 그들의 의뢰를 받아 1477년~1489년의 기간 동안 후기 고딕 양식 조각으로 장식된 유럽에서 가장 거대한 제단(알타르)을 만들었다. 이 제단은 높이 13m, 너비 11m의 크기를 자랑했다. 또한 스토스는 1492년 바벨 대성당에 폴란드 국왕 카시미르 4세를 위한 웅장한 대리석 무덤을 건설했다. 스토스는 일생 동안 비교적 후기 고딕 양식에 충실했다. 그럼에도 불구하고 스토스의 성모 마리아 제단화는 르네상스 최고의 작품들과 예술적으로 대등한 수준의 역동적인 모습을 보여주는 작품이다.[18]

뉘른베르크와 관련된 또 다른 작품에서는 새로운 이탈리아 스타일이 강하게 적용되었다. 1488년 뉘른베르크의 청동 주조공인 피터 비셔(1455~1529)는 시의 수호 성인 세발트를 위한 무덤을 준비했다. 그가 구상한 첫 번째 디자인은 고딕 양식의 교회 본당에 있는 일종의 예배당으로 약 17m 높이의 작품이었다. 여기에는 상당한 비용과 시간이 필요했을 것으로 추측된다. 1507년 비셔는 뉘른베르크 공의회로부터 공식 의뢰를 받았다. 의뢰인들의 입장에서는 작업의 진척이 더디게 느껴졌고 이에 비셔에게 압박을 가했으며 결국 비셔의 아들들도 이 일에 나서게 되었다. 오늘날까지 전해지고 있는 4m 높이의 성 세발트 묘에 장식 덮개로 둘러싸인 청동 조각 프레임은 그렇게 오랜 기다림 끝에 1519년에 완성된 것이다. 사실, 이 작품에는 당시 유럽의 시대적 변화가 투영되어 있다. 비셔는 그의 아들들에게 많은 도움을 받았는데, 큰 아들인 헤르만은 1516년~1517년까지 이탈리아에서 일했으며 동생 피터도 이탈리아 양식에 익숙했다. 그래서인지 퍼티, 돌고래, 영웅, 그리고 사도상 등이 새겨진 세발트 무덤의 청동 조각 프레임은 '독일 르네상스의 주요 조각 작품'으로 불릴 만큼 극찬을 받았다.[19]

이탈리아에서 시작된 과학과 예술[20], 그리고 수공업 분야의 혁신적인 변화는 이내 유럽 전역으로 확산되었다. 이는 전통을 계승하면서도 새로운 것과 혼합하는 특징을 보였다. 유럽의 지역적 조건으로 인한 다양성은 르네상스가 각 도시에 언제, 어느 정도로 영향을 미쳤는지, 그것이 각각의 건축물에는 어느 정도 적용됐는지를 결정하는 중요한 역할

크라쿠프 성모 마리아 성당에 있는 스토스의 유명한 성모 마리아 제단.

을 했다. 이는 시간의 흐름이 드러나는 건축사에서도 잘 나타나 있다. 1419년 피렌체에서는 산 로렌초의 '올드 사크리스티'와 '오스페달레 델리 이노센티'처럼 웅장한 르네상스 건축 시대가 시작되었다. 그 뒤를 이은 우수한 르네상스 건축물로는 모스크바 크렘린 궁(1462년 착공), 프라하 흐라드차니 성(1493년), 리스본 인근의 벨렘 히에로니미테 수도원(1502년), 크라쿠프의 바벨 성(1504년), 하이델베르크 성(1508년), 런던 햄튼 코트 궁(1514년) 등이 꼽힌다. 이 외에도 루아르 강변의 블로아 성(1515년)과 샹보르 성(1519년), 그라나다 알함브라 궁전(1527년), 로마 성 베드로 대성당(1556년), 앤트워프 시청(1561년), 그다인스크 병기창(1593년), 아우크스부르크 시청(1615년), 런던 연회장(1619년) 등이 여기에 포함된다.[21]

새롭게 등장한 르네상스 양식은 때때로 새로운 건축물과 부속물을 통해 이전의 고딕 양식과 결합되었다. 그러나 후기 고딕 양식이 르네상스보다 반드시 구식으로 평가되었다는 것은 아니다. 14세기 이후에 프랑스에서는 '플램보얀트Flamboyant'라는 특별한 시기를 경험했고, 독일과 보헤미아에서는 유명한 석공이자 건축가로 이름을 알린 팔러 가문에서 창안한 국제 고딕schöner Stil이라는 양식이 널리 유행했다.[22] 프라하의 성 비츠 대성당은 아마도 그 대표적인 예가 될 것이다. 심지어 다른 북부 이탈리아 도시들이 이미 르네상스의 영향을 받았을 때도 밀라노 대성당은 후기 고딕 양식인 '타르도 고티코tardo gotico'에 영향을 받았다.

또한 르네상스 양식이 고딕 양식과 경쟁만 했던 것은 아니다. 오히려 크라쿠프의 바벨 성을 재건할 때나 모스크바 크렘린 궁을 개축할 때, 이탈리아의 건축가들은 장인들에게 오래된 고딕 양식과 르네상스 양식의 요소들을 조화롭게 결합하기 위해 새로운 과제를 제시했으며, 그들이 실제 경험을 통해서 이를 학습할 수 있도록 배려했다. 그 결과물이 크렘린 궁이었다. 모스크바 크렘린 궁의 개축은 이반 3세가 발주했으며, 1462년부터 1505년까지 진행되었다. 이 과정에서 볼로냐 출신의 이탈리아 건축가 아리스토텔레스 피오라반티(약 1415~1486)는 고딕 양식과 르네상스 양식을 조합하여 선구적인 건축물을 창조했다. 그는 헝가리 국왕인 마티아스의 궁전 요새를 건축 했던 경험을 활용하였다.

크라쿠프 바웰에 있는 왕궁의 르네상스 정원.

거의 같은 시기에 건축된 프라하 성의 블라디슬라프 홀 역시 서로 다른 두 양식의 결합을 시도했다. 1493년부터 1502년까지 진행된 건설과정에서 건축가 베네딕트 리드는 건물 내부의 아치에는 화려한 플랑부아양flamboyant 고딕 양식을 적용했고 건물 외부는 헝가리 마티아스 시대의 르네상스 양식을 적용했는데, 이 두 가지 요소들의 조화로운 결합을 위해 노력했다. 노사 세뇨라 데 벨렘 교회의 건설에서도 이와 유사한 혼합 스타일이 나타났다. 이 교회는 1502년에 포르투갈 건축가 디오고 데 보이타카(1460~1527)와 주앙 데 카스틸류(1470~1552)에 의해 건설되었다. 당시에 그들은 과거와 현재의 기술, 그리고 과거와 현재의 스타일에 대한 자신들의 이해를 건축물에 표현하겠다는 생각을 가지고 있었다. 또한 이탈리아에서 빼어난 활동을 한 다음, 프랑스와 스페인을 거쳐 포르투갈로 건너온 조각가 니콜라우 찬테레네(1470/1485~1551)[23]의 지휘 아래, 석공들은 매우 가느다란 기둥에다 독특하고 풍부한 스타일의 장식을 구현하기 위해 극도로 까다롭고 섬세한 기술을 발휘해야 했다. 이후 '마누엘주의'라 불리는 이 스타일은 마누엘 1세(1469~1521)의 이름

이 역사적인 사진은 그단스크 아르투스 코트(Artus Court) 외관 모습이다.

에서 따왔지만, 실제로 이 작업에 경의를 표하려는 것이었다면 석공들의 이름을 붙여야 했을 것이다.

북유럽에선 전혀 다른 건축 양식이 발달했는데, 코르넬리스 플로리스 드 프렌트(1514~1575)의 앤트워프 시청사가 대표적이다. 이 건물의 경우, 측량이나 평면도의 제작은 중세의 브뤼셀, 루벤, 코르트리크 시청사 건설을 모델로 삼았고, 주 기둥과 벽 기둥, 장식적이고 소박한 마름돌 등은 이탈리아와 프랑스의 모델을 차용했다. 여기서도 작업자들은 자신의 창의적인 아이디어와 기술력을 발휘해야 했다. 네덜란드, 플랑드르, 북해 및 발트해 연안 지역 등 북유럽의 건축가들은 르네상스 양식을 전통적인 벽돌 건축 방식과 결합함으로써 고유의 미감을 창출했다. 특히, 흰색으로 강조된 프레임과 대조되는 윤곽선은 유럽 남부에서는 볼 수 없는 전형적인 외관 이미지를 만들어냈다. 건축가뿐만 아니라, 석공들과 벽돌공들도 이곳에서 좋은 일자리를 구할 수 있었다. 덴마크의 로젠보르그 성은 1616년~1634년의 기간 동안 전면적으로 재건축되었다. 이 건물의 특징인 점점 가늘어지는 첨탑은 암스테르담의 베스터커크, 라이덴의 시청사와 함부르크 근처 라인벡 성을 닮아 있다. 로젠보르그 성을 설계한 건축가 한스 반 스틴빈켈(1587~1639)은 코펜하겐 태생이지만, 플랑드르의 예술가 가문 출신이다.

근대 도시인 그다인스크의 초창기 풍경은 네덜란드-플랑드르의 예술 감각으로 가득 차 있다. 이에 대한 대표적인 예는 아르투스 코트로, 1552년에 새로운 외관을 얻었다. 고딕 양식으로 만들어진 세 개의 창문은 그대로 남아 있지만, 건물 상단의 장식과 르네상스 양식의 고대 영웅들의 조각상으로 장식된 출입구는 새롭게 만들어진 것들이다. 아르투스 코트 내부에는 고딕 양식의 커다란 홀이 있는데, 메인 홀에서는 당대의 예술 양식에 영향을 받아 최상급 품질로 제작된 그림들, 그리고 520개의 화려한 컬러 타일로 장식된 12m 높이의 난로를 만날 수 있다. 서로 다른 유럽 문화가 만난 공간에 세워진 리가의 검은 머리의 집 Schwarzhäupterhaus이나 토른의 아르투르 코트 같은 건축물들을 보면, 독일 출신의 부르주아 상류층들이 화려한 르네상스의 아름다움을 얼마나 높이 평가했는지 알 수 있다.

엘리아스 홀(1573~1646)과 이니고 존스(1573~1652)는 아우크스부르크 시청과 런던 연회장Banqueting House의 디자인을 맡아서 후기 르네상스 건축의 절정을 특별한 방식으로 장식했다. 하중을 견디는 구조물이 벽돌로 제작되었기 때문에 숙련된 벽돌공이었던 홀에게는 이점이 있었다. 존스는 비트루비우스와 팔라디오의 저작물에 대해 잘 알고 있었지만, 아우크스부르크의 여러 공공건물을 통해 르네상스 건축이 소개된 이후에 이탈리아로 건너갔다. 1년 동안의 계획 끝에 아우크스부르크 시청은 1615년에 착공되었는데, 완공되면 6층 이상으로 지어진 세계 최초의 건물로 기록될 것이었다. 1620년 외부 작업이 먼저 끝나고 1624년 전체 건물이 완공되었다. 이 건물의 2층에는 면적 552㎡, 높이 14m의 거대한 '황금의 방'이 만들어졌다. 요한 마티아스 카거(1575~1634)는 벽화, 특히 호두나무로 조각한 격자 무늬의 천장에 원형 그림을 중심으로 24㎡ 크기의 주요 작품들을 배치해 화려함을 표현했다. 그림에는 지혜의 상징인 사피엔티아가 그려져 있으며, 은은한 빛과 황금빛 광채가 이 공간을 돋보이게 한다.[24]

이니고 존스는 아마도 목수로 훈련받았던 것으로 보이며, 런던 연회장 건물의 실내 인테리어를 통해 새로운 지평을 열었다. 이 건물은 1619년에서 1622년까지 건설되었다. 1715년에 "위대한 존스는 여기에서 엄격함과 우아함, 장식과 단순함, 그리고 아름다움과 위엄을 결합했다."고 칭송받았다. 그는 외관 디자인, 벽 분할 및 기둥 배치에 '팔라디아주의Palladianism'를 활용했는데, 여기에 밝은색의 포틀랜드 석재를 사용함으로써 영국 고전주의의 길을 개척했다. 또한 공간의 밝기를 유지하기 위해서 벽에는 그림을 사용하지 않고 천장에만 그림을 배치하는 방식의 실내 장식을 선택했다. 천장 그림을 그린 피터 폴 루벤스(1577~1640)의 작업장에는 일하는 사람들을 위한 공간이 마련되어 있었다. 그는 자신의 업적에 대한 보상으로 엄청난 보수뿐만 아니라, 신분이 귀족으로 상승되기까지 했다.[25]

포르투갈, 스페인, 이탈리아에서는 유럽의 수공업 기술이 깃든 특별한 유산이 추가로 발견되었는데, 그중 하나는 바로 무어인의 토기이다. 유약이 발라진 이 토기는 스페인어와 포르투갈어로 '아줄레호스azulejos', 이탈리아어로 '마이올리카maiolica'라 불린다. 르네상스 시대에는 타일, 접시, 그릇, 조각품이 유행했고, 이런 것들은 피렌체의 병원에서 흔히 볼 수 있다. 중세 초에 타일 생산의 중심지는 안달루시아였다. 16세기 이베리아반도 전역에 사용된 정사각형 타일은 처음엔 실내에서 사용되었고 이후 몇 세기 동안 교회와 주택 외관은 물론 광장, 거리, 계단을 장식하는 것으로 점점 확장되었다. 무어의 전통 타일은 추상적인 문양이 주류였지만, 그리스도교에서는 꽃,

화려한 세라믹 타일로 제작된 시실리아 칼타기론 마을로 올라가는 계단.

새, 배, 성인聖人의 모티프를 표현하는 것으로 발전했다. 복합 타일을 사용해 그림의 이야기를 완성함으로써 전체 벽면을 장식했고, 부분적으로는 동양의 태피스트리를 모방한 '아줄레호 데 타페테azulejos de tapete'로 장식하기도 했다. 포르투갈과 스페인의 거리에 줄지어 늘어서 있는 집과 안뜰은 오늘날에도 예전의 화려함을 간직한 채 여전히 빛을 발하고 있다. 1608년 주세페 자아칼로네가 설계한 '스칼라scala'가 대표적인데, 스칼라는 시실리아 칼타기로네의 위쪽 마을과 아래쪽 마을 사이를 연결하는 계단이다. 현재 이 계단은 손으로 그린 도자기 타일이 장식되어 있다.[26]

# 새로운 발명과 디자인

르네상스 시기에는 많은 것들이 변화했다. 도구, 동력 수단, 기계, 제품 등 전반에 걸쳐서 거의 모든 것이 새롭게 개선되거나 만들어졌다. 레오나르도 다 빈치는 기술의 영역을 크게 확장했고, 비록 그의 모든 발명품들이 현실에서 구현되지는 않았지만, 그럼에도 이러한 변화로 작업환경이 이전과는 확실히 다르게 개선되어 새로운 추진력을 얻었다.[27] 망치, 모루, 손도끼, 드릴, 톱, 대패 등의 도구들이 새롭게 만들어진 것은 아니지만, 현실의 요구에 따라 변화되어 갔다. 15세기에서 17세기 초반에 이르는 기간 동안 오랜 기간 사용되었던 도구들은 이전과는 전혀 다른 모습으로 재창조되었고 그 어느 때보다도 차별화되었다. 하지만 수공업의 전문화 과정, 특별한 제품, 그리고 서비스의 제공 여부 등은 장인들 간에 불화를 초래했다. 흰 빵을 만드는 제빵사는 자신의 빵 레시피를 다른 제빵사에게 알려 주지 않고, 목수는 다른 목수를, 자물쇠 장인은 시계 제조업자를, 구리 대장장이는 용광로를 만든 제철 장인을, 구두 장인은 가난한 사람들의 구두를 고치는 구두 수선공을 의심의 눈초리로 바라보았다. 또한 은세공인은 빗 제작자가 최고급 제품에 은 손잡이 장식을 했을 때 이를 마땅치 않은 시선으로 평가했다. 독일의 길드 법에서도 경쟁을 제한하고 이를 방어하기 위한 규정이 넘쳐났지만, 법과 규정은 수공업의 발전을 쫓아가지 못했다. 어쨌든 작업장 장인들은 새로운 시장, 그리고 시장의 세분화에 따른 이점을 인식했기 때문에 결국 경쟁을 통한 진보를 멈출 수는 없었다.[28]

16세기 초 뉘른베르크에서 발명된 것으로 추정되는 바이스는 독창적인 발명품으로, 와인 프레스와 천 프레스에 사용되는 프레스 스크류의 전신이다. 지금은 크기가 작아져 고정된 작업대에 부착할 수 있게 된 이 프레스 스크류는 처음에는 주조공과 금세공업자 등이 단조 또는 주조 공작물을 작업하는 데 사용했으며, 얼마 지나지 않아 목수, 선반공, 수레 제조공, 조각가 등 다른 직종에서도 사용하게 되었다. 1570년경에는 정밀공이나 금세공이 두 개의 부품을 동시에 작업할 수 있는 특수 양면 바이스가 만들어지기도 했다.

1595년경 바사노(1557-1622)의 〈8월〉이라는 그림에는 통 제작자가 작업하는 모습을 보여준다. 그림의 한가운데에 있는 장인은 대패를 사용하고 있다.

이 도구는 철로 단조, 절단, 리벳, 에칭 및 엠보싱을 하기 위한 장인에게 특별한 가치가 있는 도구임이 분명했다.

금속 나사의 생산은 결코 간단하지 않았다. 중세에는 느슨하게 연결된 나사산을 일일이 손으로 파고 다듬는 등 노동 집약적인 공정을 거쳤기 때문에 만족스러운 결과를 가져오지 못했다. 16세기 후반이 되어서 나사를 만들기 위한 절삭 공구가 등장했다. 손잡이가 달린 평평한 직선 모양의 커팅 아이언이 최초로 발명된 후에는 더 나은 제품이 생산되었다. 이러한 커팅 아이언은 손잡이부터 앞쪽 끝까지 점점 작아지는 구멍들로 이어져 나사 블랭크를 돌릴 수 있었다. 이처럼 나사산 절삭 공구의 발전은 도구의 개선을 통해 이루어졌으며, 나사산 절삭 공구의 발전은 19세기에 이르러서야 완성되었다. 18세기까지만 해도 볼트와 리벳 연결이 기술적으로 더 유리한 해결책이었다.

18세기까지 모루와 대패는 각각의 직업적 목적에 맞게 점점 더 정교하게 제작되었

엔지니어인 후아넬로 투리아노가 1568년에 완공한 톨레도의 물 공급 장치의 삽화.

다. 대장장이를 위해서는 강력하고 무거운 모루가, 철물공과 구리 세공인을 위해서는 조금 작은 모루가, 시계공을 위해서는 아주 작은 모루가, 금은세공인들의 단조 작업을 위해서 아주 특이한 모양의 모루가 만들어지기도 했다. 목재 가공과 관련된 일을 하는 사람들에게는 다양한 대패가 필요했다. 특히 나무통 제작자에게는 아주 특수한 형태의 대패가 필요했는데, 통 제작자들 중에는 길이가 무려 2m 이상 되는 대패를 사용하는 경우도 있었다고 한다. 그 외에 전문가들만 사용하는 다양한 대패들이 있었지만, 대부분의 사람들은 자그마한 평대패를 사용했다. 대목수와 소목수 같은 전문가들은 커다란 대패를 사용했는데, 이들은 때때로 측면대패나 대패의 날이 검처럼 생긴 검대패를 사용하기도 했다. 통 제작자는 이미 언급한 대패 외에도 남경대패나 배대패를 사용하였다. 나무의 길쭉하게 파여진 홈을 매끄럽게 만드는 작업에는 배대패가 유용하였기 때문이다. 어떤 직업에 종사하든 장인들은 예나 지금이나 여전히 그들의 도구를 소중히 여겼다. 도구의 부주의

한 제작과 부주의한 취급은 모든 직업적 전통에서 어긋난 일이었다.

고대부터 가장 중요한 동력 장치는 말이었다. 수세기 동안 그것을 대처할 방법이 없었기 때문에 제분기는 바람이나, 말, 당나귀 또는 소에 의해 구동되었다. 제분소의 가장 일반적인 방법은 물을 이용한 물레방아이다. 곡물을 가공할 때, 곡물을 분쇄했다고 해서 처음부터 바로 식용이 가능한 가루가 나오지는 않았다. 분쇄한 곡물을 수작업으로 체로 걸러서 쭉정이와 알갱이들을 구별해 내어야만 하였다. 16세기 초에는 이런 수작업 과정을 대체하는 기계식 제분기라고 불리는 기계적 시스템이 퍼지기 시작했다. 츠비카우의 연대기 작가 중 한 명은 1502년에 이 기술이 그 지역에서 처음 등장했다고 언급했다.[29]

이런 발명으로 인해 제분업은 곡물 가공뿐만 아니라 점점 특별한 기술을 필요로 하는 전문 설비를 운용하는 업종으로 발전했고, 16세기에는 광산업의 발전에 일조를 하게 된다. 가죽을 무두질하거나, 열매를 처리해 기름을 짜내거나, 금속이 함유된 광석을 분쇄하는 등의 다양한 기술을 갖춘 업종으로 발전했기 때문이다. 특히, 뉘른베르크에서 수공업과 밀접한 관련을 가지고 있는 분야는 종이와 와이어의 생산이었다. 종이를 제조할 때, 오랜 기간 손으로 구동되는 '하더스탐페Haderstampfe'라고 불리는 장비가 사용되었지만, 수력을 이용한 물레방아가 그 역할을 대체하였다. 알려진 바로는 1390년~1391년에 대규모 도매상인인 울만 슈트로머가 뉘른베르크에 독일 최초로 수력을 이용해 운영되는 제지 공장을 설립했다고 한다. 이 현대적인 종이 제조 방식은 인문학과 종교 개혁에 관한 책자와 팜플렛을 배포하는 데 매우 중요한 역할을 하였다. 1494년에 뉘른베르크에서 알브레히트 뒤러는 수채화 그림에서 세부적인 선과 미묘한 패턴을 그릴 때 정확하고 정교함을 높이기 위하여 와이어를 활용하였다고 하는데, 이것은 페그니츠에서 1408년~1415년 사이에 만들어졌던 수력을 이용한 최초의 와이어 드로잉 머신보다 훨씬 더 효율적이며 정교한 제품의 생산이 가능하였음을 보여준다.

엔지니어 아고스티노 라멜리는 1588년에 그의 저서 『다양하고 창의적인 기계들』에서 수력 회전 피스톤 엔진에 관한 아이디어를 발표하였으며, 이것은 왕복 운동을 하지 않는 회전 방식을 이용하는 방켈 엔진의 전신으로 볼 수 있다. 이 엔진이 실제로 사용되었는지 여부는 알려지지 않았다. 이것은 레오나르도 다 빈치 시대 이후 많은 르네상스 시대의 발명품들과 같은 운명을 맞았다. 이탈리아 크레모나 출신이자 톨레도에서 활동한 시계 제작자 및 기계공학자 후아넬로 투리아노(1500 - 1585)는 하루에 1,600만에서 1,700만 리터의 물을 퍼 나를 수 있는 소위 '톨레도의 물 공급 장치'라 불리는 물 운반 시스템을 개발했다. 투리아노의 물 공급 장치는 최대 90m에 이르는 고도차를 극복하고 타구스 강에서 도시에 물을 공급할 수 있는 시설이었다. 그러나 이 장치는 나중에 복잡한 구조와 수차, 수조, 리프트의 유지 보수에 상당한 비용이 들었기 때문에 결국 철거되었다.[30] 1598년 미델부르크의 도미니쿠스 반 멜켄비케는 원통 안에 적합하게 맞춘 나선형의 아르키메데스 나사를 구성하여 제방 지역의 배수에 사용하는 풍력 터빈 '티아스커Tiasker'를 만들어 특허를 받았다. 네덜란드의 상징인 풍차는 이 발명품에서 비롯된 것이다.

## 금속 공예의 전문화

15세기와 16세기를 걸쳐 발전한 금속 공예는 과학에 문호를 개방했고, 또한 일상생활을 변화시켰다. 특히 금속을 다루고 가공하는 야금 분야는 많은 영향을 받았다. 무쇠와 강철을 가공하기 위해 별도의 전문 직업이 등장했다. 16세기에 들어서면서부터는 소규모 대장간, 자물쇠 제작, 시계 제작 등의 세분화 작업이 진행되었다. 이렇게 해서 새롭게 등장한 시대의 선구적인 장인들로는 도금공, 양철공, 그리고 배관공 등이 있다.

하나의 제품에 대한 명칭이 지역별로 다른 것은 수공업 활동의 다양성을 암시한다. 목공이 주를 이루던 시대가 지나가고 판금의 시대가 새롭게 열렸다. 장인들은 주석으로 코팅한 얇은 냉간 압연 강판으로 양철병, 양동이, 주전자, 램프 등 다양한 용기를 만들었지만, 여전히 무거운 쇳덩이를 다루는 마구 제작 등의 일을 하는 곳도 있었다. 오래된 기사들의 갑옷은 군사적인 용도로는 필요가 없어졌다. 하지만 이로 인해 수공예 부분에서는 특별한 전기를 맞게 되었다. 부식, 펀칭과 천공 등의 가공을 거쳐서 만들어진 은이나 금으로 도금된 화려한 갑옷과 흉갑은 검술가의 화려하게 장식된 무기만큼이나 명성을 가져다 주었기 때문이다. 고품질의 제품은 다양한 경도를 가진 철을 단조해서 만든 값비싼 다마스쿠스 강철로 만들어졌다. 검처럼 베기와 찌르기를 주로 하는 무기뿐만 아니라 손으로 다룰 수 있는 소형 무기 제작에도 이를 사용했다.[31]

중세 시대에는 총열을 만들 때 주로 철판을 제련하고 용접하여 만들었다. 그러나 직선으로 된 용접선의 이음새로 인해 총열의 내압 강도는 물론 탄환의 목표 경로에도 문제를 일으켰다. 이후 나선형으로 감긴 철제 스트립으로 만든 총열이 등장했다. 그리고 마침내 16세기에 오스만 제국에서 생산된 다마스쿠스 강철로 만들어진 총열이 총신의 내부를 최대한 매끄럽게 제작해 조준의 정확성을 높였고, 이전의 문제점을 개선했다. 16세기 초에는 이미 '라이플형 총열'이 등장했다. 이것은 단조 와인딩에 의해 이미 만들어진 총열 내부에 '리플링' 즉, 물결무늬를 주었다는 것을 의미한다. 이렇게 깔끔하게 배치, 절단 또는 압착된 리플링은 총열 안에서 나선형 무늬를 만든다. 오늘날의 소총에서는 총열 내에서 '리플링'이 1.5에서 2회전 되어서 총알에 회전력을 제공함으로써 명중률을 확보한다. 이에 총알은 긴 모양으로 만들어져 정확한 조준을 가능하게 만들었고, 예전의 구(球)형 총알은 더 이상 사용하지 않게 되었다.

1462년 뉘른베르크에서 다중 총열의 기관총이 발명되며 총알의 방출 방식의 개선이 이루어졌다. 16세기와 17세기 초에는 뉘른베르크, 이탈리아 브레시아, 네덜란드, 프랑스, 카탈로니아, 스코틀랜드 등에서 룬트 손잡이, 회전식 록, 스내퍼 록, 플린트 록, 박스 록 등의 다양한 발사 장치가 개발되고 발화 속도가 지속적으로 개선되면서 새로운 총알 방출 방식이 개발되었다. 총기 제작의 발전에 따라 거의 모든 부품마다 이를 제작하는 전문가가 존재했으며, 총열과 잠금장치 제조자, 총열 제작 대장장

1550년경 프랑스에서 제작된 전투용 도끼에는 금, 은, 그리고 청동으로 장식된 총열이 내장되어 있다.

# 날카로운 시선

안경은 13세기 후반에 발명되었다. 초
기에는 장인들이 녹주석(Beryl)이라는
광물을 재료로 만들었고, 점차 유리를
사용하면서 '독서 보조 도구'로 개발되
었다. 1608년 스페인-네덜란드 전쟁 당
시 안경 제작자 한스 리퍼헤이는 적군
총사령관 암브로시오 스피놀라를 놀라
게 할 목적으로 네덜란드 총사령관 모리
츠 폰 나소 앞에서 망원경을 시연했다.
망원경의 군사적 유용성은 오랫동안
중요했다. 리퍼헤이는 두 개의 렌즈와
조리개를 갖춘 망원경으로 특허를 받
으려 했지만 승인받지 못했다. 유리공
예가 야코부스 안드리안순 메티우스

1550년경 베젤에서 태어나 1619년 미델부르크에서 사망한 독일계 네덜
란드인 안경 제작자 한스 리퍼하임은 갈릴레이 망원경 발명가로 잘 알려
져 있다.

(1572~1628년)와 안경 연마공 자카리아스 얀센(1585~1632년)도 망원경을 발명했다.

1610년 갈릴레오 갈릴레이(1564~1642)는 망원경을 사용해 최초의 과학 연구를 발표하고 '네덜란드 망원경'을
더욱 발전시켰다. 1년 후 요하네스 케플러(1571~1630)는 '천체 망원경'을 구상하고, 그 이후 1613년경 크리스
토프 사이너(1573~1650)가 실제로 제작해서 완성했다. 갈릴레오 망원경과 케플러 망원경은 렌즈를 통과하는
빛의 경로가 다르다. 갈릴레오 망원경과 다르게 케플러 망원경은 광선 경로가 교차하며 이미지가 반전되고 더 넓
은 시야를 제공한다. 갈릴레오의 기술은 오늘날의 오페라글라스에 적용되었고, 케플러 망원경은 현대 천체 관측
분야에서 독보적인 위상을 차지하고 있다. 수공업적 기술이 투입된 망원경은 천문학 발전에 막대한 영향을 끼쳤
다.[32]

이, 금속 연마공, 자물쇠 제조공, 귀금속을 조각하고 상감하는 숙련된 금세공인과 은세공인 등 많은 장인들이 이 분야에서 활동했다. 목수는 다양한 나무와 상아를 조각해 표면을 장식했다. 가죽 장인은 가죽 받침대용 홀더와 가죽끈을, 총알 장인은 총알을 제작했다.

## 정밀 기계, 그리고 섬유 기술

15세기와 16세기에는 정밀 기계와 같은 특수한 목적의 도구와 기계에 대한 수요가 증가했다. 과학의 발전에 의한 기술의 진보뿐만 아니라 예술을 향유하려는 욕망도 이러한 발전을 이끌었다. 야금 분야에서는 소규모 대장장이들과 공구 제작자들이 중요한 역할을 하였다. 특히, 나침반에 대한 수요가 증가하면서 나침반의 정확도가 중요해졌다. 정확한 측정을 위한 도구의 필요성이 대두한 것이다. 2차 가공을 하는 대장장이들은 더욱 미세한 드릴을 만들어야 했다. 약국과 광산 등에서는 물론 교역을 할 때에도 계량 도구가 사용되었다. 이 계량 도구들은 정확성을 요구하였기 때문에 도구 제작자, 금세공인, 청동 및 황동 제조자들은 이에 맞추어 보다 정확한 계량 장비를 만들고자 노력하였고 또 생산해내었다. 뉘른베르크는 오랫동안 도량형 기구, 나침반, 측량기 등을 제작하는 중심지였다. 네덜란드와 영국은 유럽에서 교역의 우위를 점했고, 이에 따라 정밀 기계 공학의 중요성이 더욱 커졌다. 정밀 기계 공학의 뒷받침 없이는 세계정복을 상상할 수도 없었다.

15세기에는 시계 제작자의 수가 급격히 증가했는데, 이들은 주로 철을 다루는 자물쇠 제조공 출신이었다.[33] 그 당시에는 이미 공공장소에 시계탑이 보급되어 있었지만, 이제 사람들은 가정이나 작업장, 심지어 사적인 공간에서도 실시간으로 시간을 확인하고 싶어했다. 장인들은 이러한 수요에 맞춰 스프링 원리를 이용한 작은 시계, 즉 탁상시계와 휴대용 손목시계를 만들었다. 독일, 영국, 스위스의 유명 장인이 만든 시계는 값비싼 사치품으로 지위를 상징하는 물건으로 여겨졌다. 또한 궁정 시계 제작자를 찾는 고객이 늘었고,

16세기부터는 기계장치를 이용해서 움직이는 오토마타, 지구본 시계, 아스트롤라베(낮에는 태양의 고도를 이용해서 시간을 측정하고, 밤에는 별을 이용해서 시간을 측정하는 도구) 등이 각국의 왕족들을 위한 선물로 만들어졌다.

과학자들은 자동화 기술에 관심을 갖고 물이나 바람을 이용한 구동 시스템을 개발했다. 차임 메커니즘으로 움직이는 피규어가 내장된 시계는 이미 중세 시대부터 사람들에게 인기를 끌었다. 1350년경 스트라스부르 대성당에 설치된 대형 시계에는 정오에 종을 울리는 기계 '수탉'이 있었는데 날개를 펄럭이고 깃털을 펴면서 울었다. 프라하 천문시계는 1410년경에 만들어졌고 시간과 더불어 별들의 행로를 보여주는 아스트롤라베 시계였다. 천문학적 다이얼의 계산과 디자인은 체코의 수학자 얀 신델이, 시계 무브먼트는 미쿨라츠 카다네가 고안했다. 1659년에는 두 개의 다이얼 옆에 숫자를 추가했고, 1882년에는 기계 장치로 움직이는 '수탉'을 내부에 설치했다. 이 수탉은 현재 스트라스부르크 박물관에 소장되어 있다. 1506년~1509년 요르그 호이스는 뉘른베르크 프라우엔 교회에 예술적인 시계 맨라인라우펜(Männleinlaufen)을 만들었다. 이 시계는 정오가 되면 벽에 붙어 있는 인형들이 움직이고 일곱 명의 사제들이 가운데 앉아 있는 찰스 4세 황제 주위를 세 번 돌며 경의를 표한다. 20세기 초에 제작된 뮌헨 시청의 대형 시계 캐리온은 셰플러의 길드 댄스를 묘사했다. 이렇게 큰 관심을 받는 대형 피규어 시계는 대부분 소규모 시계 제작자나 금세공인들이 자신의 매력과 존재감을 드러내기 위해 만든 것들이다.

앞서 나왔던 후아넬로 투리아노는 온갖 종류의 기계식 장난감으로 퇴위 후의 찰스 5세를 기쁘게 하려고 노력했다. 특히 투리아노는 아우크스부르크의 한스 슐로트하임(1545-1625)에게 의뢰해 길이 78.5cm, 높이 104cm의 바퀴 달린 기계로 움직이는 범선을 만들었다. 다리 위에서 트럼펫 연주자가 악기를 연주하면 오르간에서 음악이 흘러나오고 북과 심벌즈의 소리에 맞춰 선원들이 돛을 올렸다. 일단의 인물들이 갑판에서 나와 있는데, 황제는 캐노피 아래에 앉아 고개를 돌리고, 신하들은 황제를 향해 절을 올렸다. 슐로트하임은 원숭이가 북을 치고 동물에게 쫓기는 사냥꾼을 묘사한 자동 시계 '거꾸로

1600년경에 제작된 슐로트하임의 자동 시계 '거꾸로 된 세상.'

된 세상Verkehrte Welt'도 디자인했다.[34]

　정밀 기계 분야 외에도 새로운 시대를 맞아 성과를 거둔 것으로는 섬유 관련 기술의 발명이 있다.[35] 1480년경 '날개 달린 물레'는 식물성 섬유나 양모에서 실을 얻는 데 쓰였다. 13세기부터 수 세기 동안 널리 사용되었던 손으로 돌리는 수동 물레는 한 손으로는 섬유를 감아주고, 다른 한 손으로는 바퀴를 돌렸는데, 이 과정에서 생산된 실을 감기 위해 잠깐씩 물레를 멈춰야 했다. 하지만 새로운 물레는 바퀴에 연결되어 있는 가는 끈을 통해 한 손으로 동력을 구동시키면 동시에 날개를 움직이면서 문제를 해결할 수 있었다. 16세기 초에 발명된 풋 드라이브는 또 다른 변화를 가져왔다. 장인들은 풋 드라이브를 이용해 양손을 자유롭게 움직이며 실의 두께와 품질을 제어할 수 있게 되었다. 동시에 모직물 제조에도 상당한 진전이 일어났다. 1495년에는 전단 가공을 할 수 있는 메커니즘이 발명되었고, 16세기에는 양모를 짜는 기계까지 등장했다. 이때까지는 카딩 기계를 이용해 뭉친 섬유 덩어리를 밀어서 으스러뜨리고 압축하는 방식으로 천을 만들었다. 이렇게 만들어진 고밀도의 천은 질감이 거칠고 두꺼운 로덴이 되었다. 원하는 밀도를 유지하기 위해 천은 거칠어졌지만, 부드러운 착용감의 천을 얻는 작업은 카딩 기계를 통해 이루어졌다. 다만, 이 장치의 경우에는 마모도가 아주 높았기 때문에 이후에는 울퉁불퉁하게 튀어나온 섬유를 팔 길이 정도의 가위를 이용하여 힘들게 일일이 잘라내어 벨벳처럼 부드러운 표면을 만들었다. 에르츠 산맥에서는 1550년에 만들어진 최초의 장신구 제작 베틀이 발견되었다. 원칙적으로 직조기와 비슷했는데, 주로 띠나 끈의 형태로 된 장신구를 만드는데 사용한 것으로 보인다.

　16세기 케임브리지 출신 신학자 윌리엄 리(1563~1614)는 어려운 가정 살림을 이끌어야 했다. 그의 아내는 남편의 빈약한 수입을 보충하기 위해 끊임없이 스타킹을 짰다. 윌리엄 리는 구부러진 바늘 끝에서 아이디어를 얻어 숙련된 주부의 손보다 6배나 빠르게 뜨개질하는 기계를 구상했다. 1589년 세계 최초의 '뜨개질 기계'를 완성했으나 특허를 거부당했고, 모델을 개조한 후에도 성공하지 못했다. 윌리엄 리는 이에 굴하지 않고 프랑

윌리엄 리가 만들었던 뜨개질 기계의 복제품.

스 루앙에 니트웨어 제조 공장을 세우며 재차 사업화를 시도했지만, 헨리 4세는 그에게 특허를 부여하지 않았다. 비록 윌리엄 리는 안타까운 결말을 맞았지만, 그의 노력은 미래의 발전을 위한 기틀이 되었다.

# 17세기와 18세기

## 이분법 속 수공업

'앙시앵 레짐(구체제)'이라는 말이 있다. 이 용어는 1856년 알렉시스 드 토크빌이 1589년~1793년 프랑스 부르봉 시대를 묘사하기 위해 만든 것으로, 단두대에서 화려했던 왕조의 마지막을 맞았던 구체제를 가리킨다. 절대주의가 유럽을 지배한 이 시기에는 피비린내 나는 저항이 있었고 이들의 저항은 부분적으로 성공하기도 했다. 미국과 프랑스에서는 계몽주의 정신이 깃든 두 차례의 거대한 혁명의 결과로 '낡은 연대'가 무너졌다. 이 시기를 가리키는 다른 명칭들도 있는데, 미술사에서는 이 시기를 바로크(1600년경), 로코코(1720년경), 고전주의(1770년~19세기)라고 정리했다. 17세기와 18세기에는 큰 차이가 있다. 17세기에는 인구가 정체되거나 심지어 감소하고 임금이 하락하는 경향이 있었지만, 18세기 중반부터는 인구가 증가하면서 경제가 성장했다.[1] 그러나 19세기까지 유럽에서는 도시와 시골을 가리지 않고 전쟁, 흉작, 전염병, 기근으로 수백만 명의 사람이 재난에 시달렸다.[2] 살아남은 사람들 대부분이 빈곤에 시달렸지만, 귀족과 부르주아 엘리트들은 여전히 부유했다. 결국 일용할 양식을 얻기 위한 투쟁이 일어나 프랑스 혁명으로 이어지고 구질서는 몰락했다. 동시에 장인들에게는 일상적인 작업을 수행할 수 있는 환경이 마련되었다.

루앙시에서 발견된 1750년경 제작된 채색 도자기의 일종인 파이앙스. 난로를 제작하는 장인들의 모습이 그려져 있다.

# 재난과 새로운 시작

페스트는 중세 시대 이후 가장 큰 재앙이었다. 1618년부터 1648년까지 발발한 30년 전쟁과 18세기 초까지 유행한 페스트는 유럽에서 수백만 명의 목숨을 앗아갔다.[3] 런던에서만 1665년~1666년에 걸쳐 7만 명이 사망했다. 작가 다니엘 디포는 『런던의 페스트』에서 장식품, 옷, 가구 등을 제작하는 많은 업체가 페스트의 영향을 받았다고 언급한다.

> 직공과 기타 제작공, 금세공인, 은세공인, 재봉사, 제분업자, 제화공, 모자 및 장갑 제작 장인, 실내 장식가, 소목공, 안경 제작자 및 이와 관련된 수많은 수공업도 피해를 입었다. 공장주들은 일을 중단하고 직인과 노동자를 해고하며 사업을 중단했다.

1666년 페스트 이후 런던의 많은 공예 산업은 절망적인 상황에 처했다. 디포는 특히 건축 분야의 불안정한 상황과 실업 문제를 강조했다.

> 수많은 집이 갑자기 비워진 상황에서 아무도 집을 지을 여유가 없었기 때문에 건축업자들은 일거리를 잃었다. 그리고 이 여파로 벽돌공, 석공, 목수, 소목수, 미장공, 화가, 유약공, 자물쇠공, 배관공 등의 노동자도 모두 실업자가 되었다.[4]

페스트가 종식되고 몇 달이 지나지 않았을 때 런던의 한 빵집에서 화재가 발생했다. 화재는 순식간에 번져나가며 중세 시대에 지어진 건물 대부분이 파괴되었을 뿐만 아니라 살아남은 인구 절반 이상이 집을 잃게 되었다. 끔찍한 상황이었지만, 오히려 이 재앙으로 일자리 창출의 기회가 만들어졌다. 그 결과 건설업은 전환기를 맞이했다. 런던의 건축가 크리스토퍼 렌(1632~1723)은 불타버린 세인트 폴 대성당을 바로크 양식으로 재건하는 과정에서 미켈란젤로가 로마에 만든 성 베드로 대성당의 돔 모델을 탈피해 자신만의 방식

1666년 9월 런던에서 발생한 화재를 묘사한 현대 회화로 불타고 있는 세인트 폴 대성당이 그려져 있다.

을 모색했다. 그가 만든 세인트 폴 대성당의 돔은 세 겹으로 나뉘어져 있다. 돔의 내부에는 낮은 벽돌조 돔이 아래에 위치해 있고 그 위에 세운 채광탑을 지탱하기 위한 벽돌조의 끝에다 둥근 원추형의 궁륭을 만들었으며, 다시 그 위에 채광용 랜턴을 올린 후 목조 트러스를 세워 외부 돔의 형상을 만들고 납으로 마감하는 방식이었다.[5]

이와 유사한 상황은 드레스덴에서도 펼쳐졌다. 1685년 알텐드레스덴(오늘날 드레스덴 신시가지)과 1701년 엘베강 반대편의 드레스덴 성에도 무시무시한 화재가 발생하여 도시를 폐허로 만들었다. 1694년부터 작센의 총독을 역임하며 1697년부터 폴란드의 국왕이 된 '강건왕' 아우구스트(1670~1733)는 재건 작업을 지휘했다. 드레스덴에서 오래된 반목조 건축물이 사라지고 바로크 양식을 꽃피우는 데에는 프랑스와 이탈리아 건축가들이 많은 영향을 미쳤다.

이 시기 유럽의 건축업은 대대적인 변화가 시작되었다. 석공은 대형 프로젝트 건설을 담당하는 장인이 되고, 목수들은 지붕 트러스 공사를 전문으로 맡았다. 독일에서는 벽돌공, 거푸집공, 비계공 등의 직업이 발전했다. 벽돌공은 주로 벽돌을 쌓아 돈을 벌었는데, 벽돌 건축이 드물어졌다고 해도 독일 남부와 중부 지역에서는 여전히 수요가 많았다. 런던에서 큰 화재가 발생한 1666년에 지거란트의 작은 마을 프로이덴베르크도 전소되었

지만, 목수들은 이를 오래된 반목조 스타일로 재건하려 노력했다. 17세기~18세기 독일 남부와 중부에서는 중목 구조, 즉 무거운 나무를 사용하는 건축이 다시 유행했다.[6] 북유럽, 발트해 연안 국가와 러시아에서는 목조 건축이 널리 보급되어 부분적으로 보존되어 있으며, 오늘날 주택 건축에도 신선한 자극이 되고 있다. 도시에서는 기와나 슬레이트로 지붕을 덮는 스타일이 성행했지만, 시골에서는 여전히 초가나 이엉과 같은 전통적인 양식이 흔했다. 따라서 굴뚝 청소부는 농촌 지역의 화재 예방에 더 많은 관심을 기울이고 주기적으로 점검해야 했다.

## 전쟁, 박해 그리고 새로운 분야

유럽의 30년 전쟁은 17세기를 통틀어 가장 큰 분쟁이었다. 이 외에도 1609년~1618년 1차 폴란드-러시아 전쟁과 1700년~1721년 발트해 지역을 둘러싼 대 북방 전쟁이 잇달아 발발했다. 18세기에는 혁명전쟁과 나폴레옹 전쟁까지 피비린내 나는 분쟁이 계속되었다. 17세기는 오스만 제국의 팽창주의가 맹위를 떨친 시기이기도 하다. 1683년 오스만 제국은 1529년에 이어 다시 한번 비엔나를 침략했다. 이로 인해 마자르족과 독일의 수공업은 심각한 타격을 입었지만, 오스만 제국의 정복지에서는 가죽 가공업이 성행하게 되었다.[7]

전쟁으로 이득을 보는 직업도 있었다. 매년 브란덴부르크-프로이센 보병의 유니폼을 갱신할 때면 군납 업체와 관련된 리넨 직공, 천 직공, 단추 직공, 트리밍 직공, 머리 리본 직공, 셔츠 직공, 모자 직공, 신발 직공, 신발 끈 직공 등을 거느린 재단사들에게 주문이 들어왔다. 군대는 안장공, 대장장이, 목수, 소목장 등의 장인들도 고용했다. 일반 병사와 부사관도 종종 구두 수선이나 재단, 붓 제작, 바구니 짜는 작업 등을 수행했는데, 이는 지역 장인들의 불만을 사기도 하였다.

1740년부터 프로이센의 국왕이었던 프레드릭 대왕(1712~1786)은 7년 전쟁(1756~
1763) 동안 73,686,720파운드(약 3,400만㎏)의 화약을 소비했고, 이로 인해 탄약이 고갈될
위기에 처했다. 자국 내 제조업체만으로는 충분한 탄약을 생산할 수 없게 되자 국왕은 결

1698년 바이겔 판화 작품에 묘사된 화약 제조공의 모습.

국 영국과 네덜란드에 주문을 넘겼다. 무기 제조 상황도 이와 비슷했다. 소총과 권총의 생산을 위한 철이나 철제 대포는 스웨덴에서 수입을 했고, 권총은 솔링겐과 줄에서, 머스킷은 벨기에의 리에지에서, 청동 총과 소형 화기는 네덜란드에서 조달되었다.[8] 전쟁의 영향은 유럽 전역의 사업체로 확장되었으며 많은 장인들이 전쟁 무역에 크게 관여하게 되었다.

그럴수록 전쟁으로 이익을 얻는 사람과 전쟁 때문에 생계의 위협을 받는 사람들 사이의 대립이 커졌다. 오스트리아 남부 바덴의 한 치안판사는 1683년의 오스만 제국의 침공에 대해 "도시는 침략 당했다. 곡식은 몰수당하고, 재산은 약탈당하거나 불태워졌으며, 군인들은 적군의 노예로 끌려갔다."[9]고 그날의 재앙을 상세하게 묘사했다. 베를린의 제빵 명장 요한 프리드리히 하이데 역시 7년 전쟁의 세심한 관찰자였다는 것을 증명했다. 그가 남긴 기록에 따르면, 전쟁은 화폐의 가치에도 영향을 미쳤다. 그의 가게 카운터에서는 '좋은 동전'과 '나쁜 동전'이 돌아다녔다. 이 표현은 돈이 가진 실질적인 가치에 관한 것이었다. 오늘날과 달리 지폐 대신 동전이 일반적인 지불수단으로 자주 쓰였는데 동전에 포함된 귀금속의 함량에 따라 그 가치가 평가되었다. 은이 많이 함유되거나 순은으로 주조된 동전은 금액 자체보다 상대적으로 높은 가치를 지니고 있었다. 문제는 거스름돈으로 받는 동전으로 인해 발생했다. 동전의 명목상 가치가 주조할 때 들어간 귀금속의 가치보다 훨씬 컸기 때문이다. 그러므로 그것을 받으려는 사람이 없었다. 하지만 하이데 가문의 생계는 이들 동전에 달려 있었다. 하이데는 뛰어난 수완과 영리한 계산으로 가능한 한 좋은 동전의 재고를 늘리기 위해 합리적인 방법으로 나쁜 동전을 처리하였다. 즉, 나쁜 동전을 사용해서 곡물 등을 구입하는 한편, 좋은 동전들을 모아 자산을 늘려갔던 것이다. 그리하여 나중에 동전의 가치에 대해 왈가왈부하지 않도록 하면서도 큰 수익을 올릴 수 있었다. 원칙적으로 모든 사람들이 하이데 가문처럼 행동해야 했지만, 일반 시민이 은이나 금으로 만든 큰 금액의 동전을 구하는 일은 쉽지 않았다. 마침내 전쟁이 끝나고 평화가 찾아왔을 때, 하이데는 하느님께 감사 기도를 올렸다. 하지만 전쟁이 끝나기 직전에 곡물 가격이 폭락했고 제빵업자와 양조업자들은 비싸게 구입해 둔 재료의 재고 때문에 상당한 손실을 감수해야 했다는 말을 덧붙인다.[10] 제빵사들도 가끔은 이렇게 곤경에 빠지기도 했지만, 굶주림에 지친 고객들은 경기 변동에 따른 가격 인상을 이해하지 못했다. 그래서 프랑스 혁명 동안 제빵사들의 상당수가 대중들의 분노를 직면했고 희생양이 되었다.

종교개혁 역시 수공업에 영향을 미쳤다. 1199년부터 런던, 1317년부터 뤼벡, 1320년부터 바젤에는 묵주 제작 장인인 '파터노스터Paternosterer'가 있다. 그런데 개신교가 등장하자 전과 같은 양의 묵주가 더 이상 필요하지 않게 되었다. 이들의 생계가 막연해진 것이다. 호박琥珀가공 장인 역시 마찬가지였는데 이들은 결국 기존 직업을 버리고 보석 거래인으로 전환하는 경우가 많았다.[11] 그다인스크 등 발트해 연안의 금세공인, 백랍 세공인, 조각가, 화가, 목수, 묵주 제작 장인의 상황도 크게 다르지 않았다. 전례복 제조업체인 파라먼트에서 일하는 사람들의 작업량도 크게 감소했다. 이들은 새로운 환경에 적응하며 작업 방향을 바꾸거나 다른 곳으로 이직해야 했다.

17세기와 18세기에는 종교분쟁이 오히려 더 심화되었고, 집단뿐만 아니라 개인에게도 영향을 미쳤다. 약 27년간의 공직생활을 거쳐 아우크스부르크를 유럽 건축의 중심지로 만든 유명한 건축가 엘리아스 홀은 1629년 도시 건축가로서의 지위를 잃었다. 자신의 복음주의 신앙 때문이었다. 1648년 베스트팔렌 평화 협정 이후 스와비안 제국은 개신교와 가톨릭의 균형을 맞추기 위한 '평등' 헌법을 제정했다.[12] 이것은 같은 직업의 장인들이 각각 서로 다른 개신교 길드와 가톨릭 길드에 가입하는 결과를 낳았다. 문제는 가톨릭 신자는 가톨릭 신자에게, 개신교 신자는 개신교 신자에게서 기술을 배워야 한다는 것이었다. 또한 이 문제로 인해 아우크스부르크의 직인뿐만 아니라 먼 지역으로 여행을 하거나 그곳에 정착한 모든 사람들이 이런 상황에 적응해야 했다.[13]

17세기 영국에서는 급진적인 개신교도들이 모여 종교개혁과 함께 성상파괴운동을 일으켰다. 이 운동은 17세기까지 지속된 교회의 화려함에 반대하는 종교개혁의 부수적

1750년 베네치아 묵주 제작자들의 모습.

인 현상으로, 교회 내의 제단을 비롯하여 거장들의 작품들이 파괴되었다. 영국의 남북전
쟁(1642~1649) 이후 공화정 시기에 영연방 국가 원수로서 청교도적 엄격함을 주장했던
올리버 크롬웰(1599~1658)은 정작 그 자신은 음악을 즐겼음에도 불구하고, 미적 즐거움을
누리는 것에 대해 비난하였다. 크롬웰의 통치하에서 공예가들은 급격히 줄어버린 주문
때문에 큰 어려움을 겪었다. 화려함에 대한 적대감은 영국의 많은 지역, 특히 스코틀랜
드에서 청교도 개혁파가 득세하는 과정에서 뚜렷하게 나타났다. 스위스, 네덜란드 및 인
근 지역과 동 프리지아의 사람들도 엄격하고 단정한 검은색 옷을 입고 화려하지 않은 평
범한 모자와 신발을 착용했다. 그럼에도 최고급 천이나 벨벳, 흰색 레이스, 은색 단추, 핀,
버클 등으로 지위와 부를 짐작할 수 있었다. 1660년 영국 군주제가 재건되었을 때 사무
엘 페피스(1633~1703)는 당시 런던의 일상생활을 살펴볼 수 있는 매우 방대한 양의 일기
를 남겼다. 그 일기를 통해서 힘들고 엄격했던 시대가 끝나면서 많은 장인이 안도의 한숨

을 내쉬었다는 것을 알 수 있었다. 그러나 가톨릭과 개신교의 갈등으로 인해 생긴 문제는 여전히 유럽 곳곳에 남아 있었다. 가톨릭 신자인 네덜란드인들은 세심하게 잘 갖추어져 있지만 조심스럽게 숨겨져 있는 가정교회에서 예배를 보았다. 루터교도들은 가톨릭 지역에서 종교적 소수자로서 인정받지 못했고, 예외적인 경우를 제외하면 항상 동등한 지위에 있지 못했다.[14] 그나마 포용력을 보여준 것은 개신교였다. 예외로 인정된 프랑스 위그노, 보헤미안 형제단 같은 '망명자'들뿐만 아니라 종교개혁파와 가깝게 지냈던 오스트리아 루터교 국가들에서도 상대방을 인정하는 모습들이 보였다.

1617년 덴마크 국왕 크리스티안 4세(1577~1648)는 엘베강 유역의 글뤼크슈타트에서 포르투갈계 유대인을 비롯한 소수 민족을 보호했으며, 슐레스비히홀슈타인의 프리드리히 3세 고토르프(1597~1659) 공작도 1621년에 새로 설립된 프리드리히슈타트에서 같은 일을 했다. 아울러 7개의 교파가 활동한 이곳에서는 모든 종교인들의 평등이 이루어졌다. 이를 유대인에게도 적용했는데, 이것은 당시에는 상식을 뛰어넘는 파격적인 것이었다. 상업 영역에서 최대한의 이익을 추구했던 왕과 공작들은 외국인 상인, 장인, 가수, 의사의 활동을 독려하며 국가의 발전을 촉진했다.[15]

17세기 폴란드는 독일 상인과 장인, 이탈리아 가수, 프랑스 재단사, 스페인 의사를 인정하며 외국인 없이는 존재할 수 없는 나라가 되었다.[16] 당시 폴란드 - 리투아니아에서는 모든 종교인을 받아들였는데, 30년 전쟁 기간 동안인 1620년 이후 합스부르크 왕가에서 실레지아에 반개혁 조치를 취하자 폴란드 귀족들이 개신교 난민들을 받아들이기로 결정했던 것이다. 이렇게 수용된 난민들은 폴란드에서 대규모 직물 공장을 세우는 데 성공했다. 왕실의 특권으로 폴란드 - 리투아니아에 있는 대부분의 직물 제조 도시에서 관세가 면제되었고, 이로 인해 영국으로부터 수입되는 직물이 감소했다. 1650년 그다인스크 항구의 분위기는 다음의 문장으로 요약 설명된다. "최근 독일 전쟁 이후 그곳에 정착한 직물업자들 사이에서는 프라우엔슈타트, 폴리쉬 뤼세[리사] 등지의 제품이 품질이 더 좋으며 더 저렴하게 팔리고 있다." 1660년~1775년에는 폭력적인 반종교개혁이 발생해 개

신교 인구의 대부분이 이주해야 했다. 그러나 이 시기에도 개신교도를 위한 틈새시장이 열렸는데, 귀족들은 개신교인이 정착할 권리를 주장하기도 했다. 1764년부터 1795년까지 폴란드 국왕이었던 스타니스와프 아우구스트 포니

아토프스키(1732~1798)는 다시 가장 높은 수준의 종교적 관용을 선언했다. 이 선언으로 바르샤바의 루터교 신자 수는 8천 명에서 18세기 말에는 거의 9만 명까지 늘어났는데, 그들 대부분은 장인이었다.[17]

합스부르크의 세습 왕가와 잘츠부르크의 대주교단으로부터 추방당한 사람들은 17세기 내내 폴란드 - 리투아니아, 헝가리, 브란덴부르크 - 프로이센으로 이주했다. 그들 중 많은 사람들이 프랑코니아 호엔촐레른의 작은 마을에 머물렀다. 이들은 농민과 함께 살기 위해 건너왔지만, 결과적으로 농촌 지역의 공예품 생산량을 증가시켰다. 이주민의 대부분은 제분업자, 목수, 수레 제작자, 대장장이, 벽돌공, 정육점 주인, 천이나 리넨 직공이었다. 그럼에도 불구하고 대부분의 경우 산업 구조의 변화는 크지 않았다.[18]

인구감소는 사실 절대주의 통치자들의 이익에 부합하지 않았다. 루이 14세(1638~1715)는 위그노(신교도)들에게 종파를 바꾸도록 강요하고 1661년에는 이민을 금지했지만, 이를 완전히 막을 수는 없었다. 1685년 '태양왕'은 1598년에 서명된 낭트 칙령을 폐지하고 위그노의 시민권을 박탈했다. 수십만 명에 달하는 이민자들은 스위스, 네덜란드, 영

국, 아일랜드, 북미의 영국 식민지로 이동했고 그곳에서 시민권을 받았다. 브란덴부르크의 프레드릭 윌리엄(1620~1688)은 1685년 초에 이 '난민'들을 수용했는데, 이는 숙련된 전문가를 받아들여 국가 경제력을 강화하려는 목적이었다. 부유한 유대인에게 정착을 허가했던 1671년의 정책을 반복해 이민자들을 수용하면서 윌리엄은 교역 경험이 풍부하고 광범위한 인맥을 가진 이민자들이 프랑스의 섬유 및 사치품 생산, 누에 사육, 수출용 공산품 분야에서의 경쟁력을 제고하리라 기대했다. 브란덴부르크에서는 대략 40개의 새로운 직업이 생겼으며, 18세기 중반에는 3분의 2가 숙련이 필요한 직종에서 일을 하였고, 무역에 종사한 상인들은 13~17%에 불과하였다.[19]

*Le grand Electeur reçoit les refugiés dans ses Etats.*

1685년 낭트 칙령이 폐지된 후 프랑스의 위그노들이 이주했다. 1782년경 다니엘 초도비에츠키가 그린 이 판화는 브란덴부르크의 "위대한 선제후(選帝侯)"인 프레드릭 윌리엄(1640~1688년) 앞에 난민들이 모인 모습을 보여준다.

프랑코니아 호엔촐레른 사람들은 베를린에 있는 그들의 친척처럼 행동했으며, 수많은 위그노들은 에를랑겐에 정착했다. 독일인들은 프랑스인들로부터 기술을 전수받았고, 이들이 전수받은 기술로 만든 제품은 프랑스에 팔렸으며, 이 때문에 프랑스에서는 장인의 수가 꾸준히 감소했다. 이러한 재정착이 아무런 분쟁 없이 이루어진 것은 아니다. 이민자 사이에도 갈등은 있었는데 루사티아의 직물 제조업자 길드는 새로운 경쟁자를 원하지 않았기 때문에 주권자의 정책에 격렬히 저항했고, 1690년 뉘른베르크에서는 위그노들의 시장 접근을 거부했다.

## 상사商社의 출현

절대주의, 중상주의, 상공업은 경제적으로 밀접한 어휘이며, 모두 국가의 이익을 위해 무역을 촉진하고 물품의 수입을 최소화하며 수출을 늘리는 것을 목표로 삼았던 시대를 대표하는 개념이다. 이 시기 통치자들의 궁극적인 목표는 자신이 통치하는 나라를 위한 경제 정책, 즉 자국의 물건이나 제품이 외부의 물건이나 제품에 대해 최대한의 독립성을 유지하면서 동시에 우위를 확보하는 것이다. 루이 14세 당시 프랑스의 중상주의 창시자인 장 밥티스트 콜베르(1619~1683)는 제조업 중심의 정책을 강력하게 옹호했다.제조업 중심의 정책은 기본적으로 분업에 기반한 생산 방식, 중앙 집중화, 대규모 기업 구조라는 세 가지의 공통점을 가지고 있다. 이는 크게 두 가지 유형으로 구분해 볼 수 있지만, 서로 혼합된 형태로 나타날 수도 있다. 첫째, 서로 다른 직종의 장인들이 한곳에 모여 함께 일하는 것이다. 예를 들어, 마차 제작의 경우 도장공, 대장장이, 자물쇠공, 덮개를 씌우는 사람, 안장공, 캐비닛 제작자, 옻칠공, 금세공사, 유약공, 거울 제작자, 청동 주물공이 고용되었다. 반면 광범위한 작업이 필요하지 않은 직종에서는 개별 작업을 세분화했다. 대다수의 직물 공장이 이러한 방식으로 조직되었고, 종이 생산에서 페인팅 및 포장에 이르기까지 고도로 분업화된 카드 생산도 마찬가지였다. 이와 같은 제조 공장을 '기업'이라고 부르기도 했지만, 오늘날의 기업과는 공통점이 거의 없다. 제조 공장에서는 베틀과 같은 도구나 장치들이 사용되었지만, 기계는 거의 사용되지 않았다. 이곳에서는 실크 제작자

1680년경에 그려진 이 그림은 세느강과 루브르 박물관이 보이는 파리의 카드 공장을 보여준다. 카드 제작 단계는 인쇄부터 골판지 제작, 자르기 등으로 나누어져 있었다..

나 방적공[20]처럼 전문 기술을 가진 여성과 수많은 보조원, 그리고 남녀 아이들이 함께 일하는 경우가 많았지만, 모든 공정을 결정하는 것은 장인이었다. 작업의 속도를 결정하는 것은 기계가 아니라 도구를 다루는 전문가들이었기 때문이다.

1596년 개신교 신자인 상인 바르텔레미 드 라페마스(1545~1612)는 제조 공장에 관한 자신의 기록을 출판했다. 그의 아이디어는 당시 프랑스 국왕 헨리 4세(1589~1610)의 지지를 받았다. 이 시기 프랑스에는 세 종류의 제조 공장이 등장했다. 왕실 소유의 제조 공장, 왕실 명령으로 설립돼 왕실 문장을 사용하는 독립 제조 공장, 그리고 개인 소유의 제조 공장이었다. 이들은 길드의 의무에서 벗어나 특수한 지위를 차지했으며 세금과 보조금을 비롯한 각종 특혜를 받았다. 독일의 작센 지역에서는 17세기부터 19세기까지 오랜 제조업의 전통을 확인할 수 있다. 브란덴부르크-프로이센에서는 1676년 '위대한 선제후' 프

## 바사호의 웅장한 침몰

스웨덴 국왕 구스타프 2세 아돌프(1594~1632)는 1625년 군함 '바사' 호를 건조하라는 선대의 숙원 사업을 위임받았다. 하지만 그는 이를 수행하는 대신 1627년에 네덜란드의 조선 거장인 헨드릭 하이베르츠준에게 상부의 포 갑판에 가능한 한 많은 대포를 장착하도록 명령을 내렸다. 이 프로젝트는 길이 69m, 폭 12m, 주 돛대 52m, 면적 1300㎡의 갤리온선을 제작하는 명성이 높은 프로젝트였다. 상부 포탑과 하부 포탑에 총 64개의 대포가 장착되었다. 바사호는 30년 전쟁 당시 발트해에서 덴마크와 폴란드군을 무찌르기 위해 설계되었다. 1628년 8월 10일, 바사호는 동일한 선박 건조 프로젝트의 결과물이었던 자매 함선 '크로노' 호와 나머지 두 척의 배와 함께 시연에 나섰다. 하지만 최대한 많은 숫자의 대포를 장착하겠다는 구스타프 2세의 욕심으로 인해 선박의 무게 중심이 불안정해지면서 복원력에 문제가 있는 상태였다. 결국 바사호는 진수된 후 항구에서 약 1해리 떨어진 곳에서 침몰했고, 1961년에 인양될 때까지 바다 속에 묻혀 있어야 했다.

바사호를 건조하기 시작한 것은 1626년이었다. 선박 목수들은 선박의 여러 부분에 대한 템플릿을 미리 만들었다. 그런 다음 그들은 숲에서 가장 좋고 가장 적합한 목재를 찾았다. 하이베르츠 준은 유능한 장인이었고 경험도 풍부했다. 선박 건조에 종사하는 모든 장인들역시 높은 수준의 기술을가지고 있었다. 그들은선체를 장식하는 다양한인물 조각품들을 최상의방법으로 아주 화려하게만들어냈다. 그리스 로마신화와 구약성서에서 모티브를 가져 온 이 조각작품들은 정교하게 제작되어 적들을 겁먹게 했다.

정교하게 복원된 바사 호가 1990년부터 스톡홀름의 바사 박물관에 전시됐다. 바사호는 인양 당시 상태가 매우 잘 보존되어 있었다.

비록 바사호는 침몰했지만, 스웨덴은 북부 유럽의 강력한 국가로 부상했다. 그리고 스웨덴의 칼스크로나에 자리 잡은 조선업은 유럽 최고의 위치를 차지했다.

리드리히 빌헬름이 프랑스 모델을 기반으로 새로운 무역 정책을 펼쳐 경제적, 군사적 부흥을 이끌었다.[21]

　1601년에는 라페마스의 주도로 파리 태피스트리(여러 가지 색실로 그림을 짜 넣은 직물) 제조 공장이 설립되었고, 1664년에는 너무나 유명한 고블랭 파리 태피스트리 제조 공장이 탄생했다. 같은 해에 동일한 제품을 전문적으로 생산하는 회사가 보바이스에, 1년 뒤에는 오부송에 설립되었다. 이들의 최종적인 목표는 플랑드르-네덜란드의 최고 제품들과 동등하게 경쟁하는 것이었다. 1664년~1667년 사이 수많은 공장이 등장해 다양한 공예품을 생산했다.1665년 생 고뱅에서는 베르사유 거울의 전당에 쓰일 유리를 생산하는 유리 제조 공장이 문을 열었는데, 지금까지도 운영되고 있다.[22] 1665년 아베빌, 1667년 빌뇌베와 사프테스에서는 원단을 생산했는데, 즉, 이들 공장들은 모두 대도시가 아닌 시골에 위치해 있었다. 1670년 쉐브뢰즈에서는 트리밍을 만드는 공장이 설립되었으며, 이곳에서는 고급 의류와 실내 장식용 리본, 주름 장식인 플라운스, 장식용 끈과 줄 같은 사치품을 생산했다. 1653년에는 델프트에 '도자기' 제조 공장들이 구축되어 지금까지도 유명한 '델프트 블라우Delfts blauw'를 제작하기 시작했다. 이 도자기는 네덜란드 선박이 유럽으로 가져온 중국 도자기를 모방한 것이었는데, 이후에는 북해와 발트해 연안에 이를 모방한 제조 공장들이 생겨났다. 그러나 처음에는 흰색의 고운 고령토 성분인 카올린이 부족해 자기가 아닌 도기에 가까웠다. 이후 1708년 드레스덴의 두 자연 과학자 에렌프리트 발터 폰 치른하우스(1651~1708)와 요한 프리드리히 뵈트거(1682~1719)가 오랫동안 노력한 끝에 유럽에서 첫 번째로 자기를 생산하는 데 성공했다. 1710년에는 마침내 폴란드 마이센에 '왕립 폴란드 및 선거 색슨 도자기 제조소'가 설립되었다. 도자기 제조법은 국가 기밀로 분류되어 '아르카눔Arkanum'이라는 이름으로 밀봉되었다. 그러나 이 비밀은 금세 유출되어 1718년 비엔나에서 자체적으로 도자기를 생산하는 데 성공했다. 그리고 1740년에는 뱅센, 1756년에는 파리 근교인 세브르, 1744년 상트페테르부르크, 1763년 베를린, 1771년 리모주(세브르에 이어 프랑스에서 두 번째 생산지), 1775년 코펜하겐에서도 도자기를 생산하게 되었다. 당시 색슨족 도자기 장인들은 처벌의 위험을 무릅쓰고 도자기 생산과 확산, 그리고 유통에 나섰다. 영국에서는 약사 윌리엄 쿡워시(1705~1780)가 도자기 생산의 선구자로 활약했다. 1751년 그의 지식을 활용했던 도자기 제조 공장은 엄청난 이익을 얻었다. 그는 오늘날 로열 우스터 도자기 회사의 탄생에 큰 영향을 미쳤다. 고급 도자기를 만드는 작업에는 고도로 훈련된 전문 장인들이 투입되었다. 도자기뿐만 아니라 조선소, 제철소, 소금 공장에서도 고도로 훈련된 사람들이 필요했는데 이들은 철저하고 흠잡을 데 없이 완벽한 사람들이어야만 했다.

1680년 스웨덴-브란덴부르크 전쟁에서 연이은 패배를 겪은 스웨덴 국왕 찰스 11세 (1655~1697)는 전쟁 준비를 위해 혁신적인 조선소를 갖춘 대규모 항구를 칼스크로나에 구축했다. 이곳에서 영국의 거장 조선업자인 프란시스 셸던은 수백 명의 장인을 고용해 새로운 군함 건조에 착수했다.[23]

제조업과 마찬가지로 중간 형태의 기업을 의미하는 가내수공업, 그리고 출판업은 18세기 출현한 아주 특수한 형태의 기업이었다. 상인들은 원자재를 가져와서 소위 '가정 노동'이라고 불리는 농업 활동으로 완제품을 만들게 하였고, 전주는 그 제품들을 유통하였다. 이러한 생산 방식은 특히 섬유 산업에서 만연했는데 이것을 '프로토 산업화 protoindustrielle', 즉 원시 산업화라고 한다. 생산 단계가 개별적으로 분산되어 있었기 때문에 서로 다른 가정에 업무를 분배할 수 있었다. 따라서 생산이 개별 단계로 세분화된 제조 공장과는 달리 관련 노동자들이 분산되어 일을 할 수 있었다.[24] 영국의 일부 브리타니, 작센, 동베스트팔렌, 실레지아에서는 수요가 많고 쉽게 팔릴 수 있는 직물을 공급했고, 이 직물들은 주로 출판업자들에게 큰 이익을 가져다 주었다. 반면, 직공들의 임금 수준은 매우 열악했고 이들의 출판업자에 대한 사회적, 경제적 의존도는 매우 높았다. 단가가 하락하고 경쟁이 치열해지면서 국내외 공급업체들의 상황이 악화되었다. 결과적으로 이 시스템은 18세기~19세기 봉기로 이어질 수 있는 잠재적 갈등을 안고 있었던 것이다. 결국 1844년 오들렌 산맥에서는 잘 알려진 실레지아 직공 봉기가 일어났으며, 직공의 비참한

1844년 휘브너가 그린 '실레지아 직공들'이라는 제목의 이 그림에서 공장주는 직공들이 만든 옷감의 품질이 좋지 않다는 이유로 거부하는 모습을 보여준다.

운명, 저임금 실레지아의 가내 직조공들의 삶은 이미 떠오르는 노동운동의 조짐 속에서 작가들의 지속적인 관심을 받았다. 1844년 하인리히 하이네는 시 「실레지아 직공들」을 발표했고, 1894년에는 게르하르트 하우프트만의 드라마 『직공들』이 초연되었다.

## 아름다운 외관

군주들은 제조업과 세금 수입으로 얻은 이익을 군대, 궁정, 웅장한 건물, 특히 성에 투자했다. 1661년 루이 14세는 원래 사냥용 오두막으로 지어진 시설을 여러 단계에 걸친 리모델링하여 화려한 장식의 베르사유 궁전으로 개조했다. 이 궁전은 왕이 죽기 5년 전인 1710년 폭 570m에 달하는 규모로 완성되었으며, 여기에 수백만 리브르가 소모되었다. 베르사유 궁전 건축에는 전쟁 및 다른 건설 비용과 맞먹는 정도의 국가 예산이 소모되었다. 17세기와 18세기의 많은 유럽 군주는 물론, 심지어 작은 영토를 소유한 공국의 왕자들도 궁전 건축에 엄청난 비용을 투자했다. 동시에 미장공, 화가, 장식장 제작자, 목재 선반공, 금세공인, 마차 제작자, 안장공, 실내 장식공, 유리 및 거울 제작자, 대장장이, 자물쇠 제작자, 벽지 및 태피스트리 제작자 등 많은 장인들이 궁전의 아름다운 외관을 장식하는 데 참여하며 수익을 창출했다. 궁전, 극장, 교회에서는 미장공이 프레스코 화가와 긴밀히 협력해 웅장한 인테리어를 완성했다. 미장 기술은 르네상스 시대에 이미 충분히 발전해 있었다.

이전에는 석공이 수행하던 작업을 미장공이 대체하면서 미장공에게는 건축 분야의 지식과 창의적인 기술이 필요해졌다. 석고 플라스터 작업은 해당 분야의 재료에 대한 높은 수준의 지식이 필수적이었고 신중한 준비 과정과 설계 기술도 필요했다. 미장공들은 빠르게 굳어가는 석고를 정교하고 능숙하게 다뤘는데, 이 기술은 오늘날까지도 건축에 사용되고 있다. 이탈리아 티치노, 그리고 그라우뷘덴 출신의 석고 예술가들은 한 지역에 정착하기보다 이주해가며 기술을 전파했는데, 오스트리아와 독일 남부 지역에서 출발해 독일 북부, 덴마크, 폴란드까지 이동하며 건축가, 석공, 프레스코 화가 등 다양한 분야에서 활약했다.[25] 코모 호수와 루가노 호수 사이에 위치한 스칼리아 출신인 카를로네 가문의 예술가들은 17세기 초부터 18세기 중반까지 이탈리아, 오스트리아, 독일 남부를 이동해 다녔다. 그중 카를로 마르티노 카를로네(1616~1667)와 도미니코 카를로네(1615~1679)는 비엔나 호프부르크의 레오폴딘 윙 건축에 참여하면서 비엔나의 장인 건축가로서 중요한 역할을 맡았다.

건축가인 카스파르 페이히트마이어(1639~1704년경)와 미장공 요한 슈무저(1642~1701)는 어퍼 바이에른에 바로크 양식의 새 건물을 세웠는데, 이 베소브룬 베네딕트 수도원은 몇 세대에 걸쳐 600명 이상의 중요한 장인들을 배출한 훈련 학교이기도 하다. 훗날 미술

# 뷔르츠부르크 대저택

뷔르츠부르크 대저택은 두 명의 예술가가 만든 세계문화유산이다. 그중 한 명은 보헤미아 에겔 출신의 발타자르 노이만(1687~1753)이었고, 다른 한 명은 베니스 출신의 화가인 지오반니 바티스타 티에폴로(1696~1770)였다. 노이만은 1720년부터 1744년까지 뷔르츠부르크 대저택의 건축가로 일했다. 그는 베르사유 궁전에서 착안한 넓고 웅장한 계단을 이곳 뷔르츠부르크 대저택에 만들었다. 브루흐잘과 브륄에 만든 그의 계단도 유명하지만 뷔르츠부르크의 레지던스에 있는 계단만큼 웅장하고 넓게 연출된 계단은 그 어디서도 볼 수 없다. 노이만은 베르사유 궁전이 모델이었던 이 저택에 18×30m 면적의 바닥에 삼 단 계단을 만들었다. 그리고 그 위에는 600m²가 넘는 함지 모양의 둥근 천장을 펼쳤다. 티에폴로는 1752년부터 1753년까지 이 둥근 천정에 세계에서 가장 큰 천장 프레스코화를 그렸다. 아프리카인, 아메리카인, 아시아인과 동물들, 그리고 고대의 신들이 함께 하늘 위에 어우러져 있는 상상 속의 모습이었다. 이 건물에는 미장공 안토니오 주세페 보시(1699~1764)의 작품도 새겨져 예술과 공예의 완벽한 상호작용에 대한 자신감을 다시 한번 보여준다. 보시는 '황실 홀'을 티에폴로의 화려한 프레스코화와 금빛 벽돌로 장식함으로써 로코코 양식으로 꾸며진 '화이트 홀'과 대조되는 효과를 연출했다.

1742년 노이만은 바트 슈타펠슈타인의 비어젠하일리겐 대성당 건설을 계획하고 꾸준히 진행했으며, 한편으로는 정적 하중을 계산한 혁신적인 아치형 천장에 대한 '광범위한 상상력'을 발휘해 이전에는 얻을 수 없었던 인테리어 디자인을 구현하는 시도를 감행했다. 그의

제자 요한 토마스 니슬러는 노이만의 정신을 이어받아 1772년 이 위대한 작품을 완성했다. 티에폴로는 죽기 전까지 마드리드 궁전에서 일했으나, 새로운 고전주의 스타일을 도입한 보헤미안 안톤 라피엘 멩스(1728~1790)와의 경쟁에서 밀려나 책임자 자리를 양보해야 했다. 이로써 스페인 궁정에서의 바로크와 로코코 시대는 끝이 났다.

뷔르츠부르크 대저택의 기념비적인 계단의 모습.

사학자들은 이 학교를 '베소브룬 사람들의 학교'라고 불렀다.[26] 이 학교 출신으로서 왈룬 프랑수아 드 쿠빌리에(1695~1768)를 비롯한 여러 명의 미장공들은 건축가로도 일을 했고, 벽을 흙으로 장식하는 벽토 장인으로 일을 하면서 상당한 부를 축적했다. 남독일 후기 바로크의 대표 작가 에기드 퀴린 아삼(1692~1750)은 뮌헨에 우아하고 화려하게 디자인된 그의 집 옆에 자신만의 교회인 성 요한 네포무크(아삼 교회)를 건설할만큼 부유했다.

화려한 장식 벽토와 마찬가지로 실내공간을 디자인하는 벽지가 유행하게 되었다. 동양에서는 오래전부터 사용되었고, 중세 시대 무어인들은 스페인에서 정교하게 장식된 금박 가죽 벽지를 생산했던 경험을 가지고 있었다. 밀라노와 베네치아에서 제작된 르네상스 벽지는 주로 예술가들에 의해 만들어졌다. 심지어 뒤러도 벽지의 그림을 디자인했다. 네덜란드에서는 16세기부터 중국산 수공예 종이 벽지를 수입했고, 그밖에도 양피지, 실크, 벨벳, 벨루어 등으로 벽을 장식했다. 양모와 고밀도 직물인 옥양목으로 만든 러그도 있었다. 또한 유럽인들은 아메리카 원주민의 벽지 제작 기술을 가져와서 화려한 장식 문화를 꽃피웠다. 그중에는 희귀하지만 매우 가치가 높은 깃털로 장식된 벽지도 있었다. 직물장인, 가죽장인, 종이장인, 금세공인들이 이러한 사치품의 생산을 전문으로 했다. 사치품이기 때문에 가격이 상당했지만, 엄청난 부를 축적하고 있는 부르주아들이 늘어나면서 오히려 판매는 확대되었다. 1660년 영국에서는 새로운 군주제가 청교도주의를 대체하면서 벽지 주문량이 대폭 증가하였다. 영국과 프랑스의 벽지 제작자들은 옥양목 프린팅 기술을 습득했고, 종이 시트는 구리 롤러로 마감되었다. 요한 크리스티안 아놀드 (1758~1842)는 1789년 독일 최초의 벽지 인쇄소를 카셀에 설립했으며, 프랑스의 루이 니콜라스 로버트(1761~1826년)는 1799년 푸드리니에 연속 용지 롤을 생산할 수 있는 제지기를 최초로 발명하였다. 이러한 기술적 성과 덕분에 독일의 비더마이어 시대(약 1815년 ~1848년)는 발전할 수 있었다.[27] 인테리어업자와 도배업자는 장식 벽토, 돌, 나무 모자이크, 세공 마루, 카펫, 벽지, 태피스트리, 거울, 커튼 등을 재료로 웅장하고 아름다운 실내장식을 완성했다. 이는 오늘날도 마찬가지이다. 하지만 여전히 실내 장식에서 가장 중요한 것은 가구이다. 가구는 귀족과 부르주아 엘리트 모두에게 가장 귀중하고 가치 있는 재산이었으며, 종종 외교 관계를 발전시키기 위한 선물로도 사용되었다. 이런 가구들은 주로 열대의 흑단을 가공할 수 있는 전문 지식과 기술을 지닌 가구공의 손에 의해서 만들어진 것이다. 17세기부터 가구의 정교한 표면처리를 전문으로 하는 이들은 에베니스트라고 불렸다. 가구의 표면처리는 인레이, 인커스트, 상감 세공 세 가지 기술로 전문화 되었다.

1720년경 금색과 은색 줄무늬가 양각된 가죽 벽지.

목재 표면에 나무를 삽입하여 그림을 새기는 것이 상감 기술이고 금, 은, 청동, 거울 유리, 상아, 거북이 등껍질, 자개 등의 비목재 부품을 삽입하는 것이 인레이 기술이며, 표면을 아예 다른 것으로 덮는 기술이 인커스트이다. 상감 세공 작업은 먼저 문양을 매우 정밀하게 스케치하고 약 3mm 두께의 얇은 베니어판에다 그림을 옮긴 다음 톱으로 문양을 따라 잘라낸다.[28] 요즘은 보통 두께가 1mm에 불과한 베니어판을 사용해서 칼이나 레이저 빔으로 쉽게 절단할 수 있다. 잘라낸 것을 목재 플레이트에 접착한 다음, 얇은 베니어 층이 손상되지 않도록 세심한 주의를 기울여 바니시로 샌딩하고 연마를 해서 완성한다.

르네상스 시대에 이미 이탈리아, 독일, 네덜란드에서 시행되었던 상감 세공 기술은 이후 프랑스로 도입되었고 그 결과 목공이 번성했다. 네덜란드 가문 출신의 프랑스 캐비닛 제작자 앙드레 샤를 불레(1642~1732)는 고작 25살의 나이에 파리에서 수십 명의 직원을 거느린 성공한 장인이었다. 1672년에는 '국왕의 에베니스트'로 임명되면서 일반 가구 제작자가 누릴 수 없는 권리를 얻었다. 그는 청동 주조, 조각, 금세공 등 다른 장인이 전담하는 작업을 자신의 작업장이 있는 팔레 뒤 루브르에서 직접 진행할 수 있었다. 불레는 이상적인 선과 비율, 고급스러운 상감과 표면 처리, 그리고 부속품, 플라스틱 피규어, 거울, 시계, 도자기, 기압계, 온도계, 기타 희귀품을 가구에 결합하는 방법 등을 선보이며 독보적인 스타일을 창조했다. 무엇보다 상감 세공 기술을 완벽하게 익혀 '불레 상감 세공'이라는 명칭까지 붙었다.[29] 그의 스타일은 19세기에 자주 모방되었지만, 누구도 그를 완벽하게 따라할 수는 없었다.

최고 수준의 캐비닛 제작자는 파리뿐만 아니라 런던에도 있었다. 그중에서도 토마스 치펜데일(1718~1779)이 제작한 의자는 부유한 고객들 사이에 인기가 많았다. 처음에 치펜데일은 프랑스 로코코 스타일을 익힌 다음 고전주의에 눈을 뜨고, 마침내 네오 고딕 양식까지 섭렵했다. 18세기 런던이 발전을 거듭하면서 건물들이 들어서게 되었고, 그만큼 많은 가구들이 필요해졌다. 캐비닛 제작의 대가인 조지 세든(1727~1801)은 앨더스게이트 스트리트에서 사업을 시작했는데, 이곳에는 유명한 비즈니스 회사 '리버리 컴퍼니'가 자리를 잡고 있었다. 세든은 이곳에서 캐비닛 제작자, 에베니스트, 조각가, 금세공인, 실내 장식가, 거울 제작자, 청동 주조인 등 약 400명의 장인을 고용했고, 풍부한 인력

1710년경 루이까뜨즈 스타일과 불레 기법으로 제작된 장식장.

을 바탕으로 심플하면서도 고급스러운 가구들을 만들었다.

　　네덜란드, 비엔나, 베를린, 뮌헨, 드레스덴, 마인츠, 뷔르
츠부르크는 물론, 소규모 도시 노이비트에서도 뛰어난 캐비
닛 제작자들이 활동했다. 당시의 여러 에베니스트와 상감
기술자들 사이에서도 아브라함 뢴트겐(1711~1793)과
그의 아들 데이비드 뢴트겐(1743~1807)은 단연 두각
을 드러냈다. 아버지는 런던에서 일했는데, 훗날 그
의 아들은 헤른후터 브뤼더게마인의 창립자
니콜라우스 루드비히 그라프 폰 진젠도르
프 백작과 그곳에서 만났다. 헤른후터 가
문은 검소함을 추구했지만 뢴트겐 부자가
명품을 생산하는 일을 막지는 못했다. 뢴트겐
부자는 외부에 나서지 않고 고품질의 작품을
제작하는 일에 전념해서 그들의 분야에서
성공했다. 특히 데이비드 뢴트겐은 프랑
스 왕실의 중요한 시계 제작자 피터 킹징
(1745~1816)과 함께 일하는 것을 즐겼다.
특히 정교한 기술로 예술적으로 정밀하
게 제작되는 공예 가구인 시계는 확실히
명예와 권위의 대상이었고 동시에 독실
한 메노나이트 신자였던 킹징
에게는 지상의 유한함을 상징
하는 물건이기도 했다.[30]

1776년 오크와 장미 나무로 제작된 이 대형 장식장은 로렌의 찰스 알렉산더를 위해 데이
비드 뢴트겐이 제작했다. 음악이 나오는 시계는 피터 킹징이 제작했다.

## 명예로운 시계 제작자들

아브라함 루이 브레게의 고객 중에는 프로이센 왕 프레드릭 윌리엄 2세, 프랑스 왕비 마리 앙투아네트, 그리고 나폴레옹, 알렉산더 폰 훔볼트 등이 있었다.

17세기와 18세기는 시계 제작에 있어서 위대한 시대였다. 시계는 철학을 상징하는 물건이자 높은 수익성을 보장하는 사치품인 동시에 최고 수준의 기계적 정밀도를 보여주는 발명품이기도 했다. 한번 움직이기 시작하면 멈추지 않고 스스로 돌아가는 시계는 신이 만든 창조물에 비유되었다. 초기 계몽주의 철학자 고트프리트 빌헬름 라이프니츠(1646~1716)는 인간의 몸과 영혼이 두 개의 시계 바늘처럼 조화를 이루며 작동한다는 관념을 설파하기도 했다.

시계 제작자들은 중세의 폐쇄적인 단체 조직 방식에 얽매이지 않고 그들만의 독자적인 길드를 결성하기 위해 많은 노력을 기울였고, 17세기에 이르러 유럽 전역을 아우르는 길드를 만들었다. 영국 국왕 찰스 1세는 1631년 8월 22일 런던 시내에 그들과 상당한 재정적 이해관계가 있는 '고명한 시계 제작자 협회'의 설립을 승인했다. 시계와 부품 제작은 리버리 컴퍼니의 회원만 제작할 수 있었는데, 이곳에서 활동하려면 5년의 견습 과정이 필요했다. 이들은 교육시간, 상품의 품질 및 시계 거래를 관리하며 경찰의 도움으로 작업장과 창고, 심지어 선박까지 수색할 수 있었다. 오늘날 리버리 컴퍼니는 여전히 존속할 정도로 전통이 있지만, 과거와 같은 강력한 영향력은 잃어버렸다.

네덜란드인 크리스티안 휘겐스(1629~1695)는 버지 이스케이프먼트가 장착된 최초의 진자 시계를 발명하였다. 반면 소형 시계를 전문으로 제작하는 유명한 거장들은 매우 많으며, 앵커와 휠은 꾸준히 개선되었다. 영국인들은 종종 창의적인 시계 제작자로 두각을 나타냈지만, 역사상 가장 위대한 시계 제작자 중 한 명은 스위스 뉴샤텔 출신의 아브라함 루이 브레게(1747~1823)였다. 그는 브레게 헤어스프링, 투르비옹 및 여러 혁신적인 기술을 도입해 소형 시계를 정밀도 면에서 세계 최고 수준의 제품으로 만든 발명가이다. 브레게가 1775년 스위스 라베이에 설립한 주식회사는 지금도 최고급 명품 시계를 가장 비싼 가격에 공급하고 있다.

# 고급스러운 패션과 아름다운 사운드

벨벳, 레이스, 실크 직물, 스타킹, 리본, 머리띠, 단추는 공장에서 생산되었고 모자, 장갑, 베일, 허리 패드, 고래 뼈 코르셋은 전문 장인이 만들었다. 귀족 및 부르주아의 의복과 마찬가지로 신발은 궁정의 영향을 받아 예술 작품이 되었다. 부유한 고객을 위해 일하는 제화공은 최고급 가죽이나 염료를 칠한 가죽뿐만 아니라 브로케이드, 실크 자수 및 금과 은, 그리고 진주를 장식품으로 사용했다. 당시에는 남성과 여성 모두 하이힐을 신었는데, 발뒤꿈치는 발가락의 안정적인 모양을 위해 위쪽으로 배치되었다. 오뜨 꾸뛰르의 패션 디자이너인 쿠르티에들은 일부는 고급 여성복을, 그리고 일부는 남성복을 디자인했는데, 가운, 드레스, 모피 망토, 스카프, 방한용 토시 그리고 넥타이 등을 17세기 프랑스에서 시작된 새로운 패션 스타일에 따라 만들었다. 여성용 모자를 전문으로 제작하는 모자 제조업자, 방직공, 재봉사들이 그들을 지원했다. 16세기부터 유행했던 오래된 스페인의 패션 스타일이 유럽에서 점점 밀려났다.[31]

깃털 장식가들은 주로 타조, 왜가리, 학의 깃털을 재료로 남성용 모자 장식뿐만 아니라 왕자, 기사, 기병, 배우, 숙녀, 말의 머리를 장식할 깃털을 만들었고, 캐노피와 침대를 장식할 꽃다발이나 부케도 제작했다.[32] 남성들은 챙이 넓은 모자의 한 면을 젖혀서 핀으로 고정한 다음에 그 뒤쪽에 깃털을 꽂았다. 여성은 모자 대신 후드가 달린 망토와 비슷한 케이프를 입거나 레이스 천으로 머리를 두르기도 했지만, 남성들에게는 모자를 착용하는 것이 의무였다. 세 면을 위로 젖혀서 쓸 수 있는 챙이 넓은 모자와 가발은 바로크와 로코코 패션의 가장 중요한 특징이었다.

1610년부터 프랑스 왕이었던 루이 13세(1601~1643)는 "예의범절이 보편화되고, 사람들은 더욱 민감해졌으며, 머리털이 없는 사람들이 더욱 많아졌다"라고 말했다. 1786년 요한 게오르그 크루니츠가 집필한 『경제학 백과사전』을 보면,

시민들은 노인을 위해 머리를 기르는 습관이 다시 생겨났는데, 이를 높게 평가해 부족한 부분은 긴 가발로 대체했다. [...] 1626년부터는 궁중, 광대, 무용가들 사이에서 가발을 착용하는 것이 유행했다.

1755년 파리에는 48명의 가발 제작자가 활동했다. 17세기에 이르러서 가르마가 있으며 풍성하고 구불구불하게 길게 늘어뜨린 가발 알롱주가 유행했고, 이후에는 편리성을 위해 짧고 뭉툭하게 만든 가발이 등장했다. 브란덴부르크-프로이센에서는 국고를 확충하기 위해 1698년부터 1717년까지 가발에 세금을 부과했지만, 설교자, 교육자, 학생, 12세 미만의 어린이, 부사관 등은 세금을 면제 받았다. 사람들이 집에서는 가발을 벗었기 때문에 하인리히 폰 클라이스트의 희곡 『깨어진 항아리』에서처럼 대머리나 짧은 헤어 스타일이 등장하기도 했다. 여성들은 미용사들이 디자인한 헤어 스타일로 깊은 인상을 남길 수 있었다. 하지만 19세기에 들어서면서 영국과 아일랜드의 판사, 변호사를 포함한 특정 직업을 제외하고는 가발 착용이 중단되었다.

궁정 보석상은 최고의 보수를 받는 장인이었는데, 색슨족 선제후 아우구스트 2세는 여러 세트의 값비싼 보석을 구입했다. 아우구스트 2세의 궁정 금세공인 요한 멜치오르 딩글링거(1664~1731)는 그의 형제들과 함께 보석을 가공했다. 딩글링거와 에나멜 세공인 게오르그 프리드리히(1666~1720), 그리고 보석상 게오르그 크리스토프(1668~1728)는 오늘날 드레스덴의 유명한 「무굴 제국 황제 아우랑제브의 생일을 맞은 델리 궁」을 만든 주인공이다. 132개의 금과 에나멜 피규어로 장식된 이 작품은 바로크 시대 주얼리 장인들의 장인 정신을 상징하는 이정표가 되었다. 이들 세 사람은 사비로 4909개의 다이아몬드, 160개의 루비, 164개의 에메랄드, 16개의 진주, 2개의 카메오, 1개의 사파이어를 구입했다. 이 보석 수공예품을 가공하는 데에만 8년의 시간이 걸렸다. 딩글링거 형제는 부유했기 때문에 재료비를 충분히 감당할 수 있었지만, 아우구스트 2세에게는 보석 수공예품의 가격인 4만 달러를 지불하기까지 몇 년의 시간이 필요했다고 한다.[33]

비엔나의 황실 궁정에는 여성 전용 공예품을 만드는 장인들이 있었다. 소위 크뢰세린 넨Kröserinnen이라고 불렸던 이들은 최고급 레이스와 프릴을 만들며 궁정의 다른 장인보다 높은 보수를 받았다. 마르가레테 엘반게린은 1637년에 연봉으로 360굴덴을 받았으며, 1656년에는 딸 마리아 카타리나가 어머니의 직책에 해당하는 '엑스펙탄츠Exspektanz' 자격을 인계받았다. 그 당시 비엔나 건설 노동자의 하루 최대 임금은 15크로이처였으므로, 360굴덴을 받으려면 최소한 1,400일을 일해야 했을 것이다. 마리아 테레지아의 여비서였던 안나 슈크리너린(1714~1765)은 35,913굴덴과 40크로이처의 재산을 물려받았다. 당시 비엔나의 야간 경비원은 한 달에 6굴덴을 받았고, 18세기 70년대 교외에 위치한 명문가들의 주택 가격이 1,000~10,000굴덴 정도였다. 요한 아담 폰 아우어스페르그 왕자(1721~1795)는 1777년 바로크 건축가 요한 베른하르트 피셔 폰 에를라흐(1656~1723)와 요한 루카스 폰 힐데브란트(1668~1745)가 설계한 웅장한 궁전을 70,000굴덴에 구입했다. 고액의 보수를 받는 궁중 장인 중에는 남성과의 경쟁에서 우위에 있는 여성 조산사와 금세공인도 포함되어 있었다.[34]

「무굴 제국 황제 아우랑제브의 생일을 맞은 델리 궁」은 바로크의 걸작이다. 1701년에서 1708년 사이에 만들어진 이 주얼리 세트는 색슨족의 선제후인 아우구스트 2세를 것이다.

아름다운 소리는 아름다운 외모와 세련된 패션의 일부였다. 그것을 가장 먼저 가능하게 만든 사람은 음악가 외에 악기 제작자도 포함된다. 17세기 초부터 1750년경까지 지속된 바로크 음악의 시대, 즉 '바소 콘티누오의 시대'는 오르간 제작의 역사에서 가장 위대한 시대였으며 알자스와 작센에서 활동한 실버만 가문의 전성기이기도 했다. 고트프리트 실버만(1683~1753)이 만든 수많은 오르간은 오늘날까지도 작센 지역의 교회를 장식하고 있다. 바소 콘티누오 시대에 기존의 악기들이 사라지기도 했지만, 클라리넷, 프렌치 호른 등 현악기와 달리 간접적으로 공명하여 특정한 음색을 만들어내는 새로운 악기가 만들어지기도 했다. 특히 이탈리아의 도시 크레모나는 안드레아 아마티(1525~1577)와 그의 아들 안토니오 아마티(1560~1649), 지롤라모 아마티(1555~1630)가 만든 바이올린으로 위대한 명성을 얻었다. 지롤라모 아마티의 아들 니콜라 아마티(1596~1684)는 바이올린 제작자들의 왕조를 세운 안드레아 과르네리(1623~1698)의 스승이었으며, 그의 손자인 바르톨로메오 주세페 과르네리(1698~1744)가 남긴 악기는 세계 최고 수준으로 평가받고 있으며는데 매우 희귀하다. 그 중에는 세계적으로 유명한 바이올리니스트 니콜로 파가니니(1782~1840)가 연주했던 바이올린 '과르니에리 캐논'도 있다.

니콜라 아마티의 제자, 세계에서 제일 유명한 악기 제작 장인인 안토니오 스트라디바리(1644/48~1737)는 대략 1,100대에 이르는 바이올린, 비올라, 첼로, 기타, 하프를 제작했다. 이 중 60여 대의 첼로를 포함해 650대의 악기가 현재까지 보존되어 있다. 음악 애호가들이 말했듯이 스트라디바리가 만든 바이올린, 비올라, 첼로는 '깜박거리는' 음색이 특징인데, 그 소리의 비밀은 소빙기(15세기~19세기)에 자란 우수한 목재를 사용했다는 것, 그

1743년 크레모나에서 만든 '과르니에리 캐논'

리고 미네랄이 풍부한 니스를 사용한 프라이밍과 칠, 우아한 몸체 디자인에 있다고 여겨진다. 스트라디바리는 창작열이 절정에 달한 1700년~1725년 사이에 가장 창의적이고 가장 뛰어난 작품들을 남겼다. 스트라디바리의 아들들이 죽은 후에는 루티에 카를로 베르곤지(1683~1747)가 크레모나에 있는 공방을 이어받았다. 우리는 스트라디바리가 만든 악기의 소리를 오늘날에도 세계 유수의 콘서트 홀에서 들을 수 있다.[35]

## 길드 안팎에서 벌어지는 일

언제나 그렇듯 17세기 사회에서도 끝없는 이권 다툼이 벌어졌다. 통치자들은 국가 예산을 늘리고, 상비군에 자금을 조달하며, 장인과 기업의 특권을 보장하는 무역 정책을 펼쳤으며, 때로는 전쟁을 일으키기도 했다. 그러나 장인들은 국가보다 자신과 가족의 이익을 우선시했다. 이러한 상황에서 국가와 장인들의 이해관계가 충돌할 수밖에 없었다.

14세기 초에 영국에서는 리버리 컴퍼니가 등장했는데, 이들에게는 특히 교역에 관한 법을 준수할 책임이 있었다. 또한 상인과 상인연합, 그리고 장인들이 모여서 설립한 기타 여러 회사도 있었는데, 이들은 모두 특정 직종이나 전문가 그룹에 속해 있었다. 그렇기 때문에 리버리 컴퍼니를 독일의 장인 길드와도 비교해 볼 수 있다. '컴퍼니'라는 명칭에서 짐작할 수 있듯 이들은 유니폼을 입었고 왕이 부여한 '왕실 헌장Royal Charter'의 특권을 누렸다. 시간이 지날수록 이 회사들의 경제적, 정치적 영향력은 점점 커져 갔다. 그들은 도시의 중요한 공직 선거에 참여해 높은 지위를 차지했으며 이를 바탕으로 정치에 적극적으로 개입했다. 16세기와 17세기 영국 왕실의 무역 우대 정책 덕분에 런던은 유럽에서 가장 뛰어난 상업의 중심지로 발전했다. 이는 리버리 컴퍼니가 보호무역주의를 실천하긴 했지만, 혁신에 대해 적대적이지는 않았기 때문이다.[36] 오늘날 런던에는 109개의 전통적 리버리 컴퍼니가 있는데, 이들은 주로 자선활동과 함께 소셜 네트워크의 기능을 수행하

왕실 헌장에 따라 설립된 아이언몽거스 리버리 컴퍼니의 런던 홀.

고 있다. 최근에는 더 많은 회사가 추가되었으며 설립 날짜에 따라 연대순으로 나열되어 있지만, 경제 및 정치적 영향력을 기준으로 우선순위에 따라 나열되어 있기도 하다. 이것에 따르면 무역상과 상인이 1~4위, 금세공인이 5위며 재단사는 7위를 차지하고 있는데 목록의 가장 앞부분에 등재된 장인들이다. '에듀케이터스Educators'는 2013년에 마지막으로 목록에 추가된 모던 리버리 기업이다.

　네덜란드 길드 역사의 전개 과정을 살펴보면 특별한 발전 과정을 보여준다. 중세의 길드는 종종 반란을 일으켰다는 점에서 혁명적이었다면, 17세기가 시작되면서부터 수공업이 도시의 운명을 결정짓던 도시 길드의 민주주의 시대는 끝났다. 다음에 이어진 상황은 이미 잘 작동하고 있는 네덜란드의 상인 자본주의와 협력하는 것이었다. 처음에는 장인들이 제공하는 제품을 통해, 다음으로는 공유하는 네트워크를 형성하는 것을 통해, 그리고 마지막으로는 지식과 기술, 그리고 아이디어를 교환하는 것을 통해 상인 자본주의와의 협력이 이루어졌다.[37]

독일어권 지역에서는 장인 길드뿐만 아니라 직인 협회까지도 보호해야 하는 단체가 아니면 장애물이라고 인식했고, 국가, 장인, 직인, 심지어 수공업을 연구 주제로 삼은 학자들까지도 모두 이 문제에 대한 자신만의 관점을 가지고 있었다. 1530년부터 신성 로마제국의 의회에서는 장인법에 관해 의문을 제기했다. 의회에서 다루었던 많은 다른 일들과 마찬가지로, 선출된 대리인들과 제국의 왕자 또는 제국의 도시 대표들이 보다 구체적인 결정을 내리기까지는 오랜 시간이 걸렸다. 1665년~1672년까지 집중적인 논의가 이루어졌지만, 그 논의는 '제국의 수공업 조례'가 실제로 시행된 1731년까지 지속되었다. 그 결론을 요약하면 다음과 같다. 길드는 당국의 허가 없이는 회의를 개최하거나 수공업 제품의 관할권을 주장할 수 없고, 직인은 이동할 때 당국의 규제와 통제에 따라야 한다는 것이었다. 그리고 '불성실한' 사람을 견습생으로 받아들이지 않는 관습도 길드법의 부당한 조항으로 간주되어 폐지되어야 한다는 것이었다.[38] 이것은 특히 혼외 출생자, 그리고 사형 집행인, 양치기, 그리고 집시의 자녀에게도 영향을 미쳤다. 국가의 대리인뿐만 아니라 많은 사람들이 길드의 폐단과 권한 남용에 대해 인식하고 있었고, 특히 법률가들과 중상주의 정치 경제학자들은 길드 제도의 폐지까지는 아니더라도 철저한 개혁을 적극적으로 요구했다.[39]

군주나 귀족들이 영향력을 행사하는 '주거 도시'에서 길드 소속 장인과 길드 면제 장인 사이에는 큰 차이가 있었다. 비엔나에서 길드에 소속되지 않은 장인 그룹은 궁정 장인, 궁정 자유 장인, 법령주의자로 구분되었다. 궁정 장인과 궁정 자유 장인들 중에는 해당 직종의 길드가 없는 경우도 많았지만, 이들은 대부분 길드에서 기술을 배웠다. 궁정 장인은 궁정에 머물면서 궁정 자유 장인보다 더 많은 특권을 누렸다. 궁정 장인은 계약을 맺고 궁정에서 일을 했다. 이들은 궁정에서 일한다는 지위를 표시하는 문장을 부착할 수 있었고 자유로운 이동도 가능했다. 궁정 장인과 궁정 자유 장인 모두 자신의 작업장과 오픈 상점을 가질 수 있었지만, 궁정 자유 장인은 궁정 장인이 가진 특권을 갖지 못한 상태로 궁정에서 일했다. 길드에 소속되지 않은 장인들 중에는 궁정을 위해 일하는 것과 관계없이 특별한 보호 법령에 따라 일을 하는 법령주의자들이 있었다. 1725년~1726년 동안에 비엔나에만 법령주의자 5,000명이 있었는데, 이들로 인해 길드 장인들이 처한 어려운 상황은 더욱 악화되었다. 이밖에 길드에 소속되지 않은 장인들로는 군인 장인과 집집마다 돌아다니며 일을 찾는 수공업 장인, 그리고 임금노동자들이 있었다. 임금노동자들은 다소 적은 돈을 받으며 일했지만, 다른 두 경우와 마찬가지로 길드에서 부과하는 불이익에 노출되어 있었다.

빈의 벨베데레 궁전은 1717년에서 1723년 사이에 지어졌는데, 현재 이곳에는 중요한 미술품들이 보관되어 있다.

궁정 장인과 궁정 자유 장인 중에서 가장 많은 재산을 형성했던 사람은 16명을 차지한 금세공인과 보석상이었다. 하지만 이들 외에도 의복 장인과 재단사는 10명, 이발사와 외과 의사는 6명, 요리사 5명, 대장장이 4명이 남긴 재산도 상당했다 . 이들이 얼마만큼의 재산을 축적했는지는 그들의 유산을 통해 가늠해 볼 수 있다. 물론 이들 중에는 유산을 전혀 남기지 못했거나 아주 조금만 남길 정도로 가난한 사람도 있었다. 대장장이 요셉 카셀리(1642년생)와 요리사 요한 게오르그 혼(1776년생)은 약 5,000굴덴의 유산을 남겼는데, 여성 4명을 포함해 80명의 궁정 장인들이 이보다 많은 유산을 남겼다. 보석상이었던 요한 카스파르 폰 브레너(1675~1715)가 남긴 유산은 437,825굴덴으로 앞서 언급했던 마리아 테레지아의 여비서인 안나 슈크리너린의 재산보다 12배나 많은 유산을 남겼다. 기록적인 유산을 남긴 사람으로는 궁정 건축가이자 궁정 재정 고문인 요한 베른하르트 피셔 본 에를라흐와 궁정 기술자이자 건축가 어퍼 벨베데레 요한 루카스 폰 힐데 브란트로 그들은 막대한 부를 축적해 귀족과 같은 삶을 누릴 수 있었다.[40]

## 불안정한 존재

유럽 수공업의 내부 갈등은 특히 떠돌이 직인들에게 많은 영향을 미쳤다. 그들은 영국에서 '저니맨Journeymen'이라고 불렸다. 영국에서 그들은 '떠돌이tramps' 생활을 했다. 하지만 독일어권 국가와 비교할 정도는 아니었는데, 이들 국가에서 떠돌이 직인들은 그야말로 '정처 없는 상태'였기 때문이다. 엄격하게 규정된 예외를 제외하면, 원칙적으로 견습 생활을 마친 이들 대부분은 일정 기간 다양한 장소에서 경험을 쌓기 위해 저니맨이 되었다는 의미이다.[41] 그 후에 그들은 정착할 수 있었다. 장인이 되지 못하면, 자신의 집을 소유할 수도 없었고, 가정을 꾸릴 수도 없었는데 이러한 규칙은 19세기까지 적용되었다. 그러나 현실은 달랐다. 실제로 장인이 되지 못한 일부의 직인들은 법적으로 불안정한 상태에서 임금노동자, 또는 자영업자로 활동하며 결혼을 했다. 또한 장인 중에서도 일부는 이와 비슷한 운명을 겪어야 했는데, 그들은 다른 장인에게 고용되어 충분한 수입을 얻지 못했다.

유럽의 역사에서 임금을 둘러싼 노사 분쟁은 유서 깊은 현상이다. 1329년 브레슬라우와 1351년 슈파이어에서 직인들이 장인들에게 임금 인상을 요구하기 위해 힘을 합친 것은 초창기에 속하는 사건이다. 런던에서는 중세 시대 후기부터 직인과 장인은 분리된 공간에서 생활했다. 이는 17세기 이후에 직인 협회의 결성으로 이어졌고, 결국 18세기와 19세기 초의 노동조합 운동으로 귀결되었다.[42] 17세기에 런던의 경제 상황은 매우 심각했다. 이것은 1696년~1699년 모자 장인들의 치열한 임금 투쟁으로 나타났다.[43] 이 난관을 타개하기 위해 길드 협회에서는 직인들의 작업 임금을 재조정했다. 완성된 모자에 대해 9가지의 가격 카테고리를 만들었는데, 최고 품질의 모자는 3실링, 최저 품질의 모자는 9펜스로 결정되었다. 그 결과 약 15%의 임금 인상이 이루어졌지만, 직인들의 불만은 해소되지 않았다. 그들은 보다 많은 임금을 주장했지만, 받아들여지지 않았다. 고용주인 장인들은 직인들의 '불법적인 교섭'을 단호히 거부하며 강경한 입장을 유지했다. 결과적으로 임금 인상이 만족스럽지 않았지만, 이전의 수준으로 돌아가는 것은 아니었다. 이와 달리 1721년에 있었던 재단사들의 임금 투쟁은 상당히 도발적이었다. 직인들은 매우 효과적인 방식으로 작업을 중단했다. 다른 무엇보다 작업 중단으로 인해 조지 1세가 생일에 입을 가운의 제작에 문제가 발생했던 것이다. 그런 다음 직인들은 의회를 찾아가 직접 호소했는데, 당시 유럽 국가에는 청원권이 없었기 때문에 이는 상상도 할 수 없는 도발적인 행위였다. 하지만 불행히도 이 투쟁의 결과는 알 수가 없다.

독일의 신성 로마 제국에서도 임금과 관련해서 파업이 발생했지만, 그보다 중세부터 계속되어 온 '명예'에 대한 논쟁이 더 빈번했다. 이 분쟁 역시 물질적 이익에서 자유로울 수는 없었기 때문에 결국 '바르지 못한' 사람, 또는 '정직하지 못한' 사람이라고 서로를 꾸짖거나 비난하지 않는 고용주와 고용인들만 각자가 원하는 이익을 얻을 수 있었다. 다

1875년 프리느리히 빌헬름 반더러 「우스꽝스러운 떠돌이」라는 그림의 모티프는 '떠돌이 직인'이었다.

만, 법을 어긴 사람들 즉, 국가의 법률, 길드의 규약, 직인 협회의 관습과 관례를 위반하는 사람들은 누구나 명예를 잃을 위험에 처할 수밖에 없었다. 지역이나 길드에 따라 훈련 기간이 다르게 규정되는 것은 드문 일이 아니었다. 다른 직인들의 설득에도 불구하고 너무 일찍 견습 생활을 마무리한 직인은 동료들에 의해 '명예 훼손'을 당하거나 '모욕'을 감수해야 했다. 분명한 사실은 이런 조치의 이면에 일자리를 두고 벌어진 경쟁이 있었다는 것이다. 직인들은 이동이 불가피했기 때문에 모두 '통행증'을 가지고 있었는데, 동료들에 의한 명예 훼손이나 모욕은 어디를 가든 꼬리표처럼 따라붙었다. 이렇게 낙인찍힌 직인들은 일자리를 찾는 데 어려움을 겪었는데, 그 직인을 고용한 장인 역시 평판이 나빠질 수 있는 위험을 감수해야 했기 때문이다. 떠돌이 직인들 역시 정직하지 못한 주인과 함께 일하게 되는 것을 경계해야 했다. 왜냐하면, 그것이 다시 그에게 '불명예'로 돌아올 것이기 때문이었다. 이것은 시간적으로, 그리고 공간적으로도 광범위한 영향을 미칠 수 있었다. 하지만 다른 이유도 있었다. 견습생이나 직인이 해약 고지도 없이 일터에서 도망쳤을 때, 고용주는 이를 명예 훼손의 수단으로 이용했다. 반대로 고용주가 임금을 제대로 지불하지 않았을 때, 직인은 고용주를 비난했다. 그리고 가끔이지만, 직인이 처녀를 임신시키고 도주하거나 범죄를 저지르고 기소를 피하려고 도망치는 경우도 있었다. 당시의 평판을 중시하는 분위기는 범죄자를 체포하는 데에도 매우 효과적인 수단이었다.[44]

1724년부터 아우크스부르크의 구두 장인들 사이에서는 긴장이 고조되고 있었고, 1726년에는 파업이 일어나서 제화공 150여 명이 인근 도시로 추방되는 사건이 발생했다.[45] 이 사건은 커다란 파장을 불러일으켜서 제국 전체를 뒤흔들었다. 수공업의 네트워크가 얼마나 넓은 공간에 영향을 미칠 수 있었는지를 잘 보여주는 것은 직조 수공업에서의 분쟁이다. 1723년 폴란드 리사Leszno에서 발생한 파업은 원만한 합의를 통해 종결되었지만, 이는 폴란드 전역과 작센 지역, 그리고 브란덴부르크 일부 지역의 관련 제조업에 영향을 미쳤다. 하지만 브란덴부르크, 실레지아, 보헤미아, 오스트리아에 있는 대부분의 길드에서는 직인들의 이익이 충분히 고려되지 않았다는 이유로 이 합의를 거부했다.

1818년 브레멘에서 발행된 숙련공 목수임을 증명하는 기능사 증명서.

그 후 여기에서 촉발된 광범위한 부정적인 평가와 평판으로 인해 많은 곳에서 수공예 활동이 마비되어 버렸다. 호헨졸러 가문에서는 경제적인 이익을 목적으로 여기에 개입했지만, 당시의 한 인물이 말한 것처럼 위협의 실체는 공간이었다.

"직인들 사이에 연결이 있는 한 로마 제국에서조차 어떤 법률도 마음대로 제정할 수 없습니다! 왜냐하면 국경을 뛰어넘는 이들의 네트워크가 국가 통치자의 모든 합리적인 결정들을 끊임없이 방해할 것이기 때문입니다."[46]

이러한 사건들은 레겐스부르크의 제국 의회에 영향을 미쳤고, 1731년에는 이미 언급한 제국 수공업 조례를 통과시켰다. 길드와 직인의 분쟁 이후 브란덴부르크와 작센은 특히 이 문제의 정치적 해결에 매우 적극적이었다. 마찬가지로 제국의 여러 도시에서는 수공업과 관련된 경제적 이익이 화두로 떠올랐는데, 도시 내에서 이들 장인의 역할이 강력했기 때문이다. 과거 제국의 상법에서 가장 중요한 핵심 요소는 무엇보다도 이주와 집회, 그리고 관습을 통제함으로써 연대를 강화하려는 직인이나 장인들을 길들이는 것이었다. 이후 직인들은 '기능사 증명서'라는 신분증을 소지하고 다녀야 했다. 이 신분증은 길드에서 발행했고, 그들이 '제대로' 배우거나 일했던 도시의 훌륭한 조각 작품이 그려져 있었다. 그들이 새로운 도시에서 일을 하기 위해서는 이 신분증을 제시해야 했다. 신분증이 없는 사람은 새로운 일자리를 구할 수 없었다. 19세기에는 여행증명서가 오래된 기능사 증명서를 대체했고, 지금에 와서는 값비싼 수집품이 되었다.

　계몽주의 사상가들은 직인들이 처해 있는 상황의 '개선'에 중점을 두고 어디를, 얼마나 오랫동안, 그리고 무엇을 위해 여행해야 하는지에 대해 조언했다.[47] 그들의 주요 목적은 낯선 곳을 여행한 직인들이 새로운 지식을 가지고 돌아오는 것이었지만, 부수적으로는 이를 통해 경제적인 이익도 얻을 수 있었다. 일반적으로 낯선 곳을 떠돌았던 젊은이들은 삶에 대한 경험을 얻을 수 있었고, 수공업적인 측면에서는 당시의 일반적인 관례와 원칙에 따라 실질적인 경험을 쌓을 수 있었다. 그러나 동시에 '스파이' 활동이 드문 일도 아닌 상황에서 뛰어난 장인이 떠돌이 직인에게 자신의 '비법'이 온전히 드러나는 작업장을 맡기고 싶어했을 것인지에 대해서는 의문이 있다. 중세 시대부터 근대 초기까지의 직인이나 장인들은 이주나 여행을 통해 지식을 습득하고 전파하는 것이 반드시 필요하다고 생각했다. 실제로 18세기까지는 이와 같은 방식이 어느 정도 통용되었다. 하지만 정보를 전달하는 매체로서 책의 중요성이 커짐에 따라 이와 같은 방식은 쓸모 없는 것으로 여겨지게 되었다.[48]

# 19세기

## 격변의 수공업

'더 빠르게 - 더 좋게 - 더 저렴하게!'는 근대성과 관련해 필수적인 경제 요소이며, 이는 수공업에도 적용된다.[1] '더 좋게'는 품질에 대한 전통적인 개념이 포함되어 있다. 항상 달성할 수 있는 것도 아니고 항상 충족되지도 않지만, 여전히 양질의 제품이라는 목표를 설정하고 있는 것이다. '더 빠르게'와 '더 저렴하게'는 끊임없이 가속화되는 경쟁적 사고의 특징을 보여준다. 경쟁적 사고는 공장화, 그리고 산업화로 가는 과정에서 결정적인 역할을 했을 뿐만 아니라, 혁신, 적응, 그리고 합리화를 요구했다.

르네상스 이후, 시대의 변화는 과학 기술 영향을 크게 받았다. 레오나르도 다 빈치는 엔지니어로서 시대적 변화에 추동력을 제공했고, 이를 통해 생산 공정을 최적화하기 위해 노력했다. 그가 설계했던 미래 발명품인 증기 기관, 직물 제조기, 자동차와 항공기는 산업화 시대에 현실로 구현되었다. 과거와 마찬가지로 근대적 지식을 갖춘 장인들은 그들의 손으로 새로운 것들을 창조했다. 하지만 그들은 더이상 혼자가 아니었다. 엔지니어, 과학자, 심지어 독학자들의 도움을 받아 상상했던 것들을 실현하는 일이 많아졌기 때문이다. 일반적으로 독학자들이 자신만의 길을 택했던 이유는 정규 교육을 받는 것이 소용없다고 생각했기 때문일 수도 있지만, 대부분은 경제적인 문제로 기회를 가질 수 없었기 때문이었다. 아무튼 결론적으로 과학과 기계, 그리고 합리화는 장인의 작업을 근본적으로 바꾸었고 우리의 현재까지도 바꿔 놓았다.

발로 구동하는 재봉틀은 19세기의 발명품이다.

# 선구자

'울름의 재단사' 알브레히트 루드비히 베르블링거(1770~1829)는 13살이었을 때 아버지는 돌아가셨고 고아원으로 보내졌다. 그는 그곳에서 시계 제작자의 꿈을 꿨지만 재단사가 될 수밖에 없었다. 21살에 장인이 되었지만 역학과 기계에 관심을 가졌던 그는 다리가 절단된 환자들에게 필요한 의족을 개발하는 한편 비행을 꿈꿨다. 그는 생체공학의 선구자였다. 레오나르도 다 빈치와 마찬가지로 조류 비행의 원리를 기구에 적용하려고 노력했고, 자신이 직접 비행 실험을 하기도 했다. 울름 근처의 포도밭은 자연 경사로와 함께 상승 기류까지 있어 비행에 유리한 조건들이 갖춰져 있어서 은밀하게 비행 실험을 하기에 이상적인 지형이었다. 뷔르템베르크 왕국의 국왕 프리드리히 1세는 그에게 일회성 보조금을 지원하면서 그의 첫 비행을 보고 싶어 했다. 반면에 울름 의회에서는 베르블링거를 신뢰하지 않았기 때문에 100m 높이의 대성당 탑에서 비행하는 것을 금지하고, 다뉴브강에 있는 13m 높이의 독수리 요새에서 뛰어내릴 것을 요구했다. 베르블링거는 비계를 사용해 높이를 20m까지 높였다. 기상 악화로 이륙은 여러 번 연기되었고, 바람 상태는 여전히 좋지 않았으며, 국왕은 이미 현장을 떠나버렸다. 1811년 5월 31일 오후 4시에 예정되었던 비행이 5시로 연기되었다. 더이상 기다리기 힘들어하는 군중들이 조바심을 내자 한 경찰관이 그를 밀쳐버렸고, 그는 그만 다뉴브강에 그대로 빠지고 말았다. 어부들이 베르블링거를 다뉴브강에서 끌어냈고 관중들은 그에게 야유를 퍼부었다. 이후 베르블링거는 모든 명성을 잃었고, 재단사인 그를 찾아주던 고객까지 잃었다. 가난하고 쇠약해진 그는 58세에 병원에서 사망했다. 그의 행글라이더가 조금 더 좋은 조건에서 작동했더라면 그 비행은 분명히 성공했을 것이다. 그로부터 80년 후 오토 릴리엔탈 (1848~1896)의 활공 비행으로 인류의 비행은 시작되었다. 1988년부터 울름시에서는 환경친화적인 항공 기술에 대해 권위 있는 "베르블링거 상"을 수여함으로써 늦게나마 그의 명예를 회복시켜 주었다.

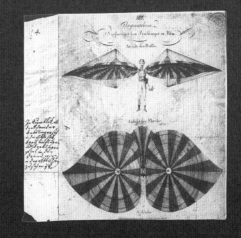

베르블링거의 비행 기계 그림은 1811년에 직접 그린 것이다. 이 운명의 해에 그는 자신의 비행 기계와 함께 다뉴브강에 빠졌다.

# 산업으로 나아가는 수공업

새로운 시대는 증기 동력의 사용으로 가속화됐다. 증기 기관은 18세기 1차 산업화의 문을 열었다. 1712년 영국의 대장장이 토마스 뉴컴(1663~1729)은 이전에 발명된 모든 것에 비해 상당한 진전을 이룬 획기적인 증기 기관을 제작했다. 스코틀랜드의 제임스 와트(1736 - 1819)는 '가장 위대한 발명품'을 개선하기 위해 노력했다. 1908년 말 출간된 백과사전 『마이어스 대어휘사전Meyers Großes Konversationslexikon』에는 와트가 개발한 증기 기관이 '완벽의 단계'에 도달했으며 '일반적으로 사용되고 있다.'고 언급되어 있다. 또한 백과사전은 "1768년에 제작된 첫 번째 기계에서 증기의 압력과 응축을 통해 진공을 생성함으로써 피스톤을 가라앉게 만들었고 균형추는 피스톤을 다시 상승시켰다."[2] 라고 서술

1886년 「사이언티픽 아메리칸」에는 제임스 와트가 황혼기를 보냈던 버밍엄 인근 히스필드에 있는 그의 작업장이 소개되어 있다.

되어 있다. 와트는 특히 그의 증기 기관에서 회전 운동을 직선 추진력으로 변환시키는 연결 구조를 자랑스럽게 여겼다. 그러나 사실 와트의 이력을 보면, 그는 학업과 수공업계 진출이라는 두 가지 방향에서 모두 거절당한 발명가의 대표적인 예였다. 그의 부모님은 학자금을 대줄 수 없는 상황이었고 글래스고의 길드에서는 조기에 중단한 그의 견습생 이력을 인정하지 않아 새로운 기술을 배울 수도 없었다. 1757년에 그는 글래스고 대학교의 '기기 제작자'로 취직해 기계 및 광학 장비의 제조와 수리를 담당했다. 교수와 학생들은 거리가 내려다보이는 와트의 작은 작업실에 방문하는 것을 즐거워했으며, 그의 발명품이 가지고 있는 실용적인 측면, 그리고 전문성과 섬세함을 높이 평가했다.[3]

와트가 발명한 증기 기관의 복제품을 프랑스에서 처음으로 제작했던 것은 이미 1780년의 일이었지만, 이후 수십 년 동안 영국은 이 분야에서 계속 선두를 달렸다. 1810년 영국에서 증기 기관 5,000대가 가동되고 있을 때, 프랑스에서는 겨우 200대가 가동되고 있을 뿐이었다. 1801년에는 루르 지역에서 목수 프란츠 디넨달(1775~1826)이 처음으로 증기 엔진을 작동시켰는데, 이는 유럽에서 가장 거대한 산업 지역이 형성된 중요한 계기였다.

이 근대적 경향성은 18세기 영국에서 매우 특별한 방식으로 시작되었고, 아시아의 공장에서 거의 예외 없이 값싼 임금을 받으며 일하는 노동자들에 의해 21세기까지도 여전히 지속되고 있다. 다음에 소개될 3명의 영국 장인은 산업화의 개척자로 나선 인물들이다.

직공이자 목수인 제임스 하그리브스(1720~1780)가 1764년에 수동식 '스피닝 제니'를 발명함으로써 여러 개의 방추를 동시에 회전시킬 수 있게 되었는데, 이것은 특히 가내수공업에 많은 도움이 되었다. 1769년에 가발 제작자 리처드 아크라이트(1732~1792)는 수력으로 작동되는 '워터프레임'을 개발했다. 그는 노동력을 수력으로 대체하는 이 기술의 특허를 출원했다. 이 기술은 1782년 와트의 증기 기관에도 사용되었다. 이렇게 개발된 '스피닝 제니'와 '워터프레임'은 모두 미세한 원사를 회전시킬 수 없었는데, 1779년 직공이자 방적공이었던 사무엘 크럼프턴(1753~1827)이 두 장치의 기능을 결합해 '스피닝 뮬'을 발명하는 데 성공했다. 아주 가는 실을 생산하는 문제는 한 쌍의 인장 롤러를 사용하여 끈 모양의 섬유 다발인 슬라이버를 늘림으로써 해결되었다. 이를 위해 크럼프턴은 스피닝 제니의 접고 펴는 클로의 원리를 이용하여 그의 뮬에서 견인 롤러 한 쌍과 고정시켜 둔 회전 축spindle을 '교차'시켰다.[4]

   방적공의 하루 작업 시간은 12시간이었고, 동일한 작업을 최대 5,000번까지 반복해서 수행했다. 이 작업은 매우 규칙적이고 집중력이 필요한 방식이어서 특별히 지구력이 좋은 방적공이 필요했다. 방적공의 작업은 기계를 사용하지 않는 수공업적 생산 방식과는 매우 달랐으며 그들을 자격을 갖춘 최초의 숙련된 직물 노동자로 만들었다. 1830년 웨일스 출신의 엔지니어 리처드 로버츠(1789~1864)는 '스피닝 뮬'을 '셀프액팅 뮬'로 발전시켰다. 독일의 현대적인 표현처럼 거칠고, 섬세하고, 부드럽고, 단단한 원사를 생산할 수 있는 보편적인 방적 기계였다. 이로써 노동자가 기계를 제어하는 시대에서 기계를 자동으로 제어하는 시대가 열렸다. 그럼에도 불구하고 여전

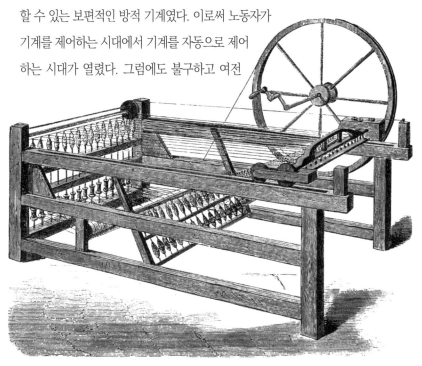

1887년에 목판화로 제작된 '스피닝 제니'.

히 방적공은 필요했다. 그들은 보조 역할에서 기계를 조작하는 사람으로 승진했지만, 실제로 그들이 하는 일은 나사를 조이고 기계를 청소하는 것 등으로 크게 달라지지 않았다. 이제 방적 기술을 가진 장인들은 공장에서 일하는 노동자가 되었다.[5] 1828년 미국에서는 자체적인 기술로 '링 스피닝'이라는 직물 기계를 개발했는데, 이것은 영국 이외의 지역에서 개발된 최초의 방적기였다. 링 스피닝은 '셀프 액팅 뮬'보다 훨씬 더 생산성이 높았다. 이것은 미래의 산업 강국을 알리는 서막이었다.

방적 공장에 이어 직조 공장도 산업화의 길로 들어섰다. 존 케이(1704~1780)는 새로운 직조 기술의 선구자가 되었다. 특히 두 가지 발명품이 중요한 역할을 했다. 하나는 '리드(바디)'로 철망을 사용하는 것이고, 나머지 하나는 1733년에 특허를 받은 북으로 '플라잉 셔틀flying shuttle' 이 그것이다. 그가 발명한 플라잉 셔틀은 생산 속도를 두 배나 끌어올렸다. 플라잉 셔틀은 스프링과 베어링을 이용해서 북이 좌우로 이동하는 과정을 자동화한 것이다. 그러나 케이는 가난하게 죽음을 맞아야 했다. 플라잉 셔틀로 인해 일자리를 잃은 직조공들의 습격으로 그

1805년에 제작된 이 목판화는 펀치 카드로 제어되는 자카드 패턴 직조기를 보여준다.

의 생산 공장이 파괴되었기 때문이다. 1784년에 에드먼드 카트라이트(1743~1823) 목사는 '기계식 베틀' 개발에 참여했다. 1789년에 증기 기관을 사용해 '동력 직기Power Loom'를 처음 구동했을 때, 그는 공장 운영과 관련해서 결정적인 한 걸음을 내디뎠다. 하지만 1793년 그의 사업은 실패로 돌아갔다. 완성된 동력 직기는 금속 부품을 대량으로 생산해야만 가격을 낮출 수 있었지만, 대량 생산이 불가능한 상황에서 동력 직기의 가격이 너무 비쌌기 때문에 판매가 부진했다. 뿐만 아니라, 당시에는 새롭게 개발된 기술이 제품으로 만들어질 때 반드시 넘어야 하는 난관이 있었는데, 새로운 기계의 등장으로 생존의 위협을 느낀 직조공들이 공장의 기계 파괴에 나섰기 때문이다. 뿐만 아니라, 새로운 기술은 생존을 위협받던 직조공들이 끈질기게 공장의 기계 파괴에 나서면서 난관에 부딪혀 좌절되기도 했다.

직조 분야에서 현대화의 진정한 시작으로 간주될 수 있는 발명품은 바로 '펀치 카드'이다. 펀치 카드를 발명한 조셉 마리 자카드(1752~1834)는 리옹에서 직공의 아들로 태어났다. 그의 어머니는 리옹의 유명한 실크 제조업체에서 샘플을 수집하는 사람이었다. 그는 아버지의 직업을 따르고 싶지 않았기 때문에 책 제본하는 일을 배웠다. 하지만 부모님의 실크 공장은 여러 대의 베틀을 보유한 소규모 사업체로 성장했고, 결국 그는 사업을 물려받았다. 프랑스 혁명 기간 동안 공장은 완전히 파괴되었지만, 자카드는 공장을 재건하기로 결심했고 패턴 직조 기술을 자동화하기 위해 노력했다. 나폴레옹 보나파르트가 설치한 국립 예술 공예원에서 그는 1745년 자크 보캉송이 발명한 최초의 반자동 직조기의 잔해를 발견했다. 이후 1805년 이 장치의 기계 부품과 오스트리아 패턴 직조기의 부품을 결합했다. 이 장치는 낚시바늘 모양의 후크와 펀치 카드로 제어했는데, 후크가 천공된 구멍 중 하나에 맞춰지면 해당되는 씨실이 들어 올려지고, 날실이 들어 올려진 씨실을 통과하면서 특정 문양이 만들어지는 방식이었다. 이렇게 해서 그는 매우 다양한 종류의 패턴을 완전히 동일하게 재현할 수 있었다. 펀치 카드는 섬유 기술에 혁명을 가져왔다. 뿐만 아니라, 이 기술은 컴퓨터 산업에도 영향을 미쳤다. 독일 이민자의 아들인 미국 발명가 허먼 홀러리스(1860~1992)는 자신의 이름을 딴 프로세서에 이 펀치 카드를 사용했다. 1980년대까지는 엄청난 양의 데이터를 저장하고 데이터 처리 방식을 프로그래밍하는데 펀치 카드를 활용했다.[6]

## 공장의 장인들

섬유 생산은 더이상 소규모 수공업 작업장이 아닌 공장의 모습을 이루어졌으며, 최초의 산업으로 발전했다. 처음에는 면직 공정이, 그리고 1833년부터는 양모 직조 공정이 기계 작업으로 전환되었다. 한때 영국에서는 직조공이 80만 명에 달했지만, 19세기 초에는 그 숫자가 20만 명으로 줄어 들었다. 19세기 중반까지는 산업화가 다소 늦게 시작된 다른 나라들과 마찬가지로 독일에서도 가정식 직조에는 아무런 변화가 없었다. 공장의 평균 임금은 하락했고, 값싼 임금에도 노동자들은 여전히 그곳에서 일하고 있었다.[7] 프리드리히 엥겔스(1820~1895)는 1845년에 발표한 논문 「영국 노동자 계급의 상태」에서 이러한 상황을 개탄했다.

증기 기관은 기존 산업 규모에는 쓸모가 없었다. 기계는 너무 크고 너무 비쌌으며, 직원, 생산, 판매, 자본, 자원을 두루 관리하는 회사는 규모가 너무 작았다. 대부분 기업들은 여전히 바퀴 구동 방식의 수력에서 동력을 얻었지만, 소위 공장의 수가 늘어나면서 증기 기관은 점점 보편화되기 시작했다. 기계 사용의 증가는 장인의 삶에도 영향을 미쳤다. 이러한 발전이 장인들에게 어떤 영향을 미쳤는지는 두 가지 삶의 기억을 예로 들어 볼 수 있다. 각각의 삶은 한 사람의 영국인과 한 사람의 독일인의 삶이 수공업과 산업 사이를 오가면서 어떻게 진행되었는지를 어린 시절부터 생생하게 보여준다.

먼저 크리스토퍼 톰슨은 1799년 영국 킹스턴어폰헐에서 태어났다. 수공업 장인이었던 그는 1847년에 자서전을 출판했다.[8] 이 책은 증기 기관에 대한 주목할 만한 설명을 담고 있을 뿐만 아니라, 보잘것없는 집안 출신의 젊은이가 어떻게 성장했는지를 생생하게 증언한 작품이기도 하다. 톰슨의 아버지는 영국 해군에 복무하며 나폴레옹과의 전투에 참여했다. 제대 후에는 그동안 모았던 돈으로 펍을 열었지만, 1년 만에 파산하고 임금노동자로 일했다. 크리스토퍼는 11살 때부터 가족을 부양해야 했다. 처음에는 소년 배달부로 일을 했고 다음에는 벽돌 공장 노동자로 취직했다. 특히 겨울철에는 육체적인 고통이 심했는데, "어둡고 추운 새벽 5시에 출근을 하고, 옷도 제대로 입지 못해 동상에 시달렸다. 길을 걸을 때면 도로에 닿는 발의 상처에서 피가 났다. 너무 고통스러워서 눈물을 흘리며" 험난한 유년기를 보냈다. 하지만 크리스토퍼는 '젊음은 인내의 시간'이라며 "젊고 희망이 있다면 고통은 깃털처럼 가볍다."라고 낙관했다. 이후 그는 벽돌 공장에서 도자기 공장으로 옮겨갔고 거기에서 직장 동료 윌리엄으로부터 '진흙의 종류와 용도'를 배우고 고대 에트루리아의 유명한 '테라코타 조각상'에 이르기까지 많은 것을 배웠다. 윌리엄이 베풀어준 친절함은 그가 기록한 것처럼 "좋지 않은 조건 속에서 나에게 단순노동이 되었을 수도 있는 도자기 공장에서의 노동이 나에게 매력적으로 다가올 수 있게 만들어 주었다."라고 서술했다. 지식은 풍부했지만, 정규 교육을 받지 못한 그는 조선소에 견습생으로 들어갔다. 하지만 그는 견습 기간을 마치고도 적합한 일자리를 제안받지 못했다. 그래서 그는 먼저 그린란드로 가는 포경선을 타게 되었고, 도중에 무역선으로 옮겨 가게 되었으며, 결혼 후에는 육지에 정착하기 위해 제재소에서 일하기 시작했다. 굴곡진 삶을 살아온 그는 당시 많은 사람과는 달리 기계 사용에 거부감이 없었다. 그는 다음과 같이 이야기했다.

"내가 이 일을 시작했을 때 베니어 톱의 전성기는 이미 지나갔다. 공장들은 점차적으로 수작업을 기계 작업으로 대체했는데, 여기에 쏟아진 장인들의 저주는 시끄럽고 폭력적이었다. 그들은 새로운 발명품에 대해 매일 같이 항의했고, 새로운 기계로 인해 발생한 모든 종류의 사고에 대해서 진심으로 기뻐했으며, 기계를 손상시키거나 파괴할 수 있는 기회

1788년 와트의 증기 기관, 19세기 목판화.

가 생길 때면 전혀 거리낌이 없었다. […] 그렇게 악의적인 파괴가 그들에게 이익이 되었는
가? 제재소의 성장과 완성을 방해했는가? 이제 손으로 자른 베니어보다 기계가 자른 베니
어가 더 완벽하고 우월하다는 것을 나는 깨달았고 어떤 가구 제조업체도 더이상 수작업을
하지 않을 것이라고 확신한다. 기계를 도입함으로써 수백 명의 실업자가 생겼다는 사실이
기계 사용에 반대할 충분한 근거가 되는가? 나는 아니라고 생각한다."

다른 사람은 1811년에 태어난 칼 노이만은 목수였다. 빚이 많은 장인의 딸과 결혼
한 그는 채무의 부담으로 도저히 견딜 수 없게 되자 1840년경 일자리를 찾아 나섰고, 눈
앞에 펼쳐진 광경에 깊은 인상을 받았다. "나는 멀리서 증기를 내뿜는 높은 굴뚝을 보았
고, 가까이 다가갔을 때 마치 궁전이나 성처럼 보이는 거대한 공장 건물들에 굉장히 놀랐
다." 그는 여관 주인으로부터 "근면하고 숙련된 목수라면 언제나 공장에서 일자리를 찾

을 수 있다.”라는 말을 들었다. 다만, 여관 주인은 굳이 장인이 되어 정착하라고는 권하지 않았다. 왜냐하면 이 지역에도 장인은 이미 충분했기 때문이다. 가장 먼저 노이만은 당시 증기 보일러, 파이프, 기계 부품, 석탄, 오래된 철이 널려 있는 마당에서 설탕 공장의 작업 관리자를 만났지만 “모든 일자리가 이미 차 있어서 일자리가 없고 무엇보다 목수는 필요하지 않다.”라는 대답을 듣고 실망했다. 결국 노이만은 다른 공장을 찾아 나섰다. 그곳의 공장 주인은 노이만에게 이렇게 말했다 “이곳에 목수는 필요하지 않지만, 당신에게 8일 동안 일거리를 줄 수는 있다. 그리고 만약 나중에 추가 업무가 생긴다면 고용을 연장할 수도 있을 것이다. […] ” 이에 대한 다음과 같은 노이만의 반응은 충분히 이해할 수 있다. “이것은 내가 전문적인 장인도 아닌 사람 밑에서 조수로 일해야만 한다는 것을 의미했다. 하지만 나는 아내와 아이를 떠올리며 그의 말에 따랐다.” 물론 결과는 그 이상이었다. 공장 주인은 목공 작업장을 설치했고, 이곳에서 노이만은 숙련공 5명의 도움을 받아 작업장을 운영했다.[9] 목공이라는 수공업 분야는 새롭게 등장한 가구 산업에 의해 위협을

1792년 그림에 묘사된 영국 탄광의 증기 기관.

받고 있었고, 사회 구조가 현격하게 변화하고 있는 상황에서 그가 어떻게 장인 수준의 기술을 보유하게 되었는지는 자세히 나와있지 않았다.

19세기 말 '사회정책협회Verein für Socialpolitik'에서는 독일 수공업의 경제적, 사회적 현황을 면밀히 조사했다. 라이프치히의 위대한 정치경제학자 칼 뷰허(1847~1930)가 시리즈의 총괄 편집자로 참여한 이 연구에서 다양한 분야의 수공업에 대한 9권의 연구 서적이 탄생했다. 붓 제작자의 아들이었던 칼 뷰허는 이 프로젝트에서 매우 큰 동기 부여를 받았다. 하지만 안타깝게도 이 프로젝트는 처음부터 너무 방대하고 복잡했기 때문에 포괄적인 개요를 만들어내지는 못했다. 그럼에도 불구하고, 개별 연구의 어떤 부분들은 현장과 작업장의 실제 상황에 대해 매우 통찰력있는 정보를 제공했다.

리처드 허쉬 역시 1895년 마인츠의 임금 상황에 대한 사례연구를 담당했다. "대규모 공장에서는 소수의 인부에게 하루 일당을 지급하는 것이 규칙이다. 반면에 아주 작은 공장의 장인의 경우에는 일당제가 거의 적용되지 않았다. 왜냐하면 기껏해야 한 명, 많아야

1889년 7월 13일자 『Illustrierte Zeitung』 지에서는 기사로 '공장에서의 사고'를 다루었다.

두 명의 조수만 고용되어 있는 작은 공장에서 한 사람이 계속해서 한 작품에만 매달려 작업할 수는 없었기 때문이다. 작은 공간에서 그들은 연마하여 광택을 내고, 대패질로 평평하게 하고, 조립하고, 수리하여 물건을 고객에게 보내야 했다."라고 말한다.[10]

그러나 도급으로 임금을 지불받는 노동자들에게는 물건을 더 빨리 생산할 수 있는 특별한 기계장비가 필수적이었다. 가구 제작 노동자들은 기계 장비를 활용해서 더 많은 임금을 받을 수 있었다. 그들은 대부분 더 많은 가구를 더 저렴한 가격으로 대량 생산했기 때문이다. 가구 산업과 달리 신발 제조업은 기존의 수공업에 비해서도 치열한 경쟁에 직면해 있었다. 이것은 1895년경에 임금을 지급하는 방식의 다양성이 특별히 눈에 띄었던 홀스타인 지역의 다섯 곳을 비교해 보면 쉽게 알 수 있다.

하이데 길드의 최고 책임자는 "그는 직인들에게 반쪽짜리 작업을 하게 했다. 즉 그는 임금의 절반을 지불하고, 식사와 숙소를 제공했다." 모든 곳에서 하루 10시간 근무에 시간 당 30페니히의 최저 임금, 그리고 초과 근무에는 시간 당 40페니히를 지불해야 한다는 규정이 있었지만, 알토나에서는 극소수의 주인들만 그 규정을 지켰다. 특히 규모가 있는 수공업 업체들과 티크스 알토나어의 신발 공장들의 차이는 매우 컸다. 이러한 상황은 임금과 마찬가지로 노동 분업에서도 분명하게 나타났으며 노동과 임금의 분배에 반영되었다. 예를 들어, 티크에서는 연마에는 주당 20마르크를, 재단에는 17~20마르크를, 바느질과 구두창 갈이는 26마르크, 마무리 손질은 15~30마르크, 틀을 제작하거나 틀을 맞추는 일은 10~30 마르크를 받았다. 그러나 공장 밖에서는 어떤 일을 하든 모두 16~18마르크를 받았다.[11] 정착한 장인들은 한두 사람의 직인을 고용하더라도 전체 공정을 개별적인 단계로 나누어 수행할 수 있는 여유가 없다면 이런 식의 전문화를 감당할 수 없었고, 일에 따라 차별화된 임금을 지급할 수도 없었다. 따라서 신발 제조업의 미래는 공장에 있었고 이로 인한 임금투쟁이 격화되었다.[12] 의류 산업에서도 신발 제조업과 비슷한 양상이 나타났는데, 이것은 작은 양장점들과 장인이 홀로 운영했던 소규모 개인 양복점의 미래가 불투명하다는 것을 의미했다.[13]

# 세상을 위한 신발

토마시 바짜(1876~1932)는 8대를 이어온 체코의 제화 가문을 대표하는 인물이다. 그는 1894년에 두 동생 얀 안토닌, 안나와 함께 체코의 소도시 즐린에 신발 공장을 설립했다. 1908년에 바짜는 회사의 단독 대표가 되었고 1930년까지 신발 업계의 세계적인 기업으로 성장했다. 바짜의 성공 비결은 몇 가지 전략에 기반하고 있다. 제조 과정에서의 품질 관리, 판매에 맞춘 생산 관리, 그리고 해외 수출과 세계 곳곳에 지사를 설립하는 것이었다. 특히, 제1차 세계 대전 중에 군화의 신속하고 안정적인 생산은 수익성을 높였다. '바타 그룹'은 캐나다, 프랑스, 인도, 스위스 및 현재의 체코와 슬로바키아에 학교 교육, 사회 시설, 심지어 노동자 정착촌까지 진출했다. 네덜란드의 바타도르프, 프랑스의 바타빌, 인도의 바타나가르 등 세계 곳곳에 바타 그룹과 연관된 이름이 붙은 지명이나 도시가 있다. 한편 항공기 애호가였던 바짜는 1924년 항공기를 제작할 수 있는 항공기 제작사에 관심을 가지게 되었다. 이 항공사는 1934년에 마침내 설립되었고, 1935년에는 공식적으로 항공기 제작을 시작할 수 있었다. 그러나 그는 1932년 불의의 비행기 추락 사고로 안타까운 죽음을 맞이했다.

바타 그룹은 현재 로잔에 본사를 두고 싱가포르, 멕시코시티 및 토론토 등에 마케팅 조직을 두고 있다. 전세계 40개 생산 현장에서 30,000명의 직원을 고용하고 있으며 4,600개 이상의 매장을 운영중이다. 스포츠 항공기 회사인 즐린 에어크래프트(Zlin Aircraft)는 여전히 다목적 항공기들을 제작, 생산 중에 있다.

1935년경에 제작된 '즐린 - 좋은 신발의 도시'라는 제목의 사진엽서. 1920년대와 30년대 즐린의 전형적인 기능주의 건축물, 토마시와 얀 안토닌 바짜의 초상화, 그리고 OK – ATC Avia – Fokker F.VIIa/3m 항공기 등이 담겨 있다.

개별 산업 분야에서 일할 수 있고 더 나은 수입을 얻을 수 있는 숙련된 기술자들을 찾는 일은 어렵지 않았다. 원칙적으로 공장에서 일하는 사람들은 모두 노동자로 간주되었는데, 이것은 명예나 위신과 관련해서 문제가 될 수 있었다. 한 사람의 장인으로서 자영업에 종사하는 것이 '더 나은' 삶이었지만, 궁핍하고 열악한 현실에 부딪힌 그들의 선택은 공장에 취직하는 것이었다. 하지만 예외도 있었다. 공장에 취직한 장인들 대부분은 기계를 작동시키고 유지 보수하는 일을 담당했지만, 일부의 장인들은 칼 노이만처럼 공장을 관리하고 운영하기도 했기 때문이다.

크리스토퍼 톰슨은 기계와 기계 작업에 관해 매우 특별한 견해를 가지고 있었다. 이는 앞에서 인용한 내용들을 뛰어넘는 파격적인 것이었다.

> "나는 기계가 철로 된 뼈와 근육을 가진 무생물이며, 이를 통해 일을 정복하도록 운명 지으신 창조주의 위대한 축복 중의 하나라고 생각한다. […] 그러면 기계가 계속해서 노동력을 줄이고 노동자들은 굶주리게 될까? 그렇지 않다! 그렇다면 노동자의 일을 기계가 대신하고 노동자의 임금을 줄이는 현재의 시스템은 언제까지 지속될까? 다만, 장인이 허용하는 정도까지다. 하지만 더이상은 아니다. 그들은 기계를 만들고, 기계를 작동시킨다. 그들은 기계의 소유자가 될 수 있고, 기계의 막대한 생산력으로 이익을 얻을 수도 있다. 그리고 그것은 그들이 기계를 지배하는 인간이 되기로 결심하면 즉시 이루어질 것이다."[14]

## 자유주의와 사회주의 사이에서

스코틀랜드의 위대한 경제학자 아담 스미스(1723~1790)는 핀의 생산이 8~9개의 연속적인 작업 단계로 나뉘어져 결과적으로 생산성이 크게 향상되었다는 사실에 깊은 인상을 받았다. 1775년경 그는 이 작은 산업 분야에서의 작동 원리가 다른 모든 수공업과 산

아담 스미스의 초상화

업에도 적용되어야 한다고 주장했다. 아담 스미스는 자신이 목격한 공장에 호의적인 태도로 접근했고, 생산 최적화와 자유로운 가격 책정을 옹호했다. 그러나 그는 독점만큼 강력하지는 않더라도 비슷한 효과를 갖는 '길드의 특권'에 대해서는 반대했다. 길드가 "개별 거래에서의 경쟁을 평소보다 제한하고", "개별 상품의 시장 가격을 높게 유지하는 것은 비합리적이며", "이러한 상황을 수세기 동안 지속"했기 때문이다. 또한 그를 분노하게 했던 것은 이와 같은 방식으로 길드들이 경쟁을 인위적으로 제한하기 위해 견습생의 교육을 제한하는 것이었다. 그는 "오랜 견습 기간은 그야말로 불필요하다."고 확신하며 "기계 수공업에서는 단 며칠 동안의 지침을 교육하는 것만으로 […] 충분하다."고 주장한다. 결국 그것은 '그다지 신비스럽지 않은' 대개는 '단순한 수작업'에 관련된 것이기 때문이라는 것이 그의 주장이다.

이것은 분명히 길드의 업적을 부정하는 평가였지만 아담 스미스는 그의 시대의 악폐를 매우 정확하게 인식하고 있었다. 상업적 독점은 아니더라도 개별 길드에 귀족적 특권과 막강한 지위를 부여함으로써 주요 도시들, 특히 회사들의 활동이 두드러졌던 런던에서 길드 회원들은 시장에서 엄청난 이익을 가져가고 있었다. 스미스는 이러한 비정상적인 세태를 비판하며 다음과 같이 말했다. "가난한 사람은 이웃에게 해를 끼치지 않고 자신의 손 재주만을 부려서 살아가기가 어렵다."

동시에 스미스는 "모든 사람이 자신의 노동으로 얻은 재산은 [···] 자신의 모든 재산의 기초가 되므로 [···] 지극히 신성하고 불가침적인 것이다."라고 하였다. 아담 스미스는 제임스 와트의 친구였다. 제임스 와트와 글래스고 길드와의 논쟁이 그에게 길드의 독점적인 권리에 대한 날카로운 비판을 불러일으켰을 수도 있다.[15]

'태생적으로 자유로운 영국인'인 그가 지닌 철저하게 계몽적이고 자유주의적인 사상은 동등한 파트너로서 고용주와 노동자가 공정한 임금 협상을 가능케 했고, 이는 영국 노동조합 운동을 촉발시켰다. 18세기 중반 이래로 노동조합원들은 동등한 방식으로 교육받고, 동일한 것을 생산하고, 동일한 임금을 받아야 한다고 생각했기 때문에 더 낮은 임금을 받고 있는 가난한 런던의 노동자들과 연대했다. 그들은 인상된 여름 임금을 기초로 연간 단위 임금을 설정했고, 하루에 2~3시간씩 근로 시간을 단축했으며, 질병, 노령화, 실업에 대한 대비책도 마련했다. 이후 19세기 초부터는 노동시장이 점점 더 과포화 상태에 이르게 되자, 노동조합에 소속되어 있고 고도의 훈련을 거친 엘리트로 스스로를 '명예로운' 집단이라고 생각했던 숙련 노동자들과 노동조합에 가입되어 있지 않으며 가난하고 '불명예스러운' 땀에 젖은 노동에 시달리는 비숙련 노동자 집단으로 노동자들이 갈라졌다. 1830년대와 1840년대를 지나면서 노동의 균등한 분배를 옹호하는 '노동조합 연합'이 등장하여 이러한 분열을 극복하기 위해 노력했는데, 이들은 전통적인 수공업적 사고의 한계를 극복하고 노동시간의 규제와 임금 평등을 확립했다.[16] 자유주의적 노동자 조직에서 출발한 영국 노동조합은 점점 더 사회주의적인 성격을 띠게 되었으며, 유럽 전역의 노동운동에 큰 영향을 미쳤다.

실제로, 사회주의자들의 주장은 노동조합에 대한 아담 스미스의 자유주의적 비판을 훨씬 넘어서는 것이었다. 그들은 '거대한 규모의 기업'을 손에 쥐고 있는 '상대적으로 소수인 자본가들'이 압도적인 힘을 가진 것으로 보았다. 왜냐하면, '기계를 도구로써 개발'하는 일이 '인간 노동 생산성의 거대한 향상'을 가져왔기 때문이다. 이는 '분산되어 있는 중소기업들'을 밀어내고, '대규모 잉여 노동자'를 만들어내며, '필연적으로 아담 스미스가 말한 현대의 초상인 중소기업의 몰락'을 초래했다. 프롤레타리아와 몰락한 중산층에게 이런 결과는 '존재의 불확실성과 비참함, 그리고 압박, 굴욕, 예속, 착취의 증가'를 의미했다.[17] 그래서 1899년 칼 카우츠키(1854~1938)는 이것이 유럽의 모든 산업 국가에서 소규모 수공업 기업들이 겪었던 문제라고 주장했다. 그럼에도 불구하고 수공업은 살아남았다. 다만 산업화 이전과 같은 형태는 아니었다. 기존의 수공업자들은 재고 조정, 새로운 장비의 도입, 경영 합리화 및 경영 개선에 직면해야 했다.

## 새로운 추진력, 새로운 기술

전통 수공업과 현대 수공업의 중요한 차이는 동력의 사용에 있다. 전통 수공업은 사람과 동물, 물이나 바람의 힘을 이용했다. 이를 통해 선반, 물레, 직조기, 기중기, 철제 망치, 제재용 톱 등을 움직일 수 있었다. 일반적인 작업장에서 증기 기관을 사용하기에는 너무 크고 투자와 운영 비용이 너무 많이 들었다.

증기 기관을 도입하기 위해 노력을 기울이는 기업가들이 있었다. 1873년에 설립된 뷔르츠부르크 최초의 가구공장인 게브루더 빌헬하이머가 대표적인 인물이다. 그러나 회사의 소유주인 두 명의 유대인은 목수가 아니었고, 무역업에 종사하다가 장비를 다루는 잡지사를 운영했다. 잡지사 운영을 통해 그들은 '일반적인 제품에서 호화로운 고급 제품까지를 모두 아우르는 가구와 바닥제' 제조에 필요한 투자금을 마련했다. 1878년~1879년 상공 회의소 보고서에는 두 사람의 말을 다음과 같이 기록하고 있다.

"우리 공장에는 원형 톱 3대, 밴드 톱 2대, 직선톱 1대, 대패 기계 1대, 트렁크 드릴링 기계 1대, 프레이즈반 2대를 포함한 선반 4대 등의 기계들이 18마력의 증기 기관에 의해 지속적으로 가동되고 있다. 기계공, 가구 제작공, 소목공, 선반공, 조각가, 연마공 등 약

100명의 노동자가 종사하고 있으며, 대부분은 여성 노동자이다. 여기에서 모든 종류의 국내외 목재, 가구 부속품, 실내 장식 재료, 가구 및 커튼 원단, 침대 스프링, 리넨, 거울 유리 등을 가공하며, 중산층 주택에 필요한 가구에서부터 최고급 호텔이나 궁전 시설에 어울리는 가구에 이르기까지 모든 종류의 가구를 제조한다."[18]

1886년 뉘른베르크의 '루마니아 및 바이에른 왕실 공급업자 아이서'의 매우 성공적인 가구 공장에서는 바닥 아래에 설치된 증기 기관을 사용하여 모든 변속기를 구동함으로써 생산 시설에 더 많은 공간을 확보하고 소음 방지 기능을 향상시켰다.

이러한 시설은 도시의 현대식 공장에서만 구현할 수 있었다. 시골이나 작은 도시의 목공 작업장은 사정이 매우 달랐는데, 원형 톱과 밴드 톱, 밀링 머신, 대패, 드릴링 머신 등의 장비가 풋 페달이나 수동 크랭크로 작동되었다. 1895년 후반까지 독일 목공소에서는 모든 기계의 3분의 1이 여전히 사람의 힘으로 작동되었다. 20년 전 독일 엔지니어 프

1840년에 제작된 목판으로 영국의 직조 공장에서 변속기 샤프트에 의해 작동되는 방직기의 모습이다.

란츠 륄로(1829~1905)는 수공업을 부흥시키는 방법에 대해서 다음과 같이 설명했다.

> "자본이 거대하고 강력한 증기 기관을 마음대로 사용할 수 있는 것처럼 증기 기관의
> 기본 동력을 저렴한 가격에 제공할 수 있다면 우리는 이 중요한 소규모 장인 계층을 유지
> 하고 강화하고 보호할 수 있으리라 생각한다."

륄로는 실제 경험과 과학적 사고를 바탕으로 말한 것이다. 그는 작은 기계 공장에서 기술을 배웠고 기계 공학, 수학, 역학을 공부하고 1856년 취리히에서 기계 공학 교수가 되기 전까지 기계 공장을 경영했으며, 1890년~1891년에는 베를린 왕립 공과대학교의 총장을 역임했다. 그가 절대적으로 필요하다고 생각한 것은 '저렴한 비용으로 작동되는 소형 동력 엔진'이었다. '이 소형 엔진이야말로 민중을 위한 진정한 동력 기계'가 될 것이라고 그는 믿었다.[19]

기계공이자 엔지니어인 게오르그 폰 라이헨바흐(1772~1826)도 일찍이 영국으로 유학을 떠났을 때부터 이 문제에 대해 생각했다. 그는 소호에 있는 와트 증기 기관 공장을 방문했고 수많은 기술 도면을 가지고 돌아와 바이에른의 가장 중요하고 선구적인 기술자가 되었다. 과학자나 장인들과 동등한 위치에서 협력을 이끌어내는 능력을 가졌던 그는 특히 광학과 천문학 , 그리고 측지 도구, 드릴링, 나사 가공 기계의 개발에서 뛰어난 능력을 발휘했다. 하지만 공장이 아닌 소규모 작업장에서 사용할 수 있는 고압의 증기 기관을 만드는 것까지는 성공하지 못했다.[20]

륄로가 필요한 장비에 대해 이야기했을 때 라이헨바흐는 아마도 그것이 무슨 의미인지 알고 있었을 것이다. 그러나 그는 20세기 초반에 증기 기관이 미칠 어마어마하고 광범위한 영향까지는 예측하지 못했을 것이다.

1834년 독일계 러시아 물리학자 모리츠 헤르만 야코비(1801~1874)는 배터리가 장착된 최초의 전기 모터를 발명했으며, 이 모터를 더욱 발전시켜 1838년 상트페테르부르크

에서 6인용 보트를 가동할 수 있었다. 그러나 직류로 구동되는 모터는 쓸모가 없었다. 야코비는 균등하게 오래 지속되는 작업에서 직류 기계의 사용이 적합하지 않다는 점을 인지하게 되었다. 배터리에 충분한 전력이 공급되지 않으면 엔진이 멈춰 경제성이 떨어졌기 때문이다. 룩셈부르크 출신의 발명가 겸 설계자인 에티엔 르누아르(1822~1900)도 전기 모터 개발에 주력했다. 비록 전기 모터 개발에는 성공하지 못했지만, 그는 1858년~1860년 동안 연구를 거듭해서 기능성 가스 엔진 제작에는 성공했다. 그러나 이 가스 엔진 역시 보편적으로 사용하기에는 여전히 소비 전력이 너무 높았다. 니콜라우스 아우구스트 오토(1832~1891)가 1867년 쾰른 근처의 도이츠에서 제작한 가스엔진의 최대 출력은 3마력이었지만, 르누아르가 개발한 엔진에 비해 1/3만큼의 전력만 소비했기 때문에 그 성능의 우수성을 인정받았다. 오토는 10년 간 약 5,000대의 가스 엔진을 판매했다.

19세기 전반만 해도 전기 모터가 발명될 수 있다는 생각은 현실적이지 않았다. 1840년대까지만 해도 전기는 증기 기관에 비해 안전한 것으로 여겨졌지만, 실제로 쉽게 사용할 수 있게 되기까지는 꽤 오랜 시간이 걸렸으며 지금처럼 보편적으로 사용되기 시작한 것은 20세기 초부터였다. 각국 정부, 특히 독일 정부는 '전자기의 영

뉘른베르크와 베를린은 독일 도시 중 최초로 거리에 전기 조명을 설치한 도시이며, 1884년 칼 솔츠만이 그린 그림에 나와 있는 가로등은 베를린 포츠담 광장에 최초로 설치된 전기 가로등이다.

웅'들이 전기 모터를 발명할 수 있도록 적극적으로 지원했다. 1866년 에른스트 베르너 폰 지멘스(1816~1892)는 자신만의 특별한 발전기를 발명했고 특허를 받았다. 물론 산업 시설에 바로 투입될 정도의 수준은 아니었지만, 지멘스의 발전기가 보다 효과적인 전력 생산의 길을 열었다는 것은 분명하다. 하지만 1873년 말 독일의 물리 기술 표준서에는 "자기와 전기는 산업의 동력으로 사용될 가능성이 거의 없다."라고 명시되어 있었다. 산업화의 역동적인 발전 속에서도 영국과 경쟁할 수 있다는 독일의 희망은 실현 불가능한 것처럼 보였다.[21]

사실, 가스 엔진은 전기 엔진보다 오랫동안 높은 경쟁력을 가졌다. 이는 수공업 분야에서도 마찬가지였는데, 가스가 전기보다 더 일찍 보급되어 있었고 가스의 공급망이 갖추어져 있었기 때문이다. 그럼 왜 굳이 동력 공급원을 전기로 바꿔야 했을까?

뉘른베르크의 사례는 작업장에 전기가 들어오기까지 수십 년이 걸렸다는 것을 보여준다. 1847년 뉘른베르크는 자체 가스 공장을 보유한 바이에른 최초의 도시였지만, 수십 년 동안 가스는 거리의 가로등에만 공급되었다. 이는 배관공에게는 도움이 되었을 것이다. 1890년 이후부터 가정용 및 가스 엔진에 대한 수요가 폭발적으로 증가했고 가스공급도 그에 맞춰 바뀌어야 했다. 1895년에 총 출력이 1112마력인 316대의 엔진이 가동되었으며, 1909년에는 618대의 엔진으로 최고점에 도달했다. 그리고 1930년에는 총 1580마력의 엔진이 215대만 남아 있었다.

전기가 들어오면서 모든 변화가 빨라졌다. 1896년 5월 뉘른베르크에 최초의 발전소가 문을 연 직후 케이블 네트워크는 성공적으로 확장되어 첫 달에만 48개가 연결되었다. 1899년에는 총 863마력의 전기 모터 258대가 가동되었고, 1905년에는 전기 모터의 수가 가스 모터 수를 넘어섰다. 이후 전기 모터의 보급은 가속화되어 1915년에는 3,205대의 전기 모터가 작동했고, 심지어 1930년에는 12,917대의 전기 모터가 작동되었다. 1899년과 1915년 사이 전기 모터의 수는 약 1,242% 증가했다.[22]

1915년 기계공들이 운영하는 작업장의 전기모터가 364대, 총출력 965.51마력으로 최고치를 기록했다는 사실은 놀라운 일이 아니다. 그 뒤를 이어 제과점에 180대, 목수 및 목재칩 제조업체 167대, 정육점 165대, 목재 선반 작업장은 69대, 연삭 및 광택 작업장은 58대의 전기모터를 보유했다. 목공일을 하는 동안의 평균 전기모터의 출력은 3.66마력으로 비교적 높았고, 제과점에서는 평균 1.95마력, 목공 작업장에서는 평균 1.80마력이 출력되었다.[23]

경제적인 면에서 가스 모터는 적어도 초기에는 새로운 전기 모터와 거의 차이가 없었다. 6마력 이상의 출력으로 매일 10시간 동안 계속 사용되는 기계의 경우에는 오히려 가스 모터가 더 저렴한 것으로 판명되었다. 하지만 전기 동력 엔진의 무게는 가솔린 엔진의 약 1/6에 불과한 500kg으로 상당한 이점이 있었다. 모든 작업이 지상에서만 이루어지는 것은 아니었기 때문이다. 비록 많은 작업장이 주로 3마력 미만의 소형 기계를 사용했지만 전기 모터는 출력 범위에서 가스 모터보다 성공적이었다.

'전기화'는 곧 '현대화'를 의미했다. 1907년 베를린의 목공소 446곳 중 409곳이 전기 모터를 사용해 전체 작업장의 91.7%를 차지했다. 반면 바이에른은 453곳 중 164곳으로 전체의 36%에 불과했다.[24] 8년 후에 뉘른베르크는 상업용 전기의 보급이라는 측면에서는 바이에른에서 가장 발전된 도시가 되었다. 이것은 근대화가 독일의 중심지에서 시작되었고 이후에 점차 많은 지역으로 확산되었다는 것을 보여준다. 또한 수공업 분야까지 스며들기까지는 수십 년이 걸렸다.

무엇보다 전기의 사용은 기술을 근본적으로 변화시켰다. 전통 수공업은 주로 도구를 사용하여 작업을 수행하였지만, 현대에 올수록 점점 더 많은 작업에 기계를 사용해 작업 공정을 용이하게 만들었다. 조립, 톱질, 절단, 가공, 드릴링, 회전, 선, 삭, 밀링, 대패질, 파일링, 연마 등의 수많은 작업 공정을 용이하게 하였다. 오늘날에는 적어도 이러한 기계들이 아마도 최소 70개에서 최대 100개까지 존재하며, 다양한 특수 설계로 그 수가 꾸준히 증가하고 있다.[25]

처음에는 고정식, 즉 작업장에 설치된 공작 기계는 수공업에서 새로운 생산방식을 가

1900년도 슈투트가르트의 전기 기술 공장 C. & E. Fein에서 제작한 전동 핸드 드릴이다.

능하게 했고, 점점 더 공작에 있는 것들과 비슷해져 갔다. 그것은 공장의 생산 공정과 점점 더 유사해졌다. 그러나 특히 중요한 것은 배터리 또는 일반적으로 충전식 배터리가 장착된 전력을 연결하지 않은 소형 장치로, 스크루 드라이버, 드릴, 망치 보다 훨씬 편리하고 효율적이어서 이 전통적인 도구들을 대체했다. 1867년 슈투트가르트에 전기 설비 회사를 설립한 빌헬름 에밀 페인(1842~1898)은 특히 아마추어 수공업자들 사이에서 가장 널리 사용되고 있는 전기 핸드 드릴을 1895년에 처음으로 발명했다.

여기서 재봉틀의 역사 또한 언급할 가치가 있다. 분명하지 않지만, 1790년 영국인 토마스 세인트는 바늘로 가죽을 뚫는 나무 기계를 만드는 데 성공했던 것으로 보인다. 1807년에 오스트리아 재단사 요제프 마더스페르거(1768~1850)가 '꿰매는 손'의 움직임을 재현하는 기계 제작을 시도하였고, 1846년에는 미국의 기계공 엘리아스 하우(1819~1867)가 미국 최초의 기능성 재봉틀 특허를 냈지만, 이후 회사 내에서 추가 개발이 이루어졌다. 아이작 메리트 싱어(1811~1875)는 동료들과 함께 싱어Singer 재봉틀을 생산했고 이는 곧 전 세계에 판매되었다. 초기 재봉틀은 발로 움직이는 방식이었으며, 1899년부터 전기식 재봉틀이 사용되었다. 재단사와 양장점의 재봉사뿐만 아니라 제화공, 가죽가공업 전문직 종사자들도 모두 재봉틀을 이용해 작업했다. 놀랍게도 하우의 재봉틀은 이제 미국에서 유럽으로, 기술이 이전되는 방식이 역전될 수 있다는 것을 보여주는 사례였다. 1860년대 악기 제조업자인 게오르그 마이클 파프(1823~1893)는 카이저슬라우테른에서 하우-싱어 기계의 복제품을 제작했다. 그의 회사는 엄청난 성장을 이루어 1910년에는 백만 번째 재봉틀을, 1936년에는 삼백만 번째 재봉틀을 생산했으며 미국을 포함한 전 세계로 수출되었다.

## 현대의 장인

현대로의 변화는 완전히 새로운 직업과 기술을 탄생시켰다. 그러나 진정한 의미에서 사진만큼 현대의 이미지를 잘 보여주는 기술은 없었다. 그것은 산업 시대만큼이나 오래된 것이다. 르네상스 시대의 화가들은 처음에는 스스로를 장인으로, 그 이후에는 예술가라고 생각했지만, 현대 미술에서는 이에 대한 반전이 있었다. 하지만 이 역시 최초의 사진가인 두 명의 프랑스인을 통해 인식의 전환이 이루어졌다. 프랑스인 조셉 니세포레 니엡스(1765~1833)와 은판 사진의 발명가인 루이 다게르(1787~1851)는 포지티브 프로세스로 사진을 제작했다.

니엡스는 1812년 이전부터 광학 및 화학 실험에 참여해 훗날 '사진'으로 이어지는 결과물을 만들어냈다. 1812년 니엡스는 친구에게 다음과 같이 편지를 썼다. "나는 세 가지 작업을 처리할 것이다. 첫째는 사물을 더 선명하게 재현할 것, 둘째는 색을 바꿀 것, 셋째는 마지막으로 이것들을 고정할 것, 이 중 세 번째 작업은 가장 쉽지 않을 것이다." 니엡스는 빛이 차단된 상자, 즉 '카메라 옵스큐라'를 사용했다. 빛이 전면에 있는 수렴 렌즈

1865년경의 사진으로 프랑스 사진 작가와 그의 카메라.

의 구멍을 통해 뒷벽에 떨어지면, 거기에 염화은으로 코팅된 종이를 붙였다. 거기에 나타나는 이미지는 실제의 모습이 반전되어 있었다. 그는 이 과정에서 1816년 이후 처음으로 약 15㎠ 정도 되는 정사각형 모양의 사진을 얻었다. 니엡스는 여기에 그치지 않고 다양한 장치와 화학 물질 및 노출 시간 등을 조정하며 실험을 계속했다. 바하마에서 자라는 구아이악 나무의 수지를 사용하여 새로운 광화학적 복제 방법 개발에 성공했다. 그는 빛에, 노출되지 않은 수지를 씻어냄으로써 노출된 수지의 흔적을 통해 생성된 이미지를 고정할 수 있었다. 또한 니엡스는 이미지 캐리어로 종이뿐만 아니라 유리판을 사용해 사진 복사 프로세스의 선구자가 되기도 했다. 1822년 그는 자신의 형제들과 함께 배를 만들 때 사용했던 역청의 일종으로 감광성 물질인 유대 비투멘을 활용해 교황 비오 7세의 초상 판화를 유리 위에 복사하는 데 성공했다. 1823년 ~1824년에는 카메라 옵스큐라를 사용하여 사진 촬영 과정을 개선했는데, 이번에는 구리판과 주석판을 감광성 물질인 유대 비투멘으로 코팅한 다음 라벤더 오일을 희석하여 욕조에 넣어 햇빛에 노출시켰다. 노출된 부분에는 단단하게 굳은 층이 남아 있었고, 노출되지 않아서 아직 무른 부분은 물로 씻어 금속면이 드러나게 했다.[26] 이렇게 빛을 받은 부분은 그대로 남아 있고 빛을 받지 않은 부분은 오일에 녹는 원리를 이용했기 때문에 '태양의 그림'이라는 의미의 '헬리오그래피'라는 용어로 사진의 역사에 기록되었다.

## 창으로 내다본 풍경

1827년 주석판으로 제작된 헬리오그래프, '창으로 내다본 풍경'은 가장 오래된 사진이다. 이 사진은 니엡스가 프랑스 남부의 르 그라에 있는 자신의 다락방 작업실에서 찍은 것이다. 그는 10년 전에도 비슷한 작업에 성공했는데, 1816년 5월 5일 두 살 위의 형 클로드에게 보낸 편지에서 이 같은 사실을 밝혔다. "렌즈가 깨져서 더이상 카메라 옵스큐라를 사용할 수 없게 되었고, 16~18개의 줄(약 38cm) 정사각형 상자인 이시도르의 보석 상자로 인공 눈(카메라)을 만들었어. 다행히 나는 바로 할아버지로부터 물려받은 태양 현미경(돋보기)의 렌즈를 가지고 있었는데, 그 작은 렌즈들 중 하나가 적절한 초점 거리를 가지고 있었지. [⋯] 나는 새장 맞은편에 있는 내 다락방 작업실에서 창문을 활짝 열고 이 장치를 설치했어. 형이 이미 알고 있는 방법으로 실험을 진행했는데, [⋯] 나는 흰 종이 위에서 창문에서 보이는 새장 전체를 보았어. 창틀의 희미한 이미지는 바깥에 있는 물체보다 밝지는 않았어. 그래서 새장을 표현하는 빛의 효과와 창틀을 통한 빛의 효과를 구분할 수 있었지. 이것은 매우 불완전한 시도일 뿐이었지. 물체의 이미지는 매우 작았지만, 이런 식으로 그림을 그릴 수 있다는 가능성을 이제 내가 거의 증명한 것 같아."[27]

'창으로 내다본 풍경'은 가장 오래된 사진이다.

숙련된 건축가이자 무대 미술가였던 루이 다게르는 그의 카메라를 위해 동판을 깨끗이 닦아 그 위에 은을 입힌 다음 요오드 증기에 노출시켜, 빛에 민감한 매우 얇은 요오드화은 층이 형성되기를 기다렸다. 그런 다음 렌즈를 열어 이를 노출시켰다. 아직 보이지 않는 이미지는 수은 증기를 사용하여 눈으로 볼 수 있는 이미지로 현상하는 방식이었다. 그 후에 판을 물에 담갔다가 헹구고 말리면 사라지지 않는 이미지 즉, 사진이 탄생했다. 이때 고정 과정에는 염화금이 자주 사용되었다. 다게르의 원본 서명이 각인된 다게레오타입 카메라는 세계 최초의 대량 생산 카메라였다. 이 카메라는 다게르의 처남이 주로 판매했다.[28]

장기적으로 더 성공적인 것으로 입증된 최초의 네거티브 프로세스는 영국인 윌리엄 헨리 폭스 탤벗(1800~1877)이 발명했다. 탤벗은 열정적인 식물학자였으며 식물의 구조를 아주 정확하게 종이에 기록하고 싶어 했다. 이를 위해 그는 드로잉용 연필을 사용했을 뿐만 아니라, 카메라도 구입했다. 하지만 당시의 사진 기술로는 원하는 수준의 정확성을 얻을 수 없다는 것을 알고 있었던 그는 1833년 신혼여행 중에 이와 관련해서 중요한 힌트를 얻었다. 신혼여행에서 돌아온 다음 그는 화학적, 광학적 실험을 시작했다. 1839년 다게르가 카메라를 성공적으로 만들었다는 소식을 듣고 조바심을 느낀 탤벗은 1840년 칼로타입이라 불리우는 자신의 프로세스를 발표했다. 그는 종이에 식염수와 질산은을 섞어 음화negative image를 만들었다. 이 초기 사진에 왁스 칠을 해서 투명하게 만든 다음, 이것을 감광지에 옮겨서 양화positive image로 인화할 수 있었다. 한 번의 촬영에 한 장의 사진밖에 얻을 수 없었던 다게레오타입과 달리, 칼로타입은 거의 똑같은 복사본을 원하는 만큼 제작할 수 있었다.

1841년 런던에서는 최초의 초상화 스튜디오가 문을 열었다. 1846년에는 프리드리히 한이 뉘른베르크에 사진 스튜디오를 설립했는데, 1860년 한의 스튜디오에서는 이미 6명의 사진작가가 일하고 있었다. 포지티브와 네거티브 프로세스 모두 유럽을 넘어 미국으로 빠르게 전파되었는데, 새로운 기술이 이렇게 빠르게 확산된 것은 매우 이례적인 일

1907년 『마이어스 대어휘사전』에 실린 라이노타이프 조판기의 목판화.

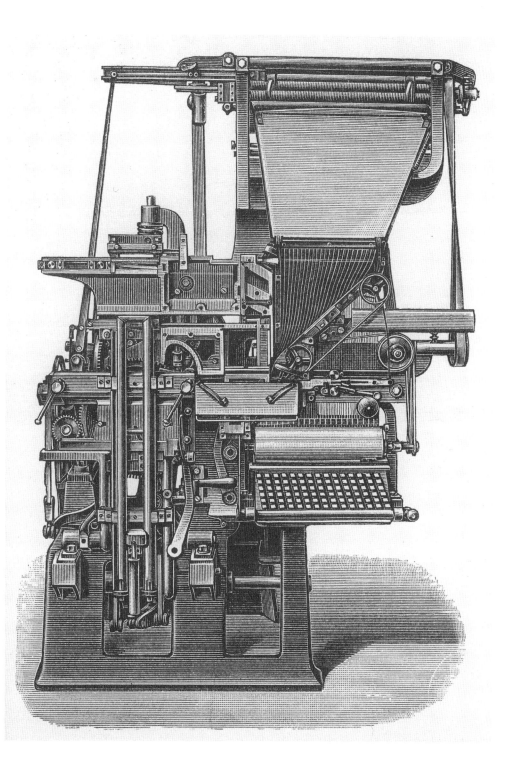

이었다. 이 새로운 '예술'이 자리를 잡아감에 따라, 사진은 장인이 되기 위한 기술 시험을 포함해 전문적인 교육 과정을 갖춘 수공업의 한 분야로 인정받을 수 있었다. 또한 사진작가들이 직접 자신의 장비를 제조하고 판매까지 하면서 사진이 수공업 기술이라는 인식은 한층 강화되어 갔다. 1880년경에는 완전히 새로운 유형의 신문인 『일러스트리테 Illustrierte』의 창간호에 처음으로 사진이 실렸다.[29]

그것은 구텐베르크 이후 널리 사용되어오던 슈바벤 시계 제작자 오트마르 메르겐탈러(1854~1899)의 발명품인 라이노타이프 조판기를 소개하는 기사였다. 그는 1872년에 미국으로 이주하여 볼티모어에 있는 사촌과 함께 지냈는데, 그곳에서 작은 작업장을 운영했다. 그는 1883년에 자신의 회사를 설립했고 1884년에 조판기로 최초의 특허를 획득했다. 1889년까지 조판기의 성능을 개선하여 1900년 파리 세계 박람회에 출품했는데, 엄청난 성공을 거두었다. 이 조판기의 획기적인 변화는 타자기의 글쇠로 텍스트를 입력했다는 부분에 있었다. 글자를 입력할 때마다 기계 상단에 설치된 매거진에서 문자 주형이 홈통을 따라 내려와서 나란히 배열되었고, 그렇게 한 행이 완성되면 주조 작업으로 넘

어 갔는데, 주조 작업을 거쳐 완성된 활자판은 최종적으로 인쇄 블록으로 조립되었다. 라이노타이프 조판기는 특히 신문 발행에 혁명을 가져왔으며, 데스크탑 컴퓨터 출판이 이 조판기를 대체한 1980년대까지 지속적으로 개선되고 자동화되었다.

산업화가 수공업에 던진 그림자와 마찬가지로 산업화를 통해서 거둔 경제적인 번영과 영광 역시 19세기의 수공업에 포함된다. 밀러 요한 빌헬름 스페스(1786~1854)와 정밀 기계공 요한 지그문트 슈케르트(1846~1895)는 현대 수공업 장인이 기업가로 변신해서 위대한 성공을 거둔 대표적인 사례다.[30]

스페스는 공장의 시설을 점검하는 일과 기계 수리 일을 하고 있었기 때문에 자신을 '공장 의사'라고 생각했다. 그는 기계 공학을 탐구하기 위해 몇 년 동안이나 영국을 여행했다. 1822년에 그는 뉘른베르크에 기계 제작 작업장을 세웠고, 이 작업장은 시내로 위치를 옮긴 후에 마침내 Spaeth & Co.라는 기계 제작 공장으로 발전하였다. 초기에는 협동조합 방식으로 독립적으로 일을 하는 장인들과 협력했다. 공장을 도시 내의 중심가로 이전하면서부터, 그는 남부 독일에 있는 다수의 회사에 제품을 공급했다. 스페스는 창의적이었다. 그는 다양한 기계를 제작하는 한편 굴삭기를 설계하고 제작했다. 루드비히 다뉴브 마인 운하를 건설할 때에는 수문의 부품과 크레인을 공급했다. 1835년 스페스의 회사는 나중에 독일 최초의 기관사가 된 스코틀랜드 출신 엔지니어와 협력하여 독일 최초의 기관차인 '아들러'를 설계했다. 스페스는 1842년이 되어서야 바이에른 왕실로부터 기관차 공장의 설립을 허가받았다. 하지만 왕실의 허가를 받은 후에도 대량 생산에 대한 스페스의 태도는 거의 변하지 않았다. 그래서 회사는 느리지만 계속해서 성장했고, 스페스가 사망한 시점에 그의 회사에서 고용한 직원은 여전히 140명밖에 되지 않았다. 그의 후계자들 역시 오랫동안 회사 설립자의 신중한 기업 정책을 고수했지만, 1860년경에 있었던 긍정적인 경제 상황과 제1차 세계대전까지 이어진 제국의 장기적 호황에 편승해 성장했다.

슈케르트는 뉘른베르크에서 4년간 정밀 기계 기술자 견습 과정을 마치고, 베를린의 지멘스 & 할스케에서 일했다. 잠시 고향으로 돌아왔다가 미국으로 건너가 4년 동안 일한 후, 1873년 약 800달러의 초기 자본금으로 뉘른베르크에 소형 기계, 재봉틀, 물리 도구, 가정용 전기 제품 등을 수리하는 회사를 세웠다. 1874년 슈케르트는 베르너 폰 지멘스에 이어서 발전기를 자체적으로 개발했고, 이를 바탕으로 아크 램프, 스포트라이트, 조명 액세서리, 스위치 장치, 계량기, 전기 시스템 등을 제작해 사업을 성장시켰다. 슈케르트는 기업가적으로 세 가지 측면에서 뛰어났다. 첫째, 무엇보다도 그의 창의적인 기술력이 돋보였다. 둘째, 적절한 비즈니스에 대한 특별한 감각을 지니고 있었다. 그는 1885년에 오픈 상거래 회사로 시작했는데, 1888년에는 합자회사로, 1893년에는 주식회사로 전환했다. 셋째, 슈케르트는 회사의 복지를 강조했다. 사내에 건강 보험을 마련하고 연금 기금을 조성했고, 크리스마스 보너스를 지급했으며, 하루 10시간 근무제를 도입했다.

스페스와 슈케르트가 살았던 시대를 완전히 다르게 분리할 수는 없다. 하지만 스페스가 여전히 전통적인 수공업을 고수하는 동안에 슈케르트는 수공업에 현대적인 요소들을 수용했다. 당시의 기업가들은 위험을 감수하려는 경향이 강했는데, 이는 슈케르트의 경우에 더욱 분명하게 확인할 수 있다. 그는 모험을 시도했고 그 속에서 적절한 비즈니스 형태를 발견했으며 궁극적으로 더 크고 미래지향적인 회사를 만들었다.

스페스와 슈케르트의 직함은 '기계공'이었다. 그것은 대장장이, 자물쇠 제조공, 시계 제작자, 배관공, 주조와 기계 장비 제작들처럼 길드 수공업에 기원을 두고 있음에도 불구하고, 새로운 직업이었다. 1856년에 전쟁과 분쟁의 역사가 아니라 『무역의 역사』를 발표하게 된 것을 자랑스럽게 여겼던 칼 뢰렌 박사는 이 '기계공'이라는 직업을 가진 사람들에게는 특별한 기술이 있었으며, 자연 과학에 필요한 '도구와 장치, 그리고 모형'을 제조했다는 공통점이 있다는 사실을 발견했다. 그들이 생산한 도구와 장치, 그리고 모형을 통해 과학은 처음의 모습보다 훨씬 더 완벽해졌고, 따라서 기계공들의 역사는 과학 그 자체의 역사이기도 하다는 것이다.

1860년에 제작된 이 석판화는 양철 그릇 제조공의 작업을 묘사한 것이다.

　　"만일 우리가 이러한 일들이 어떻게 일반적인 재료들을 가지고 수작업에 의해서만 이루어져야 하는지를 고려한다면, 과학자들의 지적 작업이 어떻게 사람들을 영화롭게 하고 높고 깊은 신성한 세계에 다가갈 수 있게 하는지를 고려한다면, 우리는 역학자들에게 이렇게 말할 수 있을 것이다. '이 땅에서 너무 흔해서 저평가되거나 멸시되어야 할 것은 아무것도 없다.'라고 말이다."[31]

　　일부 직종의 장인들, 즉 이미 언급한 인쇄업자뿐만 아니라, 배관공, 전기 기술자, 심지어 직공과 같은 '오래된' 장인들까지도 현대적인 기술의 출현과 발전에 선구적인 역할을

1886년 특허를 받은 벤츠 자동차.

했다. 따라서 이 직업을 가진 사람들은 자신들의 작품을 통해 과학과 기술의 발전에 큰 기여를 한 것으로 평가된다. 함석공 혹은 양철공은 매우 다재다능한 직업이었으며, 그들이 기반을 둔 지역에 따라 '양철 그릇 장인'이라고도 불렸고 스위스에서는 '냄비 뚜껑 장인'이라고도 불렸다.[32] 17세기와 18세기에 함석공은 리벳, 압착 또는 납땜으로 된 그릇, 랜턴 또는 병과 같은 다양한 기구에 필요한 양철판을 생산하는 일에 종사했다. 이렇게 생산된 얇은 금속판은 미래를 준비하는 재료가 되었다. 더 정확히 말하자면 '철판의 시대'가 '목재의 시대'를 대체했다고 말할 수 있다. 주로 양동이, 욕조, 기타 액체를 담는 용기를 제조할 때 금속이 나무를 대체하는 일이 점점 더 많아졌다. 1813년 영국에서는 최초로 식품 저장용 양철통을 제작하는 회사가 설립되었고, 1810년 상인 피터 듀란드는 이에 대한 특허를 획득했다. 1830년부터는 함석공 하인리히 주흐너가 지겐 암 하르츠에서 오늘날 우리에게 친숙한 형태의 통조림을 생산하기 시작했다.

함석공들은 집의 안과 밖 전체를 장악하기 시작했다. 19세기부터 금속판은 지붕과 빗물받이의 재료로 많이 사용되었는데, 오늘날 배관공이라는 직업은 여기서 생겨났다. 19세기 후반에는 도시에 상하수도 시설이 확장되기 시작했다. 함부르크와 런던은 1850년대에 하수 처리 분야에서 진전을 이루었고, 그다인스크는 1869년에 상수도 시설을 통해 개인에게 물을 공급한 최초의 유럽 도시가 되었다. 그 뒤를 이어 베를린은 1875년부터 개인에게 상수도 시설을 통해 물을 공급했다.[33] 20세기 독일에서는 상수도와 하수도 시설이 완벽하게 연결되어 있었지만, 유럽 전역에서는 여전히 장거리 상하수도 파이프라인이 설치되지 않은 지역이 다수였다.

20세기 독일에서 상수도와 하수도를 완벽하게 연결하는 것이 가능해졌지만, 유럽에는 아직 장거리 파이프라인이 설치되지 않은 지역이 많았다. 이러한 상황에서 배관공들에게는 완전히 새로운 활동 영역이 제공되었다. 과거에 그들은 상하수도 관련 설비를 집안의 배관을 연결하거나 아연 도금 욕조를 만드는 등 비교적 단순한 업무를 수행했다. 하지만 이제 집안에서 물과 관련된 모든 일, 이를테면 부엌 싱크대 내부에는 파이프를 설치했고 욕실에는 세면대를 설치했으며 화장실에는 변기를 설치하는 등의 일을 모두 담당하게 되었다.

배관공들에게 새로운 활동 분야가 열리는 동안, 또 다른 전통적인 직업인 '수레공'과 '수레바퀴 제조공'은 점점 도태될 위험에 노출된 것처럼 보였다. 하지만 19세기 말에 이르러서는 발전의 계기가 마련되었고 마침내 20세기에는 이 분야에서 광범위한 변화와 발전이 이루어졌다. 그 이유는 자동차의 개발에 있었다. 초기의 자동차는 마차 차체 제작 경험을 바탕으로 설계가 이루어졌다. 1816년 바이에른 궁정 목수 게오르크 란켄스베르거(1779~1847)는 '차축 조향' 시스템을 발명했다. 이전에는 차축에 부착된 차량 연결봉을 조작해 앞바퀴를 코너 방향으로만 움직일 수 있었지만, 새로운 조향 시스템은 코너 이동을 크게 향상시켰다. 이제 각 앞바퀴는 축의 끝에 장착되어 자유로이 움직일 수 있게 되었고 뒤쪽에 부착된 조종 가능한 로드가 조인트를 통해 바퀴를 제어했다. 이 원리는 오늘날 자동차에도 여전히 적용되고 있다. 엔지니어 칼 벤츠(1844~1929)의 특허 받은 가솔린 3륜 자동차(페이턴트 모터바겐)는 이 발명 원리와 처음에는 전혀 관련이 없었다. 그의 자동차는 1886년 7월 1일에 운행을 시작했는데, 앞바퀴가 하나뿐이었던 이 차량은 막대 모양의 핸들과 레버식 브레이크를 통해 직접 조종했다. 단일 실린더, 배기량 984㎤, 수냉식의 가솔린 엔진에 의해 구동되었고, 약 시속 15㎞로 질주했다. 얼마 지나지 않아 설계자인 고틀립 다임러(1834 - 1900)가 벤츠의 뒤를 이어 4륜 마차를 동력화하고 개조해 고틀립 다임러 (1834~1900)가 벤츠의 뒤를 이어 자신의 4륜 마차를 동력화하고 개조해 가솔린 엔진을 단 4륜 자동차를 제작했다. 두 자동차 모두 오랫동안 바퀴 제조공들이 사용했던 수많은 금속 부품을 달고 있었지만, 구조적인 면에서 현대적인 자동차와 거의 동일한 특징을 뚜렷이 보여주었다. 마지막으로 이들 4륜 구동 자동차에는 차축 조향장치가 사용되었다.[34]


# 명품 브랜드 수공업


스위스 시계는 세계적으로 유명하다. 특히 귀중한 작품들은 여전히 손으로 만들어지고 있다. 그러한 제품의 가격은 고객의 주문에 따라 30만 유로 이상이 되기도 한다. 이런 값비싼 손목시계는 약 2,500개의 부품으로 구성되어 있으며, 여기에는 무엇보다도 1050년 동안의 유효기간을 자랑하는 문 페이즈 캘린더가 포함되어 있다. 하나의 고급시계는 한 명의 장인이 전담하여 약 1년 동안 특별한 작품을 만든다. 그러나 가격이 '고작' 5,000~50,000 유로에 불과한 명품 브랜드의 대량 생산 모델에도 최고의 정확성을 보장하기 위한 수작업이 필요하다. 스위스의 가장 중요한 시계 제작자 중 한 명인 뇌샤텔 출신의 아브라함 루이 브레게(1747~1823)는 당시 런던과 함께 시계 기술의 중심지라고 불리던 파리에서 활동하다가 사망하였다. 그는 자신의 이름을 딴 밸런스 휠과 투르비용을 발명함으로써 소형 시계의 정확성 측면에서 최고의 기술을 선보였다. 지금까지도 제작해서 사용하고 있는 브레게 스파이럴은 스프링 바깥쪽 끝부분이 중심을 향하도록 함으로써 정확도를 높였다. 이러한 '브레게 커브'를 지닌 밸런스 스프링은 이후 동심원의 형태를 띄게 되었다.

이 스프링은 모든 브레게 시계에 일반적으로 사용되는 일정 수준으로 개선된 진동 시스템의 일부이며, 속도 정확성을 크게 향상시킨다. 끝부분의 곡선은 숙련된 장인이 수학적, 물리적 법칙에 따라 정확하게 만들어진 것이다. 브레게는 극도로 섬세한 투르비용을 사용해 소형 시계의 정확도를 더욱 높이고자 했다. 이것은 시계제작자로서 그의 가장 빛나는 업적 중 하나이다. 투르비용은 시계의 정확도를 높일수록 그 중요성이 더욱 커진다. 브레게의 명성이 높아지자 다이얼이 위조되었고, 이에 브레게는 자신만 식별할 수 있는 비밀 서명을 다이얼에 새겼다.

18세기부터 스위스 쥐라 지역에서는 시계 제작자의 수가 급증했다. 처음에는 1814년 이후 영국인과 스위스의 일부였던 제네바에서 온 이민자들이 정밀 공예를 배우기 위해 그곳에 정착했다. 1767년부터 알자스의 순가우 지역에서도 유대인들이 무역을 목적으로 이주해 단기간 머물렀다. 19세기 중반부터는 시계 제작자와 시계 딜러로서 그들은 점점 더 지역화되었으며 시계 제조 산업의 선구자로 발돋움했다. 그들 중 몇몇은 유명한 회사 에벨Ebel을 포함한 그들 자신의 회사를 설립했고 라 쇼드퐁에 웅장한 유대교 회당 건물과 그들 자신의 종교 생활 환경을 조성하는 등 공공 생활에서 자신의 존재를 강화함으로써 사회 최고 계층에 도달했다. 그들은 브라이틀링, 브레게, 예거 르쿨트르와 같은 유구한 시계 회사들과 마찬가지로 스위스 시계가 고품질의 제품으로 세계적으로 인정받을 수 있게 '브랜딩', 즉 고객 친화적인 브랜드로 정착하고 지속 가능한 브랜드로 자리매김하는데 기여했다. 심지어 보스턴 출신의 시계 제작자 플로렌타인 아리오스토 존스(1841~1916)는 1868년 스위스 샤프하우젠Schaffhausen에 인터내셔널 워치 컴퍼니를 설립했다. 그는 미국의 선진 제조 기술과 스위스의 정밀한 수공예 기술을 결합하여 미국 시장을 공략하는 세계 최고 품질의 시계를 생산했다.[35]

시계와 미니어처가 들어 있는 이 작은 상자는 19세기 스위스에서 제작되었다.

## 조직화된 독립성

특히 자유 무역에 관련하여 길드와 같은 기업 간 조직 형태가 현대 수공업 분야에서 여전히 유효한지는 뜨거운 논쟁거리가 되고 있다. 1791년 프랑스는 '동일한 지위와 직업을 가진 시민으로 구성된 조직'인 길드를 모두 해체시키고, 노동조합 설립과 파업을 금지하였다. 1864년에 가서야 파업 금지가 해제되었고, 1884년에야 연합 금지가 해제되면서 광범위한 무역의 자유가 형성되었다. 영국에서는 1799년~1800년에 제정된 결사 금지법(조합법)이 기능공들에게만 선별적으로 적용되었지만,[36] 길드의 특권은 1814년

~1835년 사이에 대부분 종식되었다.

벨기에는 1795년, 덴마크는 1806년, 프로이센은 1810년에 칙령으로, 1811년에는 법으로, 스페인은 1813년에 무역의 자유를 허가했다. 1819년 네덜란드가 뒤를 이었다. 독일에서는 1848년 혁명 이후 무역의 자유 문제가 대두되었고, 19세기 중반부터 경제적 자유주의 흐름이 강해졌다. 1860년 나사우에서 자유무역이 시행되었고, 1868년에는 바이에른이 그 뒤를 이었다. 1871년에 독일 제국이 건국된 이후, 마침내 제국법이 제정되었고, 이에 따라 1872년 법령이 확정되었다.

1900년에는 1897년 제국법에 근거해 수공업 상공회의소가 설립되었으며 이는 오늘날까지 의무적으로 소속되어야 하는 수공업 회사들을 대표한다.[37] 1871년 법률 제정 이후 형성된 독일의 약 7,000여개 길드는 자발적으로 참여한 고용주 단체들이며, 이들은 수공업 길드의 고유한 전통을 굳건히 잘 지켜나가고 있었다. 유럽의 일부 국가는 자체 숙련공 조직이 없는 데 비해 독일은 그 움직임이 굉장히 뚜렷한 편이다. 또한 상업적이고 산업적인 형태의 기업들이 유럽의 다른 많은 국가들에 비해 더 엄격하게 운영되어 왔다.

이러한 다양한 조건에서 독일의 장인들은 '더 좋고, 더 빠르고, 더 저렴하게!'라는 현대의 경제적 요구를 실천하기 위해 노력했다. 많은 유럽 국가에서도 점차 자유 경쟁의 조건이 형성되었는데 특히 독일은 추가 교육 과정을 마련해 더 합리적인 경영관리에 힘을 기울였다.

"작업장을 한 번 둘러보면 공방 작업들이 어떻게 이곳에서 이루어지고 작동하는지 알 수 있다." "작업장의 청결과 질서는 좋은 제품과 합리적인 운영를 위한 필수 조건이다."라는 문장은 많은 장인의 신념과 일치했으며, 자영업자들 역시 작업장의 배치와 자재 보관을 어떻게 해야 하는지에 대해 생각했다. 왜냐하면 "작업대와 기계, 워크스테이션 및 기타 시설의 배치는 […] 일반적으로 경제적 효율성에 훨씬 더 큰 영향을 미친다."는 사실을 깨달았기 때문이었다. 1926년 수공업 경영 연구소를 운영했던 월터 부세리우스는 한 작업장을 둘러본 후에 "배치와 위치 지정이 비실용적이며, 십자형 구조는 공작물을 한쪽 끝에서 다른 쪽 끝으로 매번 운반해야 하기 때문"에 불필요한 에너지가 소비되고 있다는 결론에 도달했다. 작업장을 운영하기 전에 작업장 구조를 합리적으로 설계하는 일은 20세기에 들어서 당연한 일이 되었다. 이는 목수나 피아노 제작자뿐만 아니라 빵집과 정육점에서도 마찬가지였다.[38]

길드 장인은 이러한 유형의 운영 합리화와 첨단 기술 도입을 기꺼이 검토했지만, 때로는 명확한 편익 비용의 계산이 틀리는 경우도 있었다. 기술에 대한 이해와 그에 따른 혁신이 언제나 장인들을 위한 교육보다는 앞서 나갔다. 1897년 독일의 장인법에는 장인의 시험 과목에 회계와 장부기입을 포함시켰다. 실제로 거의 예외없이 기업의 자금 조달, 장인의 자본 창출이 가장 시급한 과제였기에 시대가 급변할수록 장인을 위한 기술 교육은 빠르게 발전했다.[39] 이런 독립성은 명확한 지식이나 평가 없이는 존재할 수 없었다. '장인'들은 종종 금전출납부를 살펴보았고, 청구서를 결제하거나 부채를 독촉했으며, 어

1921년 엘리엇 피셔의 타자기 광고 전단.

렵고 성가신 장부 관리는 물론 세무와 관련된 업무를 원칙대로 처리해야 했다. "[40] 장인의 아내들 역시 이 일을 함께 해야 했다. 그리고 점점 더 많은 여성들이 독립적인 비즈니스에 참여했다. 그들은 적절한 교육 과정을 이수했고 현대적인 사무용 기계에 대해 개방적인 태도를 보여 주었다. 사무실과 작업장에서의 합리적인 운영 관리를 위한 계획 여성들의 전문 지식으로 실현되었다.

SYSTEM
Le Grand Cf

Berlin W8
Friedrichstr.61

HOCHSCHULE FÜR
ZUSCHNEIDEKUNST

# 20세기

## 전통을 보존한 새로운 품질의 수공업 제품

19세기 이후 혁신은 지속되었다. 특히 1870년대~1880년대에 이미 거대한 기술 혁신이 전기공학과 화학 산업을 기반으로 시작되었다. 20세기의 초반 30년 동안 컨베이어 벨트 기술이 널리 확산되었으며, 이것은 지속적인 생산 공정의 합리화와 결합하여 대량 생산을 촉진시켰다. 1960년대 이후 정보 기술의 눈부신 성공을 가져왔고 1980년대부터 컴퓨터가 가정에 대량으로 보급되기 시작했다. 그러나 이러한 진보를 보다 넓은 '산업혁명' 또는 '제2의 현대화'라고 부를 수 있을 것이다. 이는 모두 수공업의 기술에 지속적으로 영향을 미치며 큰 변화를 가져왔다. '더 좋고, 더 빠르고, 더 저렴하게!'라는 원칙은 경쟁하는 것처럼 보이며 아마도 스스로를 추월할 수도 있다. 오늘날 수공업은 이러한 변화에 직면하여 어떻게 대응할 것인가 하는 문제를 안고 있다. 이것은 품질 유지라는 전통적인 가치를 계승하면서도 새로운 특성을 지닌 고품질을 추구하는 것과 밀접한 관련이 있다.

20세기는 두 차례의 세계대전으로 크게 동요되었고 수천 명의 장인들이 전쟁에서 목숨을 잃었다. 전쟁으로 인한 심각한 사회적, 경제적 피해를 복구하는 데 있어서, 새롭게 숙련된 전문 인력이 생겨날 때까지 장인들의 수는 절대적으로 부족했다. 1918년 이후에는 인플레이션과 디플레이션으로 많은 장인들이 어려움에 시달렸다. 하지만 그들은 1945년 종전 이후 전쟁으로 폐허가 된 모든 것을 재건하는 데 핵심적인 역할을 했으며, 새로운 사업을 시작하거나 자신의 사업체를 복구했다. 독일에서는 장인들이 '경제적 기적'이라고 불리는 일에 적극적으로 참여했다. 이들은 독일뿐만 아니라 유럽의 대부분 지역에서 인명 손실과 유럽 문화의 정체성에 대한 손상을 극복할 수 있도록 이끌었다. 산업과 상업의 복구만으로는 결코 달성할 수 없는 일이었다. 왜냐하면 중요한 것은 상품을 신속하고 저렴하게 대량 생산하는 것뿐만 아니라 물건을 올바르게 수리하여 적절한 장소에 배치하고 개인화된 서비스를 모든 사람들에게 충분히 제공하는 것이 필요했기 때문이다.

# 신소재

역사적으로 20세기만큼 새로운 재료를 많이 사용한 세기는 아마 없었을 것이다. 재료 과학은 수공업 교육에서 중요하고 점점 더 복잡한 분야가 되고 있으며, 특히 화학 산업에서 유래된 물질들과 밀접한 관련이 있다. 모든 것이 지난 세기에 발명된 것은 아니지만, 화학의 발전은 예측할 수 없는 수준에 이르렀다.

18세기 초부터 유럽 과학자들은 이미 고무나무의 수액으로 무엇을 만들 수 있는지 알고 있었고, 1839년 미국인 찰스 굿이어(1800~1860)는 원시 고무나무 수액에 황을 첨가하고 가열하여 고무로 제작하는 방법을 고안했다. 화학 공정으로 열과 추위에 민감하지 않은 경질 고무나 연질 고무 제품을 생산할 수 있게 된 것이다. 이러한 발명 덕분에 천연 고무는 국제 무역의 중요한 상품이 되었다. 19세기 중반 이후에는 경질 고무가 고래뼈나 상아 같은 희귀하고 귀중한 재료를 대체하며 보편화되기 시작했다. 함부르크에 자리잡은 H. C. 마이어 주니어<sup>H. C. Meyer jr</sup>는 고무를 가공해서 정교한 방식으로 지팡이 손잡이를 만든 유럽 최초의 회사였다. 함부르크에 설립되어 사람들에게 '스톡마이어(지팡이)'라고 알려졌던 이 회사는 이후 NYH<sup>New York Hamburgmer Gumber - Waaren Compagnie Aktien Gesellschaf</sup>에 인수되었다. 1856년부터 독일 남부의 빗 제작업체에서는 NYH가 새로운 제품을 전문적으로 개발할 수 있도록 지원했다. 이들은 천연 고무로 만든 경질 고무 제품인 짙은 검정색의 에보나이트를 주재료로 사용하는 빗을 생산했는데, 이 빗에는 금박으로 양각된 '헤라클레스 세게만<sup>Hercules Sägemann</sup>' 이라는 상표가 새겨져 있었으며, 지금까지도 판매되고 있다.[1] 이것은 원자재인 동물의 뿔을 대체했을 뿐만 아니라, 고대로부터 이어졌던 빗 제작이라는 의미 자체를 완전히 바꾸어버렸다. 이렇게 만들어진 빗은 일상적인 사용만을 위한 물건이 아니었다. 최고의 빗을 제작하는 장인들은 뿔과 나무뿐만 아니라, 상아, 금과 은 등 다양한 소재를 가공하면서 진정한 예술가로 거듭나게 디었다. NYH에서는 수작업으로 30가지 이상의 작업 단계를 거쳐 제작되는 '걸작'에 자부심을 느꼈다. 그들의 손으로 만든 '수제' 에보나이트 빗은 뿔이나 상아와 마찬가지로 탄성과 안정성을 갖추고 있었다.

20세기 초반에는 이미 레코드판, 차량 타이어, 그리고 경질 고무로 만든 기계 롤러가 등장했다. 러버 씰은 공예품에서 빠르게 확산되었으며 여전히 필수적인 재료이다. 특히 신발의 고무 밑창과 고무 힐은 빠르게 성공을 거두었다. 1911년부터 긴 압착 공정이 요구되는 인솔과 아웃솔을 붙이는 방식이 계발되어 신발 밑창을 만들었지만, 완벽하지는 않았다. 접착된 밑창의 고무가 미끌어지는 현상이 발생했기 때문이다. 고무 장화 역시 이전까지는 수작업으로 만들었다. 지금도 계속해서 새로운 패션과 세련된 디자인의 고무 신발이 만들어지고 있으며, 스포츠화를 포함한 많은 제품들 역시 여전히 수작업이 필요하다. 하지만 오늘날 대부분의 수작업은 가장 낮은 임금으로 일하는 아시아 노동자들의 몫이다. 이 외에도 필기구, 특히 고급 만년필은 대부분 경질 고무를 사용해서 제작했으며, 고가의 상품의 경우에는 여전히 장인의 손길이 필수적이다. 한편, 독일은 두 차례의 세계대전을 치르는 동안 국제 천연고무 시장에 접근하는 것이 매우 어려웠으며, 그 결과 합성고무의 중요성이 커졌다. 심지어 '제3제국'이라고 불리는 나치 독일은 제2차 세계대전 이전에도 값비싼 수입품인 고무에서 완전히 해방되기를 원했고, 1936년부터는 부타디엔과 나트륨을 중합해서 만든 '부나Buna'라는 합성고무에 의존했다. 20세기 초 수공업과 산업에서는 독일뿐만 아니라 전 세계적으로 이러한 합성고무의 사용량이 늘어나면서 천연고무의 생산이 감소했다. 합성고무 중에서도 네오프렌은 빠르게 경화되는 특성이 있어 신발 밑창 제조 등에 널리 사용되었다.

이전 두 세기는 철, 강철 및 판금의 시대라고 할 수 있다면, 20세기는 플라스틱의 시대라고 부를 수 있다. 물론 이것은 철 가공에서 얻은 재료가 중요하지 않다는 의미는 아니다. 철강 소비는 여전히 산업화의 발전을 위한 지표이고 건축 철강 자재는 건설 산업에서 필수적이다. 그럼에도 불구하고 다양하게 개발되고 끊임없이 발명되는 플라스틱 화학 분야의 새로운 재료들은 전례 없는 규모의 응용가능성을 보여준다. 몇 가지 사례만으

로도 많은 수공업 제품들이 얼마나 광범위하게 플라스틱의 영향을 받는지 충분히 알 수 있다. 그것은 망치와 같은 단순한 도구에서 시작된다. 망치의 머리는 강철이나 나무뿐만 아니라, 용도에 따라 고무와 플라스틱으로 만들기도 한다. 스크루 드라이버의 손잡이 역시 나무나 금속 대신에 플라스틱을 사용함으로써 전기 기술자들의 손을 안전하게 보호할 수 있다. 또한 플라스틱을 테스트 램프를 통과하는 위상 테스터로도 사용할 수 있다. 배수구와 마찬가지로 배관 연결부나 욕조를 플라스틱으로 만들

1935년경에 촬영된 이 사진은 자동차 정비공이 정비 작업을 하는 모습을 보여준다. 장착된 타이어는 여전히 천연 고무로 만들어졌을 가능성이 높지만 몇 년 후 합성 고무가 표준이 되었다.

었기 때문에 오늘날 배관공들은 판금과 플라스틱을 동시에 다루는 만능 장인이 되었다. 고무 소재의 섬유 씰 외에 불소 수지 씰은 다양한 적용가능성이 입증되었다. 플라스틱은 극한의 온도를 견딜 수 있고 화학 물질에 내성이 있으며 마모가 거의 없어 보편적으로 사용할 수 있다. 거의 모든 연소 엔진에 사용되는 실린더 헤드 개스킷의 예를 통해 재료의

변화를 쉽게 확인할 수 있다. 1960년대 후반 자동차 정비공들은 얇은 코르크 시트로 만든 실린더 헤드 개스킷을 설치했다. 이후로는 지금은 사용이 금지된 석면을 잠시 사용하다가 곧 플라스틱을 사용하기 시작했고, 1990년대 이후에는 엘라스토머로 얇게 코팅된 실리콘 스프링 스틸 개스킷을 사용하고 있다. 이 플라스틱은 강철과 마찬가지로 경도와 탄성 면에서 특히 뛰어나다.

목공 분야에서는 부엌과 문에 사용되는 코팅 패널뿐만 아니라 창문 제작에도 플라스틱을 사용하기 시작했다. 플라스틱 프레임 창문은 이제 나무로 만들어진 창문만큼이나 인기가 있고 개인 주택에서 금속 프레임의 창문은 찾아보기 힘들어졌다. 실제로 목재를 재료로 작업하는 일은 장인들에게 특별한 만족감을 선사하고, 가끔은 뛰어난 예술작품을 제작할 수 있는 영감을 주기도 한다. 하지만 이들 장인 역시 이미 화학 산업의 제품을 오랫동안 사용해 왔다. 바닥재는 라미네이트로 덮여 있고, 목수들은 아교풀 대신 접착제를 사용했다. 가구 제조업에서는 포름 알데히드가 함유된 합판의 사용을 법적으로 금지하고 있지만, 화학 제품을 사용하지 않고 합판을 생산하는 일은 불가능에 가깝다. 더 이상은 보호 장비를 착용하지 않고 여러 가지 재료를 활용할 수 없게 된 것이다.

간단히 언급하자면, 제과점이나 정육점에서는 고객들이 불만스러워 하는 인공첨가물을 사용하는 빈도가 많아졌다. 하지만 이는 해당 기업들에게 상당한 업무 편의와 경제적 성공을 가져다 주고 있다. 그 중 일부는 광범위한 유통망을 갖춘 대형 베이커리 및 대형 정육점으로 발전했다. 여기서 판매되는 식품들이 더 이상 전통적인 재료가 아니라 인공첨가물이 포함되어 있다는 사실을 고객들이 항상 인지하고 있는 것은 아니다. 독일의 맥주에 대한 순도를 둘러싼 투쟁은 유럽뿐만 아니라 미국의 맥주 회사들이 전통적인 원료인 곡물, 홉 및 물뿐만 아니라 방부제를 사용하여 제품을 양조할 준비가되어 있다는 것을 분명하게 보여주었다.

# 합리화, 신기술 및 새로운 정밀도

1920년대 산업화된 유럽의 대부분 도시에서는 수공업과 소공업에 전기를 공급할 수 있는 여력이 충분해졌다. 도시 간의 발전소 건설로 농촌 지역에도 전기가 공급되었다. 따라서 대규모 산업 지역에서 멀리 떨어진 곳에 위치한 다수의 수공업 업체들도 전기 모터의 도입으로 큰 혜택을 누릴 수 있었다. 물론 이것은 가난한 신발 제조업자와 재단사의 일에는 거의 영향을 미치지 않았지만, 당시 위기 상황에 처할 가능성이 있었던 빵집, 정육점, 자물쇠 수리점, 그리고 목수, 수레공 등에 큰 영향을 미쳤다. 목수와 수레공은 전기 모터와 트랜스 미션을 이용해 여러 대의 기계를 동시에 작동시킬 수 있었다. 하지만 종종

1964년에 학교에 그려진 이 벽화는 대형 제과점의 생산 단계를 묘사하고 있다. 왼쪽 뒤쪽의 오븐과 반죽기는 전기로 작동하지만 빵은 여전히 제빵사가 수작업으로 모양을 잡고 있다.

높은 곳에 설치된 트랜스 미션으로 인해 먼지가 일어나거나 기계 오일이 떨어질 수도 있었기 때문에 제과점에서는 위생상의 이유로 개별 구동장치를 사용할 수밖에 없었다. 수공업에서 사용하는 전기 모터에 관한 연구 논문을 발표했던 아돌프 슐츠는 제과점의 새로운 모습에 대해서 "우리는 더이상 손과 발로 반죽할 필요가 없다. 과거로부터 이어져온 작업 방식에서 비롯되는 질병 전염에 대한 위험성은 이미 오래전부터 인식되고 있었다."라고 언급했다. 전반적으로 전기 모터가 수공업의 구세주까지는 아니어도 작업 과정을 합리화하고 비용을 절약하는데 중요한 역할을 했던 것은 분명해 보인다.[2]

20세기에서 21세기로 넘어가는 전환기에 목공소의 필수 장비로는 슬라이딩 테이블 톱, 조이너, 밀링, 샌딩, 사이징 서클 등 다양한 기계들이 있다. 또한 전동 드라이버, 드릴, 망치, 못, 태커, 라우터, 직소, 스크롤 톱, 앵글, 벨트 및 궤도 샌더와 같은 휴대용 전동 공구도 있었다. 이 도구들은 케이블을 전원에 연결하거나 충전식 배터리로 작동되었기 때문에 수작업이 가능한 모든 작업에 사용할 수 있었다. 개별적으로 주문 받은 물건을 만들거나 수리할 때 목수들은 주로 수작업을 했다. 테이블 하나에 필요한 여러 개의 의자를 주문받은 경우에는 최대한 자연스럽고 비슷한 형태를 유지하기 위해 노력했다. 이렇게 만들어진 물건들을 통해 목수들은 그들이 지닌 장인의 능력을 드러냈다. 하지만 완벽하게 동일한 제품은 '공장'에서만 생산이 가능했다. 이를 가능하게 만든 것은 CNCComputerized Numerial Control로 작동되는 기계였다. '컴퓨터 수치 제어'를 뜻하는 CNC는 가공 정보를 제어 메모리로 읽어 제품을 반복적으로 생산하는 시스템을 의미한다. 최초의 CNC 장치는 1960년대에 개발되었다. 이후 기계공학의 발전이 그 뒤를 이어나갔다. 이렇게 만들어진 도구나 생산 시스템의 일부는 가구 산업은 물론 장인의 공방에도 도입되었다.

이 CNC 기술이 목재 및 금속 가공 산업에서만 사용되는 것은 아니었다. 예를 들어, 안경테에 맞추기 위해 렌즈를 1/500mm까지 연마해야 하는 안경점에서도 CNC 기술이 활용되었다. 광학 산업에서는 이를 활용해서 1/1,000,000mm의 정밀도를 달성하기까지 했다. CNC 기술로 인해 수공업의 제조 공정과 공장의 제조 공정이 매우 유사해졌다. 하지만 목공 기술은 이 둘의 차이가 무엇인지를 분명하게 보여주었다. 가구 공장에서는 하나의 제품을 생산하기 전에 모델로 삼을 여러 개의 제품을 만들었고, 만들어진 제품의 일부를 폐기해야 했다. 하지만 목수는 작업을 시작하기 전에 정확한 측정과 계획 아래에 개별 템플릿을 만들었다. 그들은 수작업으로 제품을 생산했기 때문에 제품을 폐기할 경우에 시간이나 재료의 낭비라는 측면에서 상당한 피해를 감수할 수밖에 없었다. 또한 자신의 공방을 운영하는 경우에는 간소화된 CNC를 활용해 인력을 절약하고 제품의 생산량을 늘림으로써 많은 수익을 올릴 수도 있었다. 만약 CNC에 전적으로 의지한다면, 그들은 가구 산업에 종사하는 숙련된 목공인들과 다를 바 없었을 것이다. 기계와 CNC 기술의 사용과 관련해서는 유럽 전역에서 거의 동일한 현상을 관찰할 수 있다.

맞춤 제작은 앞서 말한 궁극의 정밀도를 포기하는 것일 수도 있지만, 결국 작업의 결과는 현장에서 고객의 요구에 부응해야 했으며, 바로 이것이 최고의 수공업 제품에 걸맞는 품질을 결정하는 요소였다. 이는 시계 제작의 예를 통해 명확하게 볼 수 있다. 1927년 찰스 린드버그가 첫 대서양 직항 횡단 비행을 할 때 스위스 브랜드 손목시계 론진Lonjin을 착용했다. 이 시계는 올림픽에서 크로노그래프로 사용될 정도로 최고의 정확도를 보장한다. 정밀 시계 제조의 최고봉은 여전히 스위스이다. 그러나 최고의 시계를 제조하는 회사가 스위스에만 있는 것은 아니었고, 현재도 그렇지는 않다. 특히 작센주 글라슈테에 위치한 랑게 운트 죄네Lange & Söhne가 대표적이다. 이들은 1845년에 설립된 가족 회사를 1990년 독일 통일 후에 재건하여 다시 세계 최고 수준으로 끌어올렸는데, 무엇보다 장인들이 브레게 스파이럴과 투르비옹을 직접 제작함으로써 그들만의 고유한 예술성을 표현했다. 그중 투르비옹은 너무 부숴지기 쉬워서 손가락으로 잡을 수 있도록 보강재인 셸락을 붙인 다음, 작업이 끝나면 잔류물이 남지 않도록 알코올로 다시 제거하는 번거로운 과정을 거쳤다. 한동안은 중국에서 투르비옹을 레이저 기술을 이용해서 제작했다. 무의미한 시도였을 수 있지만, 이것이 오히려 스위스 시계의 가치를 높이는 데 기여했다. 이렇게 하면 장인에 의한 진정한 품질 향상은 이루어지지 않는다. 현재 'Swatch'이라는 이름으로 대량 판매되고 있는 쿼츠 시계는 일반적으로 가장 정밀한 최고의 수공예 시계보다 정확하다. 그럼에도 불구하고, 장인의 작업은 그 자체로 가치를 지니며 레이저 기술로 대체할 수 없는 가장 완벽한 수공예품을 생산할 수 있는 방식이다. 시계 제조 공정에서 몇몇 전문 장인이 참여하는 여러 단계의 작업을 거친 후에 시계 장인이 시계의 심장 박동 장치에 해당하는 밸런스 휠을 삽입한 다음 부품들을 확인하고 가장 귀중한 부품인 레귤레이터를 최종 점검한다. 다시 말하지만 이런 복잡한 공정은 오늘날 몇몇 수공예품에서만 확인할 수 있는 품질을 얻기 위한 것이다. 이는 악기 제작 분야에서 거두었던 최고 성과와 비교될 수 있는 수준이다. 이 정도 수준의 품질을 갖춘 수공예품을 원하고, 이를 높게 평가하는 사람들은 아주 소수에 불과하다. 바로 이들이 수공예라는 특별한 문화를 보존해온 사람들이다.


## 새로운 수공업 – 새로운 직업

장인 정신에다 기술을 도입한 것은 19세기의 유산이다. 이는 특히 세 가지 전문 직업군에 영향을 미쳤는데, 일반적으로 '전기 기술자'라고 불리는 그룹, 라디오, TV 및 통신 엔지니어링 그룹, 마지막으로 자동차 기술자들이 그들이다.

　프랑스어에서 '전기 기술자'를 뜻하는 'Election'은 영어와 마찬가지로 확실한 개념이다.[3] 독일어에서는 구어체에서만 '일렉트리커Elektriker'라고 사용한다. 20세기 중반에는 전기 기술자 시험에 합격한 전기 기사가 배출되었다. 2004년부터 독일에서 이 직업에 대한 수공업 기술 양성 훈련이 중단되었지만, 스위스에서는 여전히 4년 동안의 훈련을 진행하고 있다. 1998년 초 독일에서는 이미 전기 배관공, 전기 기계공, 통신 시스템 전자 기술자라는 세 가지의 직업이 통합되었다. 전기 기술자는 새로운 견습직으로 떠올랐다. 이와 관련된 사람은 일반적으로 수리에 관여하는 전기 기계 제작자였다. 대부분의 유럽 국가에서는 이와 같은 개념을 분리하는 작업에 신경쓰지 않는다. EU 내의 다양한 산업 구조로 인한 것이다. 실제로 유럽 전역에서 전자 정보 및 통신 기술 분야의 전문 직업은 상당히 늘어나는 추세이며, 특히 전자 데이터 처리, 통신 기술, 전송 기술 및 무선 기술 분야가 그러하다. 이러한 일을 하는 사람들이 모두 수공업에 기반을 두고 있는 것은 아니었고, 오히려 산업에 기반을 두고 있는 경우가 많다. 이 문제를 유럽 전체로 시야를 확대해 보면 현재 수공업은 이런 기술 분야에서 그렇게 중요하지 않은 경우가 많다.

　하지만 모든 기술의 처음에는 수공업이 있었다. 마이클 패러데이(1845년), 제임스 클러크 맥스웰(1873년), 하인리히 헤르츠(1887년)의 물리학적 발견은 무선 통신 기술의 기틀을 마련했다. 20세기 초 덴마크의 엔지니어 발데마르 폴센(1869~1942)은 아크 송신기를 사용해 무선으로 소리를 전송했고, 캐나다의 발명가 레지널드 오브리 페센든(1866~1932)은 무선 기계 송신기로 소리 전달에 성공했다. 오스트리아의 물리학자 알렉산터 마이스너(1883~1958)는 1913년 피드백 조절식 튜브 송신기의 발명을 통해 무선 기술의 진정한 창시자가 되었다.

　라디오 개발 초기에는 많은 기술자들이 수신을 개선하려 애썼다. 제 2차 세계 대전 이후 막스 그룬디히(1908~1989)는 독일의 라디오와 텔레비전 발전을 위한 길을 닦았다. 그룬디히는 배관 회사의 소매 판매원 출신이었으며, 라디오와 텔레비전 기술자가 되기

# 전기 기술자의 기억

전기 기술자 칼 뮐러(1932~)는 55년 전 라이프치히 외곽 일부 지역의 오래된 발전소의 전기는 직류[…]로 110볼 트 또는 120볼트였고, 텔레비전이 없었다고 기억한다.[…]

"전기는 처음에는 거리를 비추기 위한 가로등을 켜는 용도로만 사용되었다. 두 개의 탄소 핀을 접촉하면 강한 스 파크가 발생하거나 에디슨이 발명한 필라멘트 램프가 작동했다.[…] 일부 도시에는 두 개의 전기 공급 업체가 설 립돼 거리에 두 개의 송전선이 설치되었다. 나의 아버지[전기 기술자 폴 뮐러(1890~1955)]는 1905년 이 프로젝 트에 참가하셨다. 당시에는 직류를 교류로 변환할 수 없었기 때문에 케이블의 길이가 100m이고 구리의 단면적 은 1.5mm²이었다. 부하가 3kW일 때조차 0.6kW(전체 전력의 약 17%)와 38볼트(전체 전압의 약 17%)의 손실 이 발생했다. 따라서 두꺼운 구리 파이프가 필요했고 그만큼 비용이 많이 들었다. 도시 외곽의 불빛은 어두웠다."[4]

엄청난 노력 끝에 칼 뮐러는 자영업자로서의 존재감을 드러냈다. 그는 오샤츠 인근 다렌에 있는 대형 냉장 창고 의 전체 전기 설비를 혼자서 설치하고 유지 보수한 이력으로 명성을 얻었다. 이로써 그는 없어서는 안 될 대체 불

가능한 장인이 되었다. 다렌에서 냉장 제품을 대량으로 화물 열차 에 실어 '서쪽으로' 공급했기 때 문에, 그의 존재는 도시 경제에 커다란 영향을 미쳤다. 작업 중 예비 부품이 부족한 일이 흔히 일어났다. 그럴 경우마다 그는 해왔던 것처럼 창의적으로 행동 했고 항상 성공했다. 그는 시대 를 앞서 나갔다.

작센 출신의 칼 뮐러는 자를란트의 올드 볼클링엔 제철소에서도 배전함을 제작했다.

위한 정규 교육이 시작되지도 않았을 때부터 이 분야에 관심을 두고 있었다. 1920년대 ~1930년대에 그는 이미 라디오와 비디오 방송 기술에, 그리고 나중에는 텔레비전 방송 기술에 집중적으로 관심을 기울였다. 1945년 12월, 그는 '하인첼만'이라는 이름의 키트를 시장에 내놓았고, 이 키트를 통해 라디오 애호가들은 자신만의 튜브 라디오를 직접 조립할 수 있었다. 그룬디히, 텔레풍켄, 그리고 다른 회사들로부터 더 많은 라디오와 텔레비전이 가정에 들어왔다. 특수 기능 직업 훈련은 더욱 증가하였고, 엔지니어와 협력하여 많은 개발 및 생산에 투입될 고도로 훈련된 전문가의 필요성은 점점 더 커졌으며, 값비싼 장치에 필수적이라 할 수 있는 수리도 진행되었다. 기술이 보편화될수록 가격이 저렴해질수록 직전까지 현대적이었던 직업들은 위협받을 수밖에 없었다. 오늘날에는 도매업자들이 기존의 소규모 독립 장인의 사업을 대체하고 있다.

현대 수공업의 특징 중 하나는 과거에 비해 생산량이 확실히 점점 더 줄어들고 있다는

VEB Stern-Radio Sonneberg에서 1956년에 제조한 라디오 수신기 'Consul'은 동독에서 알람 시계가 있는 최초이자 유일한 진공관 라디오이다.

# 골리앗

"1kg의 판금과 1kg의 페인트만 있으면 골리앗이 완성된다." 이 말은 일반적으로 독일 장인의 성실함과 유능함을 칭송하는 문구이지만, 실제로는 완전히 부적절한 표현이다. 1928년 숙련된 자물쇠 제조공이자 기계공학자였던 칼 보그워드(1890~1963)는 한사, 로이드와 함께 골리앗 공장을 설립했다. 이 회사는 결국 1961년에 파산하게 되었는데, 이는 공학적 독창성이 부족해서가 아니었다. 오히려 그 반대였는데, 왜냐하면 보그워드의 창조적인 프로젝트는 항상 회사의 비즈니스 측면과 비교했을 때 지나치게 불균형했기 때문이다. 1949년 이 회사는 '골리앗 3륜 트럭 GD 750'을 시장에 출시했다. 2기통 엔진을 탑재했고, 750kg의 하중을 지탱할 수 있으며, 3425 독일 마르크의 비용으로 많은 사업주들에게는 투자로서 합리적인 가격이었다. 엔진에서는 덜컹거리는 소음이 발생했지만, 그럼에도 뛰어난 기동성 덕분에 먼 곳까지 쉽게 도달했다. 차량 구조는 단순하고 견고해 어느 정도 지식을 갖춘 많은 장인들은 필요한 경우 이 밴을 직접 수리하거나 개조할 수 있었다. 1955년에는 3륜 구동 차량인 '골리'가 개선된 버전으로 출시되었다. 몇 년 동안 도로에서 눈에 띄게 늘어난 골리앗 차량은 독일 경제의 호황을 방증했다. 1958년 보그워드는 한사 1100을 통해 3륜 구동과 2스트로크 엔진에 작별을 고했다. 이 시기에 다른 차량 업체들도 소형 밴 시장에 뛰어들면서 오늘날까지도 계속되는 더 크고 장기적인 성공을 거두었다.

골리앗 이전에도 다른 제조업체들이 있었다. 1923년에 덴마크의 학구적인 기계 엔지니어였던 유르겐 스카프테 라스무센(1878~1964)은 프랑켄베르크/작센 금속 공장을 설립했다. 1927년 3륜 자동차는 이곳에서 DKW 특송 밴의 화물 칸에 오토바이를 결합하여 처음 만들어졌다. 1932년에는 또 다른 3륜 구동 모델인 Framo LT 200이 개발되었고, 1946년에는 동독에서 개선된 후속 모델이 출시되었다. 1928년부터는 함부르크 인근 하르부르크에 있는 템포 공장에서 만든 3륜 배달 밴도 매우 성공적이었다. 전쟁 전의 초기 3륜 밴은 운전 면허증이 필요하지 않았기 때문에 수요가 많았다. 골리앗의 출시 이전인 1947년 이래로, 시트로엥 타입 H는 프랑스에서 생산되었다.

1949년경 사진은 골리앗 삼륜 배달 밴에 정육점 물건을 싣고 있는 모습이 묘사되어 있다.

것이다. 물론 제빵사는 여전히 빵을 만들고 정육점은 소시지를 제조하지만 테이블과 의자는 더이상 목수가 만들지 않으며 제화공이 신발을 만드는 경우도 드물다. 일부 장인은 여전히 서명이 각인된 제품을 생산하지만 명품이나 작품을 제작할 때만 그런 기술을 보여줄 뿐, 그다지 흔한 경우는 아니다.

이에 대한 가장 좋은 예는 아마도 자동차 업계일 것이다. 자동차 업계에서는 자동차 전체나 심지어 엔진이나 차체 전체를 걸작이라 표방할 필요가 없다. 사실, 이 업계에서는 수레공이 차체 제작자로 변모했다. 물론 1942년의 포드 모델처럼 오랫동안 나무 프레임을 갖춘 자동차도 있었다. 대시보드, 스티어링 휠 및 내부 디테일도 목재로 제작되었고, 마차와 마찬가지로 안장제작자와 덮개 제작자도 한때는 자동차 업계에서 일했다. 여전히 개별 럭셔리 브랜드에 전문 장인이 존재한다. 오늘날에도 인도에서는 수공업자들이 수백 년 전의 마차를 만들 때처럼 나무로 만든 운전석과 차체를 갖춘 트럭을 만들어 정교하게 칠하고 있다. 영국의 말번에 있는 컬트 회사인 모건 모터 컴퍼니는 아직도 차체 제작에 물푸레나무를 사용하는 세계 유일의 회사이다. 오늘날 유럽에서는 경제적으로 큰 성공을 거둔 소수의 자동차 제조 업체들은 여전히 부유한 고객들이 고급 마차를 찾는 것과 같은 방식으로 이익을 얻고 있다.

모든 주요 브랜드의 자동차, 트럭, 심지어 트랙터와 오토바이까지도 길고 구불구불한 생산 라인을 거치며, 대부분은 자동 기계와 로봇에 의해 조립된다. 물론, 숙련된 근로자들이 여전히 도움을 주고는 있지만, 그들이 나누어 맡은 업무가 더 이상은 제품 전체를 만들어내지는 않는다. 원칙적으로 자동차 정비소에서는 새로운 부품을 만들어내지 않는다. 의심할 여지 없이 이 업체는 수공업적 업무를 수행하지만 주로 수리하고 서비스를 제공하는 분야에서만 그렇다. 특정 브랜드와 연계된 작업장에서는 일반적으로 자체 자동차 회사에서 공급하는 부품만 설치할 수 있다. 그들은 회사에서 제공하는 사양에 따라 제조업체가 제공하는 검사, 보증 및 서비스만을 책임지고 있다. 소위 독립 정비소들이 그들과 경쟁을 하고 있지만, 그들은 자동차 제조업체들의 치열한 경쟁에 맞서 스스로를 증명해야 한다. 원칙적으로 독일에서는 두 가지 유형의 사업 모두 공인된 장인과 엔지니어만 운영할 수 있다.

2001년에는 자동차 정비사, 자동차 전기 기사, 차량 정비공의 직종이 통합되어 '자동차 메카트로닉스Mechatronics 기술자'라는 새로운 직종이 탄생했다. 이는 현재 자동차 산업에서 메카트로닉스의 중요도를 반영한 움직임이다. 메카트로닉스는 자동차 산업에서 유래된 것이 아니라 1969년 일본 야스카와 전기 엔지니어인 모리 테츠로가 처음 제시한 용어이다. 1971년에 처음으로 상표로 등록되었다가 곧 취소되었다. 이것은 기계, 전자, 제어 시스템 및 컴퓨터 과학을 하나의 새로운 단위로 결합하는 것이었다. 자동차 산업에서 이 용어가 널리 통용되고 있다는 것은 공학적인 아이디어가 이 용어에 얼마나 깊이 스며들어 있는지를 분명히 보여준다. 독일에서 직업 훈련을 위해 자동차 공학 전문 과정을 시작하는 사람이라면 누구나 과학적 메카트로닉스를 특징으로 하는 기술을 실무적인 수준에서 구현하는 필수 교육 내용을 발견할 수 있을 것이다. 여기에는 정보, 제어, 규제, 테스트, 전기 및 생산 기술의 기본 사항뿐만 아니라 다양한 엔진, 엔진 역학, 드라이브, 차량 구조 및 섀시, 재료 기술, 혼합물 형성 및 윤활제에 대한 기초적인 지식도 포함된다. 또한 통신, 비즈니스 조직, 산업 안전, 환경 보호와 같은 분야도 미래의 자동차 메카트로닉스 기술자에게는 또 다른 중요한 교육 주제이다.[5] 여성이 이 업계에서 기술자가 되는 경우는 극히 드물다. 이것은 확실히 기술에 대한 특별한 이해나 수학과 물리학의 전문 지식을 필요로 하는 직업적 요구 사항 때문이 아니다. 젊은 여성을 멀리하거나 직장에서 특별한 능력을 요구하는 것은 오히려 남성 중심의 심리적, 사회적 환경 때문이다. 독일에서의 교육 과정은 3년 반 동안 지속되며, 주로 승용차, 오토바이, 상업용 차량, 차체 또는 시스템, 고전압 기술 분야에 대한 전문화를 가능하게 한다.

20세기 현대 수공업의 발전을 특징짓고자 한다면, 비록 새로운 제품이 여전히 수공업 제품으로 나오고 있고 장인들이 새로운 제품의 사용과 관련된 부분에서 여전히 특정한 역할을 하고 있는 것은 사실이다. 하지만 새로운 제품의 생산도 중요하지만 더욱 중요한 것은 프로세스의 혁신이다. 이는 장인이 과학, 기술 및 산업의 발전을 고객에게 제공하고 고객의 개인적인 요구에 따라 제품을 디자인한다는 것을 의미한다. 특히 가치를 유지하는 데 크게 기여하는 수리 작업을 과소평가해서는 안 된다. 이것 역시 20세기 수공업의 한 부분이다.

# 21세기 - 회고와 전망

고대부터 현대에 이르기까지 대부분의 수공업 제품들은 수고로운 노력의 결과물로 인식되어 왔으나, 오늘날에는 산업 제품의 생산량이 증가하면서 인식이 달라졌다. 수공업은 상품 생산에 대한 이전의 지배력을 산업에 양도해야 했으며, 치열한 경쟁 속에서 수공업이 가질 수 있는 고유한 물질적 실체를 잃었다. 또한 현대에는 수공업 길드도 점차 약화되었을뿐만 아니라 무역의 자유화 영향으로 거의 모든 곳에서 사라져 버렸다. 길드는 모든 다양성에도 불구하고 유럽에서 수공업의 가장 중요한 공동체 요소를 지닌 마지막 산업 조직 형태였다. 결과적으로 장인 정신에 관한 한 아리스토텔레스와 토마스의 아이디어는 더 이상 미래 전망을 제시하지 못하는 것처럼 보인다.

유럽 사람들은 그들의 일상 생활에서 수공업이 차지하는 중요성에 대해 부분적으로만 인식하고 있다. 특히 거대 담론 중심의 국가에서는 수공업의 존재감이 더욱 미미하다. 최근 몇 년간 손으로 하는 작업과 지적 노동의 가치를 둘러싸고 활발한 논쟁이 전개되고 있다. 흥미롭게도 이 논쟁에 두 명의 미국인이 특히 관여하고 있다.

2009년에 1965년생의 철학자 매튜 크로포드의 저서 『샵 클래스: 소울크래프트』가 미국에서 출판되었다. 그는 대학에서 학생을 가르치는 교수이자 숙련된 오토바이 정비사로서 자신의 작업장도 운영하고 있다. 그의 '샵 클래스'는 '워크샵 클래스'를 의미한다. 크로포드는 '학교 수업에서 도구가 사라지는 것'이 '우리가 살고 있는 물리적 세계에 대

## 올드 브리지

현재 보스니아-헤르체고비나의 모스타르에 있는 '올드 브리지'는 '스타리 모스트'라고 불리며, 네레트바강을 우아하게 가로지르는 가느다란 아치형 다리이다. 1469년부터 이 도시는 오스만 제국에 속한 중요한 무역 중심지였다. 정확한 생몰 연대가 알려지지 않은 천재적인 건축가 미마르 하지루딘은 술탄 술레이만의 명령에 따라 이 다리를 설계했다. 1556년~1566년 달마티아의 장인들은 강 위에 전체 길이 28.7m, 높이 19m의 웅장한 구조물을 세웠다. 다리의 폭은 4m에 불과했지만 차량이 통과하기에는 충분했으며, 낮은 대리석 계단은 마차가 부딪혀도 미끄러질 위험을 줄이기 위해 만들어졌다. 이 다리를 통해 이슬람 세계와 기독교 세계 사이의 무역 교류가 이루어졌고 동시에 서쪽의 크로아티아와 동쪽의 보스니아의 문화를 연결했다.

20세기 유럽의 마지막 전쟁이었던 발칸 전쟁으로 1993년 11월 9일 파괴되어 양쪽의 큰 탑들만 남아 있었다. 원래 다리는 일부만 예전 것이고 대부분은 이전보다 훨씬 더 나은 기술을 가진 석공들에 의해 새로 지어졌다. 외부에서는 보이지 않는 금속 조인트로 한번 더 돌 블록을 연결했다. 그리하여 모든 것은 예전과 같이 재건되었다. 이 다리는 2005년 7월 15일 세계 유산으로 등재되었고, 그해 7월 23일에는 보스니아-헤르체고비나뿐만 아니라 유럽과 세계에서 종교와 민족 집단 간의 관계가 더욱 강화될 것이라는 희망과 확신을 가지고 재개통되었다.

21세기로 가는 다리: 1973년에 찍은 이 사진은 민족 간 이해의 상징으로 재개통한 모스타르의 다리의 원래 모습을 보여준다.

한 무지로 가는 첫 번째 단계'라고 우려를 표한다.[6] 동시에 도구는 순수한 정신 노동을 가져올 뿐만 아니라 사람들에게 내면의 균형과 현실의 삶에 대한 적절하고 유연한 관계를 가져나 준다고 역설한다. 크로포드의 저서 독일어판은 『나는 나사를 돌린다, 그러므로 나다 Ich schraube, also bin ich 』와 『수공업은 당신을 행복하고 현명하게 만든다 Handwerk macht glücklich und klug』라는 이중 슬로건을 내걸고 있다. 사회학자 리처드 세넷(1943~)도 2008년 장인에 대한 연구를 발표하면서 비슷한 맥락에서 생각했다. 세넷은 장인정신을 특별한 '생활 방식', 즉 일 그 자체를 잘 수행하려는 인간의 항구적이고 기본적인 욕구로 가득 찬 삶의 방식으로 인식했다. 세넷은 특히 유럽 문화사를 살펴보면서 그러한 활동의 가능성과 한계를 평가할 수 있었다. "불행하게도 학교가 학생에게 필요한 작업 도구를 매번 적절히 제공하지는 않으며, 품질에 대한 열망이 항상 그리고 모든 작업에서 적절하게 평가되는 것도 아니다. 결국 자신의 일에 대해 정당한 자부심을 가지고 있는 품질 지향적인 장인이 공정한 임금을 받는 것도 결코 쉬운 것은 아니다. 시간, 그리고 모든 종류의 법칙성완고함, 경쟁 압력, 좌절감이 그의 삶을 힘들게 했다.』[7] 고 그는 쓴다.

그렇다면 우리는 장인정신을 가진 삶의 방식이 무엇인지, 그리고 그것이 어떤 지속적인 가치를 가지고 있는지 미국으로부터 배울 수 있을까? 특히, 독일에서는 거의 20년 동안이나 수공업이 사회와 경제에 미치는 중요성에 대해 활발한 논의가 이루어지고 있었다. 그것은 두 가지 방향에서 이루어졌는데 하나는 소규모 수공업의 품질 지향적인 사업 형태에서 미래에 대한 특별한 전망을 생각하는 대안적이고 지속 가능한 경제 형태에 대한 논쟁이고, 다른 하나는 정치적 구조 변화에 대응하기 위한 수공업 조직의 정체성 논쟁이다.[8]

환경 친화에 대한 고려는 제품의 품질 향상보다 개별적인 고객 맞춤과 제품의 지속 가능성을 통해 제품의 생명이 짧고 저렴한 산업 생산에 대항할 수 있는 제조 기술에 초점을 맞추고 있다. 이러한 원칙에 따라 수제 신발과 옷, 그리고 튼튼한 나무로 가구를 만들어 미래 세대들이 이 제품을 사용할 수 있도록 하는 것이다. 비록 수제 신발은 비싸지만, 신

2008년부터 킴과 니콜라 히머 자매는 남성과 여성을 위한 최고급 맞춤 구두를 수작업으로 제작하고 있다. 두 자매는 바덴바덴의 맞춤 구두 장인인 아버지 악셀 히머(왼쪽 사진)에게 이 전통 기술을 배웠다.

발의 수명과 제작에 들어가는 작업량을 고려하면 가성비가 높은 제품이다. 독일의 국경을 넘어서까지 유명한 맞춤형 구두 제작사의 이름은 히머 & 히머Himer & Himer이다. 아버지와 그의 딸들은 이 전문 분야의 대가로 손꼽히며, 악셀 히머는 고객의 발에 맞는 발 폼 몰드를 사용하여 최초의 치수 측정 막대를 만들었다.[9] 쿀른에 있는 딸의 작업장에서는 운동화부터 우아한 이브닝 슈즈까지 모든 종류의 신발이 정교한 수작업에 의해 제작되었다. 이들의 제품은 높은 품질과 맞춤형 디자인으로 유명하며, 배우 에롤 샌더와 스파이더맨 제작자 스탠 리 등 수많은 유명 인사들이 고객층을 형성하며 이 독특한 작품을 높이 평가했다. 또 신발 업계의 여러 전문가들도 히머 맞춤 신발 회사로부터 조언을 구하곤 한다.

지속가능성 측면에서 수리업은 낭비하는 사회에 대응하기 위한 것이기 때문에 특히 중요하다. 실용적인 기술과 품질 지향적인 작업이 귀중한 문화적 성취를 만들어 낸다는 것은 좋은 관점이다.[10] 이는 궁극적으로 생산과 소비의 전반적인 변화로 귀결된다. 이러한 목표가 실제로 달성될 수 있는지의 여부는 '새로운' 장인들이 그들의 기술을 제공할 뿐만 아니라 재정적으로 풍부한 엘리트들을 포함해 충분한 고객들을 확보함으로써 입증할 수 있을 것이다.

수공업의 정체성에 대한 정치적 논쟁은 주로 독일에서 뜨겁게 일어났고 지금도 계속되고 있다. 그것은 아주 구체적인 교육과 품질 지향을 장인 자격증과 결합시켜 전통적인 수공업에 대한 지향이 매우 강력하다는 것을 보여준다. 2000년 이후 노동 시장의 자유화를 둘러싼 갈등이 대두되었고, 2004년에는 '장인 자격증 투쟁'으로 절정에 이르렀다. 숙련공 회의소는 자영업 설립 요건으로써 장인 시험을 폐지하는 논의에 대해 공개적으로 항의하기 위해 장인 공동체들을 동원하는 데 성공했다. 이러한 방식으로 장인들은 전통적인 훈련 시스템과 설립권을 완전히 동일시하였다. 이들은 장인 자격증이 장인의 품질을 보장하는 결정적인 증거라고 주장했다. 독일 외에 유럽 어디에서도 이와 유사한 논쟁은 일어나지 않았다. 하지만 최근 수공업 분야의 연구에서 장인 자격증이 정체성을 정의하는 특징으로 점점 그 유용성을 잃고 있다고 결론에 도달했다. 특히 독일의 대기업이 기업가에 의해 운영되는 경우가 많기 때문이다. 이들은 자격증은 없지만, 대부분 학위는 가지고 있다. 동일한 연구에 따르면, 수공업에 여전히 신뢰를 주는 기관은 숙련공 회의소에 참여한 회사나 조직 또는사람이 대부분이며 그렇지 않은 중소기업들은 다양한 방식으로 수공업과 점점 더 차별화되고 있다.[11]

이 글의 서두에서도 언급했듯이, 로마의 장인 에키온은 자신의 아들에게 "장인 정신은 결코 죽지 않는다."라는 예언을 전했다. 우리는 에키온의 예언에 의심할 필요가 없었다. 왜냐하면 예언은 그의 생애를 훨씬 뛰어 넘어 현대까지 지속되었기 때문이다. 하지만 이제 그 예언의 끝이 서서히 다가오고 있는 듯하다. 오히려 현명한 아버지 조언의 다른 부분인 "자신을 믿어라. […]네가 무엇을 배우든 그건 전부 너를 위한 것이다."라는 말이 더욱 중요해지고 있다.

수공업 분야에서 발전된 교육 원칙은 유럽의 공통된 유산이 되었다. 바로 자신의 손을 머릿속 지식과 연동하여 현명하게 사용할 수 있는 능력을 갖추는 것이다. 견습생, 숙련공, 장인이라는 세 가지 단계는 새로운 형태로 전환되었다. 독일 교육 수출품이 된 이중 훈련 또는 자격 및 훈련 시스템은 영국에서는 전기 기술자가 독립적으로 직업을 수행하기 전에 통과해야 하는 자격 시험이 되었다. 독일과 스위스에는 '인더스트리 장인', 오스트리아에는 '베르크 장인'이라는 전문가가 있다. 이들은 시험에 합격하면 해당 분야에서 교육의 권리와 의무를 가진 숙련된 관리자로서 승진하며 이러한 시스템은 여전히 유효하다. 2012년 EU는 '장인'에게 대학의 학사 학위와 동등한 자격을 부여했다. 산학협동의 차원에서 실무에 경험이 많고 기술을 터득한 인력이 더 명확하게 새로운 창의력을 발휘할 수 있기 때문이다. 오늘날 수공업의 기본 원칙은 이런 방식으로 경제의 여러 부문에 존재하며, 현대 사회의 다양성 속에서 적응력 있고 일관되게 살아남는다. 그렇기 때문에 이 책의 첫 문장을 다시 한번 강조한다.

"수공업은 결코 사라지지 않는다…et artificium numquam moritur."

# 미주

## 서문 "수공업은 결코 사라지지 않는다."

1 Petronius Satyrica. Lat.-dt v. Konrad Müller u. Wilhelm Ehlers. 4. Aufl. München, Zürich 1995, S. 83–89, Zitat: S. 89.
2 Raymond Tallis: The Hand. A philosophical inquiry into human being. Edinburgh 2003. Marco Wehr, Martin Weinmann (Hg.): Die Hand. Werkzeug des Geistes. München 2005. Richard Sennett: Handwerk. Berlin 2008, S. 201–239.
3 Thomas Junker: Die Evolution des Menschen. München 2008, S. 29.
4 Geoffrey Blundell (Hg.): Origins. The story of the emergence of humans and humanity in Africa. London 2006. Neil A. Campbell u. a.: Biologie. 8. akt. Aufl. München 2009, S. 986–991.
5 Campbell, S. 987. Hansjürgen Müller-Beck: Die Steinzeit. Der Weg der Menschen in die Geschichte. München 2008. Almut Bick: Die Steinzeit. Erw. Neuaufl. Stuttgart 2012.
6 Shannon P. McPherron u. a.: Evidence for stone-tool-assisted consumption of animal tissues before 3.39 million years ago at Dikika, Ethiopia, in: Nature 466/12. August 2010, S. 857–860.
7 Campbell, S. 990. Christopher Stuart Henshilwood: Holocene prehistory of the Southern Cape, South Africa. Excavations at Blombos Cave and the Blombosfontein Nature Reserve. Oxford 2008.

## 선사 시대

1 Hansjürgen Müller-Beck: Die Steinzeit. 4. Aufl. München 2008. Harald Meller (Hg.): Paläolithikum und Mesolithikum. Halle/S. 2004. Christopher S. Henshilwood/Francesco d'Errico (Hg.): Homo Symbolicus. Amsterdam/Philadelphia 2011. Almut Bick: Die Steinzeit. Neufl. Stuttgart 2012. G. L. Isaac: Stages of cultural elaboration in the Pleistocene, in: Annals of the New York Academy of Sciences 280 (1991),
S. 276–288. MacGregor: Eine Geschichte der Welt in 100 Objekten. München 2013, S. 38–44, 48.
2 José M. Bermúdez de Castro u. a.: On Gran Dolina site, in: Journal of Human Evolution 37 (1999), S. 309–700. Friedemann Schrenk: Die Frühzeit des Menschen. München 2008, S. 88. Bick, Steinzeit, S. 16.
3 Dietrich Mania, Ursula Mania: Der Urmensch von Bilzingsleben, in: Meller, Paläolithikum und Mesolithikum, S. 69–101. Nachfolgendes Zitat: S. 81.
4 Leif Steguweit: Gebrauchsspuren an Artefakten der Hominidenfundstelle Bilzingsleben. Rahden i. Westf. 2003.
5 Gerhard Bosinski: Gönnersdorf und Andernach-Martinsberg. Koblenz 2007.
6 Marie Perpère: Apport de la typométrie à la definition des éclats Levallois: l'exemple d'Ault, in: Bulletin de la Société Préhistorique Française 83 (1986), S. 115–118. Martin Kuckenburg: Der Neandertaler. Stuttgart 2005, S. 121–127. Bick, Die Steinzeit, S. 20.
7 Hansjürgen Müller-Beck, Gerd Albrecht (Hg.): Die Anfänge der Kunst vor 30 000 Jahren. Stuttgart 1987. Michel Lorblanchet: Höhlenmalerei. Sigmaringen 1997. Marcel Otte: Cro Magnon. Paris 2008. Brian M. Fagan: Cro-Magnon. Das Ende der Eiszeit und die ersten Menschen. Darmstadt 2012. Frank Trommer, Angela Holdermann, Hannes Wiedmann: Der Nachbau einer Flöte aus Mammutelfenbein, in: Experimentelle Archäologie in Europa. Unteruhldingen 2013, S. 60–69.
8 Hartmut Thieme (Hg.): Die Schöninger Speere. Stuttgart 2007.
9 Hier und im Folgenden: Edgar Finsterbusch: Vom Steinbeil zum Sägegatter. Leipzig 1987, S. 9–21.

Thomas Eschenweck: Beile und Äxte aus Felsgestein. Heilbronn 1991. Pierre Pétrequin, Christian Jeunesse, Françoise Jeudy (Hg.): La hache de pierre. Carrières et échanges de lames polies pendant le Néolithique (5400–2100 av. J.-C.). Paris 1995.
10 Jean-Pierre Bocquet-Appel, Ofer Bar-Yosef (Hg.): The Neolithic Demographic Transition and its Consequences. Dordrecht 2008. Müller-Beck, Die Steinzeit, S. 28–30.
11 Pétrequin: La hache, S. 67. Pierre Pétrequin, Anne-Marie Pétrequin, Olivier Weller (Hg.): Objects de pouvoir en Nouvelle-Guinee. Paris 2006.
12 http://www.academia.edu/2610845/Gottliches_Grun_-_Ein_Stuckchen_Alpen_in_Sachsen.
13 MacGregor: Eine Geschichte, S.121–125. Pierre Pétrequin, Michel Errera, Anne-Marie Pétrequin, Pierre Allard: The Neolithic Quarries of Mont Viso, Piedmont, Italy, in: European Journal of Archaeology 9 (2006), S. 7–30. Franz Hofmann: Graubünden als mögliches Liefergebiet für Steinbeilstoffe der Pfahlbauer am Bodensee, in: Bergknappe. Zeitschrift der Freunde des Bergbaus in Graubünden 27 (2003), S. 35–39.
14 Pétrequin: La hache, S. 67. Pierre Pétrequin, Anne-Marie Pétrequin, Olivier Weller (Hg.): Objects de pouvoir en Nouvelle-Guinee. Paris 2006.
15 Almut Bick: Geheimnisvolle Kult-Beile, in: Spiegel Online 22.04.2007.
16 Rengert Elburg: Göttliches Grün – Ein Stückchen Alpen in Sachsen. http://www.academia.edu/2610845.
17 Bick, Die Steinzeit, S. 34–37. Jens Lüning (Hg.): Die Bandkeramiker. 2. überarb. Aufl. Rahden 2012.
18 Hier und im Folgenden: Helmut Schlichtherle (Hg.): Archäologie in Seen und Mooren. Stuttgart 1986. Ders. (Hg.):Pfahlbauten rund um die Alpen. Stuttgart 1997. Andreas Lippert (Hg.): Wirtschaft und Handel in den Alpen. Stuttgart 2012.
19 Departement für Erziehung und Kultur des Kantons Thurgau (Hg.): Die jungsteinzeitliche Seeufersiedlung Arbon Bleiche 3. 3 Bde. Frauenfeld 2000–2005.
20 Helmut Schlichtherle (Hg.): Siedlungsarchäologie im Alpenvorland. Stuttgart 1990, S. 102–113.
21 Fritz Ramseier, Gerhard Hotz, Liselotte Meyer: Ur- und frühgeschichtliche Schädeltrepanationen der Schweiz, in: Bulletin der Schweizerischen Gesellschaft für An-
thropologie 2005, S. 1–58. Silvia Sprenger (Hg.): Löcher im Kopf. Kehlheim 2007.
22 Charles-Tanguy Le Roux, Yannick Lecerf: Le grand cairn de Barnenez. Paris 2003. Christian Lassure, Dominique Repérant (Hg.): Les cabanes en pierre sèche de France. Aix-en-Provence 2004. Renate Löbbecke, Horst Bredekamp (Hg.): Kragkuppelbauten. Köln 2012.
23 Joachim von Freeden: Malta und die Baukunst seiner Megalith-Tempel. Darmstadt 1993.
24 Bernhard Maier: Stonehenge. München 2005.
25 Maier: Stonehenge, S. 26–30.
26 Bernd Zich: Das Hügelgräberfeld von Flintbek, in: Jahrbuch für das ehemalige Amt Bordesholm 1 (1999), S. 7–58, insbes. S. 20.
27 László Tarr: Karren, Kutsche, Karosse. Berlin 1978.
28 Flemming Kaul: Der Sonnenwagen von Trundholm, in: Harald Meller (Hg.): Der geschmiedete Himmel. Darmstadt 2004, S. 54–57. Christoph Sommerfeld: ... nach Jahr und Tag – Bemerkungen über die Trundholm-Scheiben, in: Praehistorische Zeitschrift 85 (2010), S. 207–242.
29 Die Beiträge von Bernd Zich bzw. Hermann Genz zur Aunjetitzer Kultur. In: Meller, Der geschmiedete Himmel, S. 126–137 bzw. S. 194–197.
30 Martin Bartelheim: Schmiedefürsten oder Großbauern? Elite und Metalle in der Frühbronzezeit Mitteleuropas, in: Tagungen des Landesmuseums für Vorgeschichte Halle 5 (2010), S. 865–879.
31 Meller, Der geschmiedete Himmel. Harald Meller,

Bernd Bahn (Hg.): Arche Nebra – die Himmelsschei-
be erleben. Halle/S. 2010. Regine Maraszek: Die
Himmelsscheibe von Nebra. 4. Aufl. Halle/S. 2012.
32 Christian-Heinrich Wunderlich: Vom Bronzebarren
zum Exponat – technische Anmerkungen zu den
Funden von Nebra, in: Meller, Der geschmiedete
Himmel, S. 38–43.

## 고대 그리스-로마 시대

1 Plat. rep. 606e.
2 Das Boot des Odysseus: Hom. Od. 5,228–261. Das
Schlafgemach des Odysseus: Hom. Od. 23,183–204.
Hephaistos: Hom. Il. 18, 368–615. Zu Daidalos vgl.
Apollod. 3,15,8. Diod. 4,77. Epeios und das Troja-
nische Pferd: Hom. Od. 8,492–495. Das Lied über
Hephaistos: 8,266–332. Die Blendung des Polyphem:
Hom. Od. 9, 318–330. 9,382–394. Gewänder: Hom.
Il. 3,125–128. 5,734–735. 14,178–179. 22,440–441.
Od. 2,94–109. Die Götter als Lehrer des Handwerks:
Hom. Il. 15, 410–412. Od. 6,232–234. 7,109–111.
22,159–161. Die berühmten Artefakte: Hom. Il.
6,288–295. 23,741–749. Hom. Od. 4,615–619. Hand-
werker: Hom. Od. 3,425–435. 17,382–385. 21,43–45.
Vgl. allgemein zu Handwerkern bei Homer H.
Schneider: Das griechische Technikverständnis. Von
den Epen Homers bis zu den Anfängen der techno-
logischen Fachliteratur. Darmstadt 1989, S. 11–31.
Zu Daidalos vgl. Apollod. 3,15,8. Diod. 4,77.
3 Hom. h. 20. Hes. theog. 862–866.
4 Grundlegend für das antike Handwerk ist: A. Burford:
Künstler und Handwerker in Griechenland und Rom.
Mainz 1985. Vgl. auch A. Burford: DNP 5. 1998, Sp.
138–147, s. v. Handwerk V. Klassische Antike. Waffen
und Rüstung: P. C. Bol: Antike Bronzetechnik. Kunst
und Handwerk antiker Erzbildner. München 1985,
S. 41–64. Krater von Vix: Bol, a. a. O., S. 83–85. Statu-
etten: Bol, a. a. O., S. 110–117. Bronzeguss: C. Rolley:
Die griechischen Bronzen. München 1984,
S. 14–32. Bol, a. a. O., S. 118–147. G. Zimmer:
Griechische Bronzegusswerkstätten. Zur Techno-
logieentwicklung eines antiken Kunsthandwerkes.
Mainz 1990.
5 Töpferscheibe: Hom. Il. 18,600–601. Zu den Töpfern:
I. Scheibler: Griechische Töpferkunst. Herstellung,
Handel und Gebrauch der antiken Tongefäße.
München 1983, S. 73–82. J. V. Noble: The Techniques
of Painted Attic Pottery. London ²1988, S. 15–36.
Töpferöfen und Brand der Gefäße: Scheibler, a. a. O.,
S. 98–107. Noble, a. a. O., S. 148–165. Vasenmalerei:
Scheibler, a. a. O., S. 82–93. Noble, a. a. O., S. 79–92.
99–121.
6 Hdt. 1,51,3. 3,40–43. Plat. Ion 533b. Plin. nat. 7,198.
34,83.
7 Die Erzgießereischale: Abb. bei Rolley, a. a. O., S. 27.
Hydria (München): Abb. bei Noble, a. a. O., S. 12.
Die Pinakes von Penteskouphia: G. Zimmer: Antike
Werkstattbilder. Berlin 1982 (Bilderhefte der Staat-
lichen Museen Preußischer Kulturbesitz Berlin), S.
26–32. Noble, a. a. O., S. 151–152.
8 Soziale Stellung der Töpfer: Scheibler, a. a. O.,
S. 120–133. Vasenmaler von Nike und Athena
bekränzt: Abb. bei Scheibler, a. a. O., S. 119. Euthy-
mides beim Musikunterricht: Abb. bei Scheibler, a.
a. O., S. 131. Weihinschrift des Euphronios: Scheibler, a.
a. O.,
S. 126. Weihrelief eines Töpfers: Abb. bei Scheibler,
a. a. O., S. 125. Weihrelief des Schusters Dionysios:
J. M. Camp: Die Agora von Athen. Ausgrabungen im
Herzen des klassischen Athen. Mainz 1989, S. 168.
Die Eris bei Hesiod: Hes. erg. 11–26. Signatur des
Euthymides: Scheibler, a. a. O., S. 127.
9 Diog. Laert. 2,122. Plut. Mor. 776B.
10 Xen. Kyr. 8,2,5. Platon zur Arbeitsteilung: Plat. rep.
369b–372c. Lokaler Markt: Scheibler, a. a. O.,
S. 137–144. Export attischer Keramik: Scheib-
ler a. a. O., S. 160–186. Etrusker: Noble, a. a. O.,
S. 175–176.
11 Plut. Solon 22. Plut. Perikles 12. Plat. rep. 372c–373c.
Xen. Mem. 2,7,6–10.

12 Keramon: Xen. mem. 2,7,3. Die Schildwerkstatt des
Lysias: Lys. 12,4–24. Das Ergasterion des Timarchos:
Aischin. Tim. 97. Der Besitz des Demosthenes:
Demosth. or. 27,9–11.
13 Die Handwerker bei Herodot: Hdt. 2,167. Xenophon:
Xen. oik. 4,2–3. Aristoteles : Aristot. pol. 1278a.
1337b. Der Prometheus-Mythos bei Platon: Plat.
Prot. 320c–322d. Zur griechischen Theorie techni-
schen Handelns vgl. F. Heinimann: Eine vorplato-
nische Theorie der τέχνη, in: Classen, C. J., Hrsg.:
Sophistik. Darmstadt, S. 127–169. Schneider, a. a.
O., S. 132–216. Das Werkzeug: Hom. Od. 3,433–435.
Hdt. 1,68,4. Analyse der handwerklichen Produktion:
Plat. Krat. 387d–390d. Aristot. gen. an. 730b. Die
Unterscheidung zwischen dem Handwerker, der
ein Werkzeug herstellt, und dem, der es gebraucht,
findet sich auch bei Aristot. phys. 194b. Vgl. ferner
phys. 199a–199b.
14 Heinimann, a. a. O., S. 128. 161–162. K. Droß-Krüpe:
Wolle – Weber – Wirtschaft. Die Textilproduktion der
römischen Kaiserzeit im Spiegel der papyrologischen
Überlieferung. Wiesbaden 2011 (Philippika 46),
S. 103–120. Der Ausbildungsvertrag des kleinen
Thonis: P. Oxy. 725. Hunt, Edgar (1970) Nr. 14.
Hengstl (1978), Nr. 102. Vgl. auch P. Oxy. 275
(Ausbildungsvertrag zwischen Tryphon und dem
Weber Ptolemaios), Hunt, Edgar (1970) Nr. 13. Eine
Übersicht bietet Droß-Krüpe, a. a. O., S. 104–105.
Zum Alter der Kinder im Handwerk vgl. die Grabin-
schriften aus Rom ILS 7589. 7710, ferner A. Burford:
Künstler und Handwerker in Griechenland und Rom.
Mainz 1985, S. 217.
15 Zum römischen Handwerk: H. Kloft: Die Wirtschaft
des Imperium Romanum. Mainz 2006, S. 42–54.
Zur Spezialisierung im römischen Handwerk vgl.
S. M. Treggiari: Urban Labour in Rome: Mercenarii
and Tabernarii, in: Garnsey, P., Hrsg.: Non-Slave
Labour in the Greco-Roman World. Cambridge 1980,
S. 48–64. H. v. Petrikovits: Die Spezialisierung des
römischen Handwerks, in: H. Jankuhn, W. Janssen,
R. Schmidt-Wiegand, H. Tiefenbach (Hrsg.): Das
Handwerk in vor- und frühgeschichtlicher Zeit
Teil 1. Göttingen 1981 (AAWG 3. Folge, Nr. 122),
S. 63–132. Die Liste der Berufsbezeichnungen auf
stadtrömischen Inschriften umfasst mehr als 150
Einträge. Grabmäler und Grabreliefs von Hand-
werkern: G. Zimmer: Römische Berufsdarstellungen.
Berlin 1982 (= Archäologische Forschungen Band
12). Terra Sigillata: D. Brown: Pottery, in: D. Strong,
D. Brown, Hrsg.: Roman Crafts. London 1976, S.
74–91. Peacock, D. P. S.: Pottery in the Roman world:
an ethnoarchaeological approach. London 1982,
S. 114–128. Glasproduktion: J. Price: Glass, in: D.
Strong, D. Brown, Hrsg.: Roman Crafts. London 1976,
S. 110–125. A. von Saldern: Antikes Glas. München
2004 (Handbuch der Archäologie). M. Newby, K.
Painter, Hrsg: Roman Glass: Two Centuries of Art and
Invention. London 1991.
16 ILS 7648.
17 Bäckereien in Rom: Plin. nat. 18,107. Eine Bäckerei
wird exemplarisch beschrieben bei M. Beard: Pompeji.
Das Leben in einer römischen Stadt. Stuttgart 2011,
S. 232–241. Die Entwicklung der Mühlen: D. Baatz:
DNP 8, 2000, Sp. 430–435 s. v. Mühle II. Klassische An-
tike. Die Wassermühle: Vitr. 10,5. Die mit Wasserkraft
angetriebene Marmorsäge: Auson. Mos. 361–364.
Solche Marmorsägen sind jetzt auch für Kleinasien
und Syrien archäologisch nachgewiesen.
18 Zu Pompeji: R. Etienne: Pompeji. Das Leben in einer
antiken Stadt. Stuttgart 1974, S. 146–158. Jongman,
W.: The Economy and Society of Pompeii. Amsterdam
1991, S. 155–186. J.-A. Dickmann: Pompeji. Archäo-
logie und Geschichte. München 2005, S. 78–95.
M. Beard: Pompeji. Das Leben in einer römischen
Stadt. Stuttgart 2011, S. 208–255. Zum Textilgewerbe
in Pompeji: W. O. Moeller: The Wool Trade of Ancient
Pompeii. Leiden 1976. Das Buch, dessen Thesen zur
überregionalen Bedeutung der Textilproduktion
Pompejis zu Recht kritisiert wurden, bietet viele
nützliche Informationen. Das Gebäude der Eumachia:
ILS 3785. Die Inschrift der Walker: ILS 6368. Schrau-

benpresse: Moeller (1976) S. 25. Geruch der Gefäße des Walkers: Mart. 6,93. Apuleius über die Arbeiter in einer Mühle: Apul. met. 9,12,3–4. Bleiarbeiter: Vitr. 8,6,11.

19 Cic. off. 1, 150. Zu den Grabreliefs vgl. G. Zimmer: Römische Berufsdarstellungen. Berlin 1982 (= Archäologische Forschungen Band 12). Das Grabdenkmal des Eurysaces: Zimmer, a. a. O. Nr. 18. ILS 7460. Der Schlachter in seinem Laden: Zimmer, a. a. O., Nr. 2. P. Longidienus: Zimmer, a. a. O., Nr. 62. ILS 7725. Zu den collegia vgl. P. Herz: DNP 3. 1997, Sp. 67–69 s. v. collegium [1]. Wichtige Quellen zu den collegia sind die Inschriften: Vgl. ILS 7212–7298 und die zahlreichen Nennungen von collegia und patroni in den Inschriften von Ostia: ILS 6134–6180.

20 Zur Wirtschaft der Spätantike allgemein vgl. A. Demandt: Die Spätantike. Römische Geschichte von Diocletian bis Justinian 284–565 n. Chr., München ²2007, S. 387–422; zum Gewerbe vgl. S. 404–422. Das Edikt der Kaiser Arcadius und Honorius vom 29. 6. 400: Cod. Theod. 12,19,1. Befreiung der Handwerker von Zwangsverpflichtungen: Cod. Theod. 13,4,2.

**중세 시대**

1 Knut Schulz: Handwerk, Zünfte und Gewerbe. Mittelalter und Renaissance. Darmstadt 2010, S. 23–26.
2 James R. Farr: Artisans in Europe, 1300–1914. Cambridge 2000, S. 228–230.
3 Schulz, Handwerk, Zünfte und Gewerbe, S. 44.
4 Steven A. Epstein: An Economic and Social History of Later Medieval Europe, 1000–1500. Cambridge 2009, S. 114f., 117. Steven A. Epstein: Wage Labour and Guilds in Medieval Europe. Chapel Hill 1991, S. 52f., 56, 58, 80. Arnd Kluge: Die Zünfte. Stuttgart 2009, S. 52–57.
5 Jan Lucassen: Introduction, in: Ders. (Hg.): Return of the Guilds, S. 14f. Epstein, Social History, S. 112. Kluge, Zünfte, S. 49–51. Farr, Artisans, S. 28.
6 Kluge, Zünfte, S. 63. Knut Schulz (Hg.): Handwerk in Europa. Vom Spätmittelalter bis zur Frühen Neuzeit. München 1999, S. 46, 49. Verschiedene Beiträge in Jan Lucassen u.a. (Hg.): The Return of the Guilds (International Review of Social History, Supplement 16). Amsterdam 2008. Farr, Artisans, S. 25, 30f.
7 Kluge, Zünfte, S. 50. Onur Yildirim: Ottoman Guilds in the Early Modern Era, in: Lucassen, The Return of the Guilds, S. 77.
8 Robert Brandt, Thomas Buchner: Zunft, in: Friedrich Jaeger (Hg.): Enzyklopädie der Neuzeit, Bd. 15. Stuttgart-Weimar 2012, Sp. 599. Epstein, Social History, S. 111. Farr, Artisans, S. 20f.
9 Farr, Artisans, S. 25.
10 Peter Kurmann, Barbara Kurmann-Schwarz: Memoria und Porträt. Zum Epitaph des Hans von Burghausen an der Martinskirche zu Landshut, in: Stephan Bürger (Hg.): Werkmeister der Spätgotik: Personen, Amt und Image. Darmstadt 2010, 44–60.
11 Epstein, Wage labour, S. 125–129.
12 Bruno Bucher (Hg.): Die alten Zunft- und Verkehrsordnungen der Stadt Krakau. Wien 1889, S. 52–54.
13 Sabine von Heusinger: Die Zunft im Mittelalter. Zur Verflechtung von Politik, Wirtschaft und Gesellschaft in Straßburg. Stuttgart 2009, S. 122.
14 Kluge, Zünfte, S. 335. Eberhard Isenmann: Die deutsche Stadt im Mittelalter, 1150–1550. 2. Aufl. Stuttgart 2012, S. 315f.
15 Epstein, Wage labour, S. 136–140. Farr, Artisans, S. 159f.
16 Hugo Soly: The Political Economy of European Craft Guilds: Power Relations and Economic Strategies of Merchants and Master Artisans in the Medieval and Early Modern Textile Industries, in: Lucassen, The Return of the Guilds, S. 12f., 67f. Farr, Artisans, S. 27–31.
17 Epstein, Wage labour, S. 157.
18 Wilfried Reininghaus: Sachgut und handwerkliche Gruppenkultur. Neue Fragen an die „Zunftaltertümer", in: Otto Gerhard Oexle, Andrea von Hülsen-

Esch (Hg.): Die Repräsentation der Gruppen. Texte – Bilde – Objekte. Göttingen 1998, S. 429–463.

19 Ulf Dirlmeier: Untersuchungen zu Einkommensverhältnissen und Lebenshaltungskosten in oberdeutschen Städten des Spätmittelalters (Mitte 14. bis Anfang 16. Jahrhundert). Heidelberg 1978, S. 131–134.
20 Albert Kapr: Johannes Gutenberg. Persönlichkeit und Leistung. Leipzig 1988.
21 Ulf Dirlmeier, Rainer S. Elkar, Gerhard Fouquet (Hg.): Öffentliches Bauen in Mittelalter und Früher Neuzeit. Sankt Katharinen 1991, S. 79, 238, 240, 310f.
22 Dirlmeier, Untersuchungen, S. 461, 190, 198, 203–207, 115.
23 Kluge, Zünfte, S. 70f.
24 Kluge, Zünfte, S. 248f.
25 Isenmann, Stadt, S. 320f.
26 Kluge, Zünfte, S. 109f. Schulz, Handwerk, Zünfte und Gewerbe, S. 52.
27 Kluge, Zünfte, S. 114–116. Farr, Artisans, S. 35.
28 A. E. Bland u. a. (Hg.): English Economic History. Select Documents. London 1925, S. 148.
29 Epstein, Social History, S. 111.
30 Epstein, Social History, S. 116. Epstein, Wage labour, S. 104f. Schulz, Handwerk, Zünfte und Gewerbe, S. 50f.
31 Antonina Jelicz: Das alte Krakau. Leipzig 1981, S. 174. Epstein, Wage Labour, S. 104f.
32 Steven A. Epstein: Labour mobility, journeyman organisations and markets in skilled labour Europe, 14th-18th centuries, in: Maurice Arnoux, Pierre Monnet (Hg.): Le technicien dans la cité en Europe occidentale 1250–1650. Rom 2004, S. 254f. Kluge, Zünfte, S. 165.
33 Kluge, Zünfte, S. 229. Farr, Artisans, S. 26. Knut Schulz: Handwerksgesellen und Lohnarbeiter. Untersuchungen zur oberrheinischen und oberdeutschen Stadtgeschichte des 14. bis 17. Jahrhunderts. Sigmaringen 1985, S. 248, 297. Epstein, Wage labour, S. 207f.
34 Schulz, Handwerk, Zünfte und Gewerbe, S. 54–56.
35 Farr, Artisans, S. 248.
36 Epstein, Wage labour, S. 232. Schulz, Handwerksgesellen" und Lohnarbeiter, S. 447. Kluge, Zünfte, S. 201f.
37 Schulz, Handwerk, Zünfte und Gewerbe, S. 234–237.
38 Schulz, Handwerksgesellen und Lohnarbeiter, S. 63f., 68f., 164f.
39 Farr, Artisans, S. 203f., 206. Catharina Lis, Hugo Soly: „An irresistible phalanx": journeymen associations in Western Europe, 1300–1800, in: Catharina Lis, Jan Lucassen, Hugo Soly (Hg.): Before the Unions: Wage Earners and Collective Action in Europe, 1300–1850 (International Review of Social History, Supplement 2). Amsterdam 1994, S. 25f.
40 Kluge, Zünfte, S. 221. Helmut Bräuer: Gesellen im sächsischen Zunfthandwerk des 15. und 16. Jahrhunderts. Weimar 1989, S. 130–134.
41 Kluge, Zünfte, S. 215f. Bucher, Krakau, S. 7. Farr, Artisans, S. 195.
42 Kluge, Zünfte, S. 216f. Lis/Soly, Journeymen, S. 31. Schulz, Handwerksgesellen und Lohnarbeiter, S. 110f.
43 Epstein, Wage labour, S. 70, 76f., 118.
44 Katharina Simon-Muscheid: Basler Handwerkszünfte im Spätmittelalter. Zunftinterne Strukturen und innerstädtische Konflikte. Bern u. a. 1988, S. 238f. Heusinger, Zunft im Mittelalter, Bd. 1, S. 258.
45 Lucassen, The Return of the Guilds, S. 16f.
46 Reinhold Reith: Handwerk, in: Enzyklopädie der Neuzeit, Bd. 5. Stuttgart 2007, Sp. 158. Heusinger, Zunft im Mittelalter, Bd. 1, S. 73f.
47 Clare Crowston: Women, Gender and Guilds in Early Modern Europe: An Overview of Recent Research, in: Lucassen, The Return of the Guilds, S. 25f., 31f.
48 Katharina Simon-Muscheid (Hg.): Was nützt die Schusterin dem Schmied? Frauen und Handwerk vor der Industrialisierung. Frankfurt am Main, New York 1998.
49 Jelicz, Krakau, S. 171f.
50 Isenmann, Stadt, S. 257, 267.
51 Farr, Artisans, S. 114, 122.

52 Karsten Igel: Zwischen Bürgerhaus und Frauenhaus. Stadtgestalt, Grundbesitz und Sozialstruktur im spätmittelalterlichen Greifswald. Köln, Weimar, Wien 2010, S. 200, 211.
53 Schulz, Handwerk, Zünfte und Gewerbe, S. 61. Isenmann, Stadt, S. 190. Soly, Political Economy, S. 48f., 52f., 57f.
54 Farr, Artisans, S. 28, 165–169, 172, 175f. Epstein, Wage labour, S. 255.
55 Ernst Piper: Der Aufstand der Ciompi. Berlin 1978, bes. S. 46–48, 79f., 101f.
56 Zitat aus: Des Johann Neudörfer, Schreib- und Rechenmeisters zu Nürnberg, Nachrichten von Künstlern und Werkleuten daselbst aus dem Jahre 1547, hg. von Georg W. K. Lochner. Wien 1875, S. 173. Hans Lülfing: „Koberger, Anton", in: Neue Deutsche Biographie 12 (1979), S. 245–246 [Onlinefassung: http://www.deutsche-biographie.de/pnd118563890. html].
57 Peter Blickle: Unruhen in der ständischen Gesellschaft 1300–1800. München 1988, S. 53–56. Isenmann, Stadt, S. 197f.
58 Siehe Heusinger, Zunft im Mittelalter, Bd. 1, S. 169–179. Schulz, Handwerk, Zünfte und Gewerbe, S. 61–65.
59 Schulz, Handwerk, Zünfte und Gewerbe, S. 54.
60 Epstein, Labour Mobility, S. 257f., 260. Kluge, Zünfte, S. 174. Schulz, Handwerksgesellen und Lohnarbeiter, 279–284, das folgende Beispiel 284f.
61 Christiane Schuchard: Die Anima-Bruderschaft und die deutschen Handwerker in Rom im 15. und frühen 16. Jahrhundert, in: Knut Schulz (Hg.): Handwerk in Europa. Vom Spätmittelalter bis zur Frühen Neuzeit. München 1999, S. 15. Jens Röhrkasten: Handwerker aus Zentraleuropa im spätmittelalterlichen England, in: Schulz, Handwerk in Europa, S. 89, 93. Schulz, Handwerksgesellen und Lohnarbeiter, S. 294f.
62 Harry Kühnel (Hg.): Alltag im Spätmittelalter. Graz, Wien, Köln 1985, S. 115f., 245.

## 르네상스

1 Gerd Blum: Giorgio Vasari. Der Erfinder der Renaissance. München 2011. Zur Renaissance allgemein: Günter Gurst, Siegfried Hoyer, Ernst Ullmann (Hg.): Lexikon der Renaissance. CD-ROM. Berlin 2000.
2 Alexander Markschies: Ikonen der Renaissance-Architektur. München 2003.
3 Sandro Bortone u. a. (Hg.): Florenz. München/Zürich 1986, S. 164. Richard Krautheimer, Trude Krautheimer-Hess: Lorenzo Ghiberti. Princeton 1982. Alexander Perrig: Lorenzo Ghiberti. Die Paradiesestür. Warum ein Künstler den Rahmen sprengt. Frankfurt a. M. 1987.
4 Attilio Pizzigoni: Filippo Brunelleschi. Zürich, München 1991, S. 153.
5 Mario Taddei, Edoardo Zanon, Domenica Laurenza: Leonardo dreidimensional. Stuttgart 2006. Mario Taddei: Leonardo dreimensional 2. Stuttgart 2008. Mark Elling Rosheim: Leonardo`s Lost Robots. Heidelberg 2006. Peter Hohenstatt: Leonardo da Vinci. Königswinter 2007.
6 Des Cennino Cennini Handbüchlein der Kunst, übers. u. hg. v. Willibrord Verkade. Strassburg 1916. Nachfolgend insbes. S. 3–5, 19, 49–50, 65–66, 82, 86, 153–154, 158, 166.
7 Leon Battista Alberti: Das Standbild. Die Malkunst. Grundlagen der Malerei, hg. u. übers. v. Oskar Bätschmann, Christoph Schäublin, Kristine Patz. Darmstadt 2000. Bernd Roeck: Gelehrte Künstler. Berlin 2013, S. 60–87.
8 Leon Battista Alberti: Zehn Bücher über die Baukunst, hg. u. übers. v. Max Theuer. Darmstadt 1991. Franco Borsi: Leon Battista Alberti. Oxford 1977, S. 316–359.
9 Andrea Palladio: Die vier Bücher zur Architektur, übers. u. hrsg. v. Andreas Beyer u. Ulrich Schütte. Zürich/München 1983.
10 Paul von Naredi-Rainer: Architektur und Harmonie.

Köln 1999, S. 82–103.
11 Karl-Adolf Knappe (Hg.): Dürer. Das graphische Werk. Wien, München 1964, S. 370–372. Hans Rupprich (Hg.): Dürer. Schriftlicher Nachlass. Bd. 2 u. 3. Berlin 1966 u. 1969. Peter Strieder, Leonie von Wilckens (Hg.): Albrecht Dürer 1471–1971. München 1971, S. 341–354. Gerhard Bott, Klaus Pechstein u. a. (Hg.): Wenzel Jamnitzer und die Nürnberger Goldschmiedekunst 1500–1700. München 1985, insbes. S. 7, 25–35, 161–165, 479–486. Daniel Hess, Thomas Eser (Hg.): Der frühe Dürer. Nürnberg 2012.
12 Rainer S. Elkar: Feder, Tinte und Papier – ungebrauchte Werkzeuge im alten Handwerk?, in: Hans-Jürgen Gerhard (Hg.): Struktur und Dimension. Fschr. f. Karl Heinrich Kaufhold. Bd. 1. Stuttgart 1997, S. 274–297.
13 Harald Witthöft: Johannes Kepler über Messen und Wiegen – metrologische Aspekte einer geistigen und materiellen Kultur in Zeiten des Wandels (1605–1627), in: Gerhard (wie Anm. 12), S. 111–137. Hier die Zitate.
14 Rainer S. Elkar: Schreiner in Franken, in: Ingolf Bauer (Hg.): Möbel aus Franken. München 1991, S. 28–45, Zitat: S. 31.
15 André Chastel: Renaissance méridionale – Italie 1460–1500. Paris 1965.
16 Gottfried Stangler, Moritz Csáky, Richard Perger (Red.): Matthias Corvinus und die Renaissance in Ungarn 1458–1541. Ausstellungskatalog Schallaburg 1982. Wien 1982.
17 Ernst Rebel: Albrecht Dürer. München 1996, S. 17. Anja Grebe: Albrecht Dürer. 2. Aufl. Darmstadt 2013, S. 12.
18 Gottfried Sello: Veit Stoß. München 1988. Rainer Kahsnitz: Die großen Schnitzaltäre. München 2005.
19 Herbert Küas (Hg.): Peter Vischer. Das Sebaldusgrab zu Nürnberg. Leipzig 1965. Sven Hauschke: Die Grabdenkmäler der Nürnberger Vischer-Werkstatt (1453–1544). Petersberg 2006, S. 91–94. Gerhard Weilandt: Die Sebalduskirche in Nürnberg. Petersberg 2007, S. 363–418, Zitate: S. 424, 418.
20 Volker Reinhardt: Die Renaissance in Italien. 2. Aufl. München 2007, S. 14.
21 Alexander Markschies: Ikonen der Renaissance-Architektur. München 2003. Hier sind 63 Gebäude genannt.
22 Anton Legner (Hg.): Die Parler und der Schöne Stil 1350–1400. 4 Bde. Köln 1978–80. Richard Strobel, Annette Siefert (Red.): Parlerbauten – Architektur, Skulptur, Restaurierung. Stuttgart 2004.
23 Pedro Dias: Nicolau Chanterene. Coimbra 1996.
24 Bernd Roeck: Elias Holl. Architekt einer europäischen Stadt. Regensburg 1985. Wolfram Baer, Hanno-Walter Kruft, Bernd Roeck (Hg.): Elias Holl und das Augsburger Rathaus. Regensburg 1985.
25 Giles Worsley: Inigo Jones and the European classicist tradition. New Haven, London 2007. Vaughan Hart: Inigo Jones – The Architect of the Kings. New Haven, London 2011. Zitat aus: Markschieß, Ikonen, S. 138.
26 Tjark Hausmann: Majolika. Spanische und italienische Keramik vom 14. bis zum 18. Jahrhundert. Berlin 1972. Noël Riley: Tile art. Wigston 1992. Rioletta Sabo u. a.: Azulejos in Portugal. München 2000. Georg Ulrich Grossmann (Hg.): Feuerfarben. Majolika aus Sizilien 1550–2000. Nürnberg 2000.
27 Die nachfolgenden Ausführungen beruhen insbesondere auf: Lexikon der Renaissance (Anm. 1), Reinhold Reith (Hg.): Das alte Handwerk. München 2008. Thomas Schindler: Werkzeuge der Frühneuzeit im Germanischen Nationalmuseum. Nürnberg 2013.
28 Vgl. u. a. August Jegel: Alt-Nürnberger Handwerksrecht und seine Beziehungen zu anderen. Nürnberg 1965.
29 Emil Herzog (Hg.): Chronik der Kreisstadt Zwickau. 2. Teil. Zwickau 1845, S. 163.
30 Francesc Xavier Jufre García: El artificio de Juanelo Turriano para elevar agua al Alcázar de Toledo. Lleida 2008.
31 Peter H. Kunz: Technische Entwicklung der Feuerwaffen 1200–1900. Schaffhausen, Zürich 2008.

32 Lexikon des Mittelalters II. München/Zürich 1983,
Sp. 689–692. Rolf Riekher, Hans G. Beck: Fernrohre
und ihre Meister. Jena 1990.
33 Gerhard Dohrn-van Rossum: Die Geschichte der
Stunde. Köln 2007.
34 Neil MacGregor: Eine Geschichte der Welt in 100
Objekten. München 2011, S. 567–572. Helmut Kowar:
„Wir machen Musik". Trompeterautomat, Schiff
und Bacchuswagen des Hans Schlothaim, in: Jahr-
buch des Kunsthistorischen Museums Wien 13/14
(2011/12),
S. 118–159.
35 Melanie Langbein: Die Textilproduktion, in: Christine
Sauer (Hg.): Handwerk im Mittelalter. Darmstadt
2012, S. 71–80.

**17세기와 18세기**

1 Peter Kriedte: Spätfeudalismus und Handelskapital.
Göttingen 1980, insbes. S. 127–130. Hans-Werner
Niemann: Europäische Wirtschaftsgeschichte. Darm-
stadt 2009.
2 Wilhelm Abel: Massenarmut und Hungerkrisen im
vorindustriellen Europa. Hamburg, Berlin 1974.
Michael Stürmer (Hg.): Herbst des Alten Handwerks.
München 1979.
3 Mischa Meier (Hg.): Pest. Stuttgart 2005. Elke
Schlenkrich: Gevatter Tod. Leipzig 2013.
4 Daniel Defoe: Die Pest zu London. Übers.: Werner
Barzel. Frankfurt a. M. 1961, S. 106.
5 Liza Picard: Restoration london. London 2004. Leo
Hollis: London rising. The man who made modern
London. New York 2008.
6 Konrad Bedal: Fachwerk in Franken. Hof 1980.
7 Rainer S. Elkar (Hg.): Handwerksgeschichte in
Ungarn. Bochum 1989.
8 Karl-Volker Neugebauer: Grundzüge der deutschen
Militärgeschichte. Bd. 2. Freiburg i. Br. 1993, S.
50–54.
9 Helmut Bräuer: „... und hat seithero gebetlet". Wien
u. a. 1996, S. 34.
10 Helga Schultz (Hg.): Der Roggenpreis und die Kriege
des großen Königs. Berlin 1988, S. 97–98.
11 John P. Zeitler: Die Beinschnitzer, in: Christine Sauer
(Hg.): Handwerk im Mittelalter. Darmstadt 2012,
S. 121–131.
12 Gunther Gottlieb u. a. (Hg.): Geschichte der Stadt
Augsburg. Stuttgart 1985, S. 514–519.
13 Reinhold Reith: Arbeits- und Lebensweise im städti-
schen Handwerk. Göttingen 1988.
14 Ulrich Niggemann: Hugenotten. Köln u. a. 2011, S.
19.
15 Thomas Riis (Hg.): Urbanization in the Oldenburg
Monarchy 1500-1800. Kiel 2012.
16 Bibliotheka Czartoryskich, Krakau, Handschrift 3031,
Bl. 577. Zitiert nach Joachim Rogall (Hg.): Deutsche
Geschichte im Osten Europas. Land der großen
Ströme. Berlin 1996, S. 136.
17 Eduard Kneifel: Geschichte der Evangelisch-
Augsburgischen Kirche in Polen. Niedermarschacht
1964, S. 43.
18 Hans Krawarik: Exul Austriacus. Wien 2010.
19 Gottfried Korff, Winfried Ranke: Preußen. Versuch
einer Bilanz. Bd. 1. Berlin 1981, S. 224–227. Steffi
Jersch-Wenzel u. a. (Hg.): Von Zuwandereren zu Ein-
wanderern. Berlin 1990.
20 Sigrid Kretschmer: Wiener Handwerksfrauen. Wien
2000.
21 Rudolf Forberger: Die Manufaktur in Sachsen vom
Ende des 16. bis zum Anfang des 19. Jahrhunderts.
Berlin 1958. John McCusker (Hg.): History of World
Trade since 1450. Detroit u. a. 2006.
22 Maurice Hamon: Du Soleil à la Terre. Une histoire de
Saint-Gobain. Paris 1988.
23 Otto Lybeck u. a. (Hg.): Svenska Flottans Historia.
II: 1680–1814. Malmö 1943. Erik Norberg (Hg.):
Karlskronavarvets Historia. Karlskrona 1993. Daniel
Schmiedke: Die Vasa. Geschichte des schwedischen
Prunkschiffes. Leipzig 2006.
24 Markus Cerman (Hg.): Proto-Industrialisierung in

Europa. Wien 1994.
25 Max Pfister: Baumeister aus Graubünden. Chur 1993.
Barbara Rinn: Italienische Stukkateure zwischen Elbe
und Ostsee. Kiel 1999.
26 Hugo Schnell, Uta Schedler: Lexikon der Wessobrun-
ner Künstler und Handwerker. München 2003.
27 Françoise Teynac u. a. (Hg.): Die Tapete. München
1982. Lesley Hoskins, Joanna Banham (Hg.): Die
Kunst der Tapete. Stuttgart 1994. Sabine Thümmler:
Die Geschichte der Tapete. Eurasburg 1998.
28 Thomas Schindler: Werkzeuge der Frühneuzeit.
Nürnberg 2013, S. 229 ff.
29 Adolf Feulner: Kunstgeschichte des Möbels. Frank-
furt a. M. u. a. 1980. Michael Stürmer: Handwerk
und höfische Kultur. München 1982. Jean Nérée
Ronfort u. a.: Boulle, les commandes pour Versailles,
in: Dossier de l'art no 124 (novembre). Dijon 2005.
Jean Nérée Ronfort (Hg.): André Charles Boulle,
1642–1732. Ein neuer Stil für Europa. Frankfurt a.
M., Paris 2009. Jean Pierre Ramond: André-Charles
Boulle. Ébéniste, ciseleur et marqueteur ordinaire du
Roy. Dourdan 2011.
30 Anthony Coleridge: Chippendale Furniture. London
1968. Dietrich Fabian: Kinzing und Roentgen Uhren
aus Neuwied. Bad Neustadt a.d.S. 1984. Dietrich
Fabian u. a.: Roentgenmöbel aus Neuwied. Bad
Neustadt a.d.S. 1987. Renate Eikelmann, Sigrid Sangl
(Hg.): Prunkmöbel am Münchner Hof. Barocker
Dekor unter der Lupe. München 2011.
31 Ursula Fehling: Kostümkunde für die Berufsausbil-
dung. Leipzig 1985. Colin McDowell: Hats. New York
1992.
32 Krünitz: Oeconomische Encyclopädie 12 (1786),
S. 394.
33 Erna von Watzdorf: Johann Melchior Dinglinger. Der
Goldschmied des deutschen Barock. 2 Bände. Gebr.
Mann, Berlin 1962. Karl Czok: August der Starke und
Kursachsen. Leipzig 1987.
34 Herbert Haupt: Das hof- und hofbefreite Handwerk.
Wien 2007, S. 388, 825, 960. Hermann Oberhummer:
Die Wiener Polizei. Wien 1938, S. 35. Wolfgang
Pircher: Verwüstung und Verschwendung. Wien
1984, S. 74 ff. Alfred Francis Pribram: Materialien zur
Geschichte der Preise und Löhne in Österreich. Wien
1938, S. 794.
35 Johan Henry van der Meer: Musikinstrumente.
München 1983. Walter Hamma: Meister italienische
Geigenbaukunst. Wilhelmshaven 1993.
36 Joseph P. Ward: Metropolitan communities. Trade
guilds, identity, and change in early modern London.
Stanford 1997.
37 Maarten Prak u. a. (Hg.): Craft Guilds in the Early
Modern Low Countries. Aldershot 2006.
38 Kristina Winzen: Handwerk – Städte – Reich. Stutt-
gart 2002.
39 Johann Gottlieb Sieber: Abhandlung von den
Schwierigkeiten [...]. Goslar/Leipzig 1771.
40 Haupt, S. 17, 26–46, 95–97.
41 Stürmer, Herbst, S. 153 ff.
42 Margrit Schulte Beerbühl: Vom Gesellenverein zur
Gewerkschaft. Entwicklung, Struktur und Politik der
Londoner Gesellenorganisation 1550–1825. Göttin-
gen 1991. Michael Kittner: Arbeitskampf. München
2005.
43 Alfred E. Bland u. a. (Hg.): English Economic History.
3. Aufl. London 1919, S. 619–622.
44 Andreas Grießinger: Das symbolische Kapital der
Ehre. Frankfurt a. M. u. a. 1981. Rainer S. Elkar:
Schola migrationis, in: Klaus Roth (Hg.): Handwerk
in Mittel- und Südosteuropa. München 1987, S.
87–108. Ders.: Recht, Konflikt und Kommunikation
im reichsstädtischen Handwerk des 17. Jahrhunderts,
in: Helmut Bräuer, Elke Schlenkrich (Hg.): Die Stadt
als Kommunikationsraum. Leipzig 2001, S. 187–237.
45 Grießinger: Das symbolische Kapital, Tl. II (Ms.).
Konstanz 1979, S. 13–14.
46 Zitat bei: Kittner, Arbeitskampf, S. 107.
47 Rainer S. Elkar: Altes Handwerk und ökonomische
Enzyklopädie, in: Franz M. Eybl u. a. (Hg.): Enzyklopä-
dien der Frühen Neuzeit. Tübingen 1995, S. 215–231.
48 Rainer S. Elkar: Lernen durch Wandern?, in: Knut

Schulz (Hg.): Handwerk in Europa. München 1999, S. 213–232. Stephan R. Epstein: Labour mobility, journeyman organisations and markets in skilled labour in Europe, 14th-18th centuries, in: Mathieu Arnoux, Pierre Monnet (Hg.): Le technicien dans la cité en Europe occidentale, 1250–1650. Rom 2004, S. 251–269.

## 19세기

1 Josef Kirmeier u. a. (Hg.): Bayerns Weg in die Moderne. Augsburg 2006. Landschaftsverband Westfalen-Lippe (Hg.): Schneller, besser, billiger! Hagen 2012.
2 Meyers Großes Konversationslexikon, 6. Aufl. Bd. 4. Leipzig, Wien 1908, S. 458.
3 Hans L. Sittauer: James Watt. Leipzig 1989.
4 Almut Bohnsack: Spinnen und Weben. Reinbek 1989, S. 218.
5 Bohnsack, Spinnen und Weben, 196–226. Fabian Fuchs: Ein Faden Freude, ein Faden Leid. Hamburg 2013, S. 17–22.
6 Almut Bohnsack: Der Jacquard-Webstuhl. München 1993. James Essinger: Jacquard's web. Oxford 2007.
7 Bohnsack, Spinnen und Weben, 227–244.
8 Christopher Thomson: The Autobiography of an Artisan. London 1847. In Auszügen übersetzt bei: Ingrid Kuczynski (Hg.): Den Kopf tragt hoch trotz allem! Leipzig 1983, S. 191–199. Darin die nachfolgenden Zitate.
9 Wolfgang Emmerich (Hg.): Proletarische Lebensläufe. Bd. 1. Reinbek 1974, S. 74–78, 389.
10 Richard Hirsch: Die Möbelschreinerei in Mainz, in: Schriften des Vereins für Socialpolitik 64 (Leipzig 1895), Bd. 3, Tl. 1, S. 348.
11 Siegfried Heckscher: Über die Lage der Schuhmacher in Altona, Elmshorn, Heide, Preetz und Barmstedt, in: Schriften des Vereins für Socialpolitik 64 (Leipzig 1895), Bd. 3, Tl. 1, S. 27.
12 Clemens Zahn: Arbeitskosten und Lebenslagen zwischen Inflation und Großer Krise. Zur Geschichte der Weimarer Lohnbewegung. St. Katharinen 1996. Eugen Erdély: Thomas Bata. Bonn 2004. Tobias Ehrenbold: Schuhe für die Welt. Baden 2012.
13 Friedrich Lenger: Sozialgeschichte der deutschen Handwerker seit 1800. Frankfurt a. M. 1988, S. 53.
14 Thomson in: Kuczynski, S. 195–196.
15 Adam Smith: Der Wohlstand der Nationen. Übers. v. Horst Claus Recktenwald. 11. Aufl. München 2005, S. 9–10, 54, 106–107.
16 Margrit Schulte Beerbühl: Vom Gesellenverein zur Gewerkschaft. Göttingen 1991, S. 492–495.
17 Karl Kautsky: Das Erfurter Programm in seinem grundsätzlichen Theil. Stuttgart 1899, S. 1–16.
18 Joachim Seidel: Möbelherstellung und Möbelhandel 1850–1914. Würzburg 1986, S. 59.
19 Friedrich Klemm: Geschichte der Technik. 4. Aufl. Stuttgart, Leipzig 1999, S. 169–170.
20 Margit Prussat, in: Kirmeier, S. 68–71.
21 Frank Dittmann: Rückblick auf die Anfänge der Elektrifizierung, in: uwf – UmweltWirtschaftsForum 21 (2013), S. 189–196, Zitat: S. 192.
22 Rainer S. Elkar: Bayerisches Handwerk auf dem Weg in die Moderne, in: Kirmeier (Anm. 1), S. 21–36. Friedrich Klemm: Geschichte der Technik. 4. Aufl. Stuttgart/Leipzig 1999, S. 169–173.
23 Helmut Schwarz: Werkstatt und Geschäft. Modernisierung im Handwerksbetrieb, in: Centrum Industriekultur (Hg.): Leute vom Fach. Nürnberg 1988, S. 227–237, 229.
24 Elkar, S. 26.
25 Andreas Hirsch: Werkzeugmaschinen. 2. Aufl. Wiesbaden 2012.
26 Nicéphore Niépce: Gesammelte Briefe. Der Blick aus dem Fenster. Hamburg 1998, S. 170–177, Zitat S. 170.
27 N. Niépce: Der Blick aus dem Fenster. Hamburg 1998, S. 17–18.
28 Wilfried Baatz: 50 Klassiker Photographie. Hildesheim 2003, S. 10–20.
29 Rudolf Käs: Der Photograph, in: Centrum Industrie-

kultur (Anm. 23), S. 258–263. Lary J. Schaaf: The photographic art of William Henry Fox Talbot. Princeton 2000. Monika Faber, Astrid Mahler (Hg.): Heinrich Kühn. Ostfildern 2010.
30 Diefenbacher, Endres: Stadtlexikon Nürnberg, S. 50, 230, 952, 993–994, 1002–1003.
31 Carl G. Rehlen: Geschichte der Handwerke und Gewerbe, 2. Ausg. Leipzig 1856, S. 457, 471, 472.
32 Mechthild Wiswe: Klempner, in: Reinhold Reith (Hg.): Das alte Handwerk. München 2008, S. 120–124.
33 Meyers Großes Konversationslexikon, 6. Aufl., Bd. 10, Leipzig, Wien 1908, S. 548.
34 Günter Huhndorf: Wurzeln des Wohlstands. Stuttgart 1984, S. 15.
35 Bernhard Schmeltzer: Taschen- und Armbanduhren. Duisburg 1997. Stefanie Mahrer: Handwerk der Moderne. Köln u.a. 2012.
36 Bland, English Economic History, S. 626–631.
37 Gewerbegesetzgebung, in: Meyers Großes Konversationslexikon. Bd. 7. 6. Aufl. Leipzig, Wien 1908, S. 786–791.
38 Landschaftsverband Westfalen-Lippe (Anm. 1), S. 22–29.
39 Staatslexikon, hg. v. d. Görres-Gesellschaft, Bd. 3, Freiburg i. Br. 1959, Sp. 1222–1230.
40 Julius Keller: Das deutsche Handwerk und praktische Vorschläge zur Hebung desselben. Chemnitz 1878, S. 166.

## 20세기

1 Lisa Kosok (Hg.): Museum der Arbeit. Katalog. Hamburg 1997, S. 84–112.
2 Regina Weber: „Dem Handwerk sei's gesagt". Elektrischer Betrieb und Rationalisierung im Handwerk und Kleingewerbe Westfalens am Beispiel der Bäckerei, in: LWL-Freilichtmuseum Hagen (Hg.): Rationalisierung in Handwerksberufen. Hagen 2012, S. 92–108.
3 Roger Jones: Real Life Guides. Electrician. Richmond 2008.
4 Ausschnitt aus einem Brief von Karl Müller, Torgau 7. Juli 2014.
5 Rolf Gscheidle u. a.: Fachkunde Kraftfahrzeugtechnik. 29. Aufl. Haan-Gruiten 2009.
6 Matthew B. Crawford: Ich schraube also bin ich. Berlin 2010, S. 9.
7 Richard Sennett: The Craftsman. New Haven, London 2008, S. 9. Ders.: Handwerk. Berlin 2009, S. 19.
8 Michael Astor u. a. (Hg.): Zukunft Handwerk! Basel u. a. 2006. Rainer S. Elkar: Gedanken über die Identität des Handwerks, in: Georg Cramer, Klaus Müller (Hg): Quo vadis Handwerk. Duderstadt 2011, S. 159–171.
9 László Vass, Magda Molnár: Herrenschuhe handgearbeitet. Potsdam 2010, S. 56–85. Helge Sternke: Alles über Herrenschuhe. Berlin 2011, S. 164–187.
10 Christine Ax: Das Handwerk der Zukunft. Leitbilder für nachhaltiges Wirtschaften. Basel 1997. Dies.: Die Könnensgesellschaft. Mit guter Arbeit aus der Krise. Berlin 2009. Landschaft des Wissens (Hg.), Hans-Joachim Gögl (Red.): Strategien des Handwerks. Sieben außergewöhnliche Projekte in Europa. Bern 2005.
11 Rainer S. Elkar: Die Meister des Staates. Vom Scheitern und von der Aktualität des Korporatismus, in: Karl Walkenhaus u. a. (Hg.): Staat im Wandel. Stuttgart 2006, S. 425–444. Klaus Müller: Rückgang des Identitätsbewusstseins im Handwerk, in: Cramer, Müller (wie Anm. 8), S. 103–140.

# 이미지 출처

2: © akg-images. 8: akg-images, © Science Photo Library. 10: © akg-images. 12: akg-images, © Erich Lessing. 14: akg-images, © Roger Guillemot. 16: akg-images, © picture alliance/ZB-Fotoreport. 17: akg-images, © picture alliance/dpa-Report. 21: akg-images, © picture alliance/dpa. 22: Löwenmensch, Yvonne Mühleis, © Landesamt für Denkmalpflege im Regierungspräsidium Stuttgart. 23. Ulmer Museum. Höhlenmalerei Lascaux, © akg-images/De Agostini Picture Lib./G. Dagli Orti. 25: Schwedenspeicher Museum Stade, © Andreas Franzkowiak. 26: akg-images, © Erich Lessing. 28: fotolia, © marcobarone. 31: akg-images, © Erich Lessing. 32: akg-images, © Science Photo Library. 33: © akg-images/De Agostini Picture Lib. 36: akg-images, © picture alliance/dpa. 40/41: akg-images, © Hervé Champollion. 43: akg-images, © Science Photo Library. 44/45: akg-images, © Erich Lessing. 46: akg-images, © picture alliance/ dpa. 50: akg-images, © picture alliance/dpa. 54: akg-images, © Erich Lessing. 57: akg-images, © Bildarchiv Monheim/Achim Bednorz. 60: akgimages, © Erich Lessing. 63: © akg-images. 64: akg-images, © Nimatallah. 67: akg-images, © John Hios. 69: akg-images, © De Agostini Picture Lib./G. Dagli Orti. 70: akg-images, © Erich Lessing. 74: Antikensammlung, Staatliche Museen zu Berlin, © bpk/Johannes Laurentius. 75: Vicenza, Banca Intesa Sanparlo, © Superstock. 79: akg-images, © De Agostini Picture Lib./G. Nimatallah. 81: akg-images, © Bildarchiv Steffens. 84: akg-images, © Erich Lessing. 87: akg-images, © Erich Lessing. 91: akg-images, © Erich Lessing. 92: akg-images, © Erich Lessing. 93: akg-images, © De Agostini Picture Lib./M. Carrieri. 94: Staatliche Antikensammlung München, © Matthias Kabel. 96: Palmedia Publishing Services, © Irina Bester. 99: akg-images, © Nimatallah. 100/101: akg-images, © Werner Forman. 102: akg-images, © Nimatallah. 104: © akg-images. 106: © akg-images. 109: © Gliwi. 112/113: fotolia, © VRD. 115: © akg-images. 116/117: © akg-images. 119: akg-images, © IAM. 120: © akg-images. 122: akg-images, © Cameraphoto. 124: akg-images, © Rabatti/Domingie. 125: akg-images, © British Library. 126: akg-images, © North Wind Picture Archives. 130: akg-images, © Cameraphoto. 133: © akg-images. 134: Stadtbibliothek Nürnberg, Amb. 317.2°, f. 48v. 136: akg-images, Album/Oronoz. 140/141: akg-images, © British Library. 143: © akg-images. 144/145: akg-images, © Album/ Prisma. 148/149: akg-images, © picture alliance/dpa. 151: akg-images, © North

선사시대부터 현대까지

# 수공업의 역사

명품은 어떻게 만들어졌는가?

**초판 1쇄 발행** | 2025년 1월 10일

**지은이** | 라이너 엘카, 카트린 켈러, 헬무트 슈나이더

**옮긴이** | 임나탈리야

**편　집** | 박일구

**디자인** | S-design

**펴낸이** | 강완구

**펴낸곳** | 도서출판 써네스트　　**브랜드** | 우물이있는집

**출판등록** | 2005년 7월 13일 제2017-000293호

**주　소** | 서울시 마포구 양화로 56, 1521호

**전　화** | 02-332-9384　　**팩　스** | 0303-0006-9384

**홈페이지** | www.sunest.co.kr

ISBN 979-11-94166-43-6(03900) 값 20,000원

우물이있는집은 써네스트출판사의 인문브랜드입니다

잘못된 책은 바꾸어 드립니다.

## 옮긴이

**임나탈리야**

러시아 이민 3세로 러시아의 가장 아름다운 지역 중의 하나
인 크라스노다르(아름다운 자연의 선물이라는 뜻)의 쿠반 국
립대학교 한국학부 석사를 졸업하였다. 경북대학교 교환학
생으로 한국과 첫 인연을 맺었고 현재 다솜관광고등학교에
서 러시아어를 가르치고 러시아어권 학생들의 학교생활을
도와주는 이중언어강사로 일하고 있다.

# 수공업은 고정된 것이 아니라 끊임없이 변화하고 있다.

우리는 '수공업'을 다음과 같은 특별한 방식으로 설명할 수 있다.

첫째, 수공업 능력은 인간이 지닌 필수적이고 기본적인 능력이다. 손을 사용하는 활동은 수공업의 기원이며, 모든 장인 정신의 기초가 된다. 앞서 말했듯이 수공업은 우리가 아는 개념보다 그 연원이 훨씬 오래되었다. 둘째, 수공업은 도구를 발명하고 인간이 사용하기 편하도록 개선한다. 반면, 인간이 기계의 속도와 리듬을 따라야 하는 대규모 공장에서는 장인 정신이 사라지고 단순 반복 노동이 우선시된다. 셋째, 장인 정신은 기술을 중심으로 교육되고 전수된다. 이 과정에서 장인은 고유한 자격을 얻고 그가 만든 물건은 품질을 보장받는다. 넷째, 수공업은 제품 및 고객 맞춤형 서비스가 가능한 작업이다. 고객과 제작자의 관계도 이에 큰 영향을 받는다. 다섯째, 수공업은 하나의 지역 사회나 사회공동체에서의 일과 경제 생활을 의미한다. 이는 시대와 지역에 따라 다르지만, 역사적으로 유럽인의 의식 안에 분명히 살아있다. 마지막으로, 여섯째, 직업의 쇠퇴와 출현은 수공업의 보편적인 현상이다. 수공업은 고정된 것이 아니라 끊임없이 변화하고 있다.

유럽의 수공업 역사를 포괄적으로 쓴 책은 많지만, 수공업의 역사를 체계적으로 쓴 책은 찾기가 힘들다. 이 책에 참여한 모든 전문가들 역시 이 사실을 잘 알고 있다. 따라서 수공업이라는 작은 분야의 역사를 다양한 통찰력으로 간단하게 서술한 이 책은 독자에게 수공업에 대한 흥미와 관심을 선사하려 하는 데 더 많은 의도를 가지고 있다.

03900

값20,000원

9 791194 166436

ISBN 979-11-94166-43-6